## 프랑수아 투레티니 평전
(Vie de François Turrettini, 1623-1687)

- 칼뱅 100년 이후 제네바 대표 신학자 투레티니 탄생 400주년 기념 -

**다함** 도서출판  은

1. **다**윗과 아브라**함**의 자손
아브라함과 다윗의 자손으로, 하나님 구원의 언약 안에 있는 택함 받은 하나님 나라 백성을 뜻합니다.

2. 마음과 뜻과 힘을 **다하여** 하나님을 사랑하라
구약의 언약 백성 이스라엘에게 주신 명령(신 6:5)을 인용하여 예수님이 가르쳐 주신 새 계명
(마 22:37, 막 12:30, 눅 10:27)대로 마음과 뜻과 힘을 다해 하나님을 사랑하겠노라는 결단과 고백입니다.

**사명선언문**
1. 성경을 영원불변하고 정확무오한 하나님의 말씀으로 믿으며, 모든 것의 기준이 되는 유일한 진리로 인정하겠습니다.
2. 수천 년 주님의 교회의 역사 가운데 찬란하게 드러난 하나님의 한결같은 다스림과 빛나는 영광을 드러내겠습니다.
3. 교회에 유익이 되고 성도에 덕을 끼치기 위해, 거룩한 진리를 사랑과 겸손에 담아 말하겠습니다.
4. 하나님 앞에서 부끄럽지 않도록 항상 정직하고 성실하겠습니다.

## 프랑수아 투레티니 평전
(Vie de François Turrettini, 1623-1687)

초판 1쇄 인쇄  2021년 11월 15일
초판 1쇄 발행  2021년 12월 01일

**지은이** ｜ 드 뷔데(E. De Budé)
**옮긴이** ｜ 권경철, 강금희

**펴낸이** ｜ 이웅석
**펴낸곳** ｜ 도서출판 다함
**등  록** ｜ 제2018-000005호
**주  소** ｜ 경기도 군포시 산본로 323번길 20-33, 701-3호 (산본동, 대원프라자빌딩)
**전  화** ｜ 031-391-2137
**팩  스** ｜ 050-7593-3175
**블로그** ｜ https://blog.naver.com/dahambooks
**이메일** ｜ dahambooks@gmail.com

**ISBN** 979-11-90584-32-6 (04230) ｜ 979-11-963627-5-1 (세트)

※ 신저작권법에 의하여 한국 내에서 보호받는 저작물이므로 무단 전재와 무단 복제를 금합니다.
※ 책값은 뒷표지에 있습니다.
※ 잘못된 책은 구입처에서 교환하여 드립니다.

# VIE

DE

# FRANÇOIS TURRETTINI

THÉOLOGIEN GENEVOIS

1623-1687

PAR

E. DE BUDÉ

LAUSANNE
GEORGES BRIDEL ÉDITEUR
**1871**
Droits réservés.

## 목차

추천사 / 06
역자 서문 / 12

01 투레티니 가문의 망명 / 19

02 프랑수아 투레티니의 어린시절 / 37

03 리옹에서의 프랑수아 투레티니 / 49

04 투레티니와 발도파.
홀란드에 외교사절로 가기 위한 준비 / 65

05 홀란드에 간 프랑수아 투레티니 / 81

06 사명완수 및 투레티니의 귀향 / 99

07 홀란드에서 부름 받은 프랑수아 투레티니 / 113

131 / 프랑수아 투레티니와 스위스 일치신조를 둘러싼 갈등　08

149 / 투레티니의 논문과 글들　09

163 / 설교자 투레티니, 그의 설교들　10

177 / 투레티니의 행적과 그의 서신교환　11

209 / 투레티니와 그 당시 제네바인들　12

225 / 투레티니의 말년, 병과 죽음　13

243 / 투레티니의 유언　14

결론 / 251
부록: 투레티니의 전기 자료들로 사용된 주요 작품 / 256

## 추천사

최근 몇 년 동안 19세기 화란의 개혁신학자의 저서들을 집중적으로 한국교회 신학계와 성도들에게 소개해오고 있는 다함 출판사를 통해, 이번에는 그 보다 더 앞선 17세기 개혁신학의 뿌리를 소개하는 본서 『프랑수아 투레티니 평전』을 출간하게 되어 기쁘고 감사하다. 개혁신학의 기초를 놓은 칼뱅(Jean Calvin)의 신학에 뿌리를 두고 그 다음 세기에 계속해서 개혁신학의 맥을 이어간 제네바 신학자들 중, 17세기 스위스의 정통개혁신학자 프랑수아 투레티니 (Francois Turrettini, 1623-1687)의 삶을 생생하게 만날 수 있게 되어 개혁신학에 관심있는 이들의 마음을 설레게 해준다. 특히 본서는 미국 웨스트민스터 신학교에서 투레티니의 언약신학을 주제로 2016년에 박사학위를 취득한 권경철 박사와, 불문학을 전공하시고 총신에서 20년간 불어과목을 강의해오신 강금희 박사가 함께 번역하였기에 더욱 신뢰할 수 있고 기대가 된다.

본서를 통해 칼뱅의 신학이 그 다음 세기의 개혁신학자에 의해서 어떻게 스위스와 유럽에서 전수되고 또 정립되었는지 살펴볼 수 있는 배경적 이해를 얻는 데 큰 유익이 있으리라 생각한다. 19-20세기 화란과 미국의 개혁신학이 꽃을 피우기 전에 17세기에 스위스 제네바의 정통개혁신학을 정립했던 한 신학자의 삶의 여정을 살펴볼 수 있는 좋은 기회가 될 것이기 때문이다.

앞으로도 투레티니를 전공한 권경철 박사를 통해서 17세기 스위스의 개혁신학의 보화들이 풍성하게 캐내어짐으로 한국교회 개혁신학의 발전에 크게 이바지하게 될 줄로 믿고, 본서가 그러한 작업을 향한 하나의 출발점이 되는 저서로서 여러 신학자들과 목회자 그리고 신학생들에게 큰 유익이 되리라 확신하며 강력히 추천한다.

김광열 교수 (총신대학교 신학대학원, 조직신학)

이틀에 걸쳐 원고를 읽었고, 마지막 장을 덮으며 기도했다. "투레니티같은 사람을 교회에 선물로 주셔서 감사합니다."

조나단 에드워즈가 찬탄을 마지 않았던 『변증 신학 강요』를 통해 투레티니를 만났다. 그의 책을 읽을 때 나는 개신교판 『신학대전』을 읽는 느낌이었다. 개신교 역사에 이런 거장이 있다는 것이 너무 자랑스러웠다.

그러나 그의 신변에 대해 알려진 것은 거의 없었다. 단편적인 인용 외에는 그의 전기적인 작품들을 볼 수가 없었기 때문이다.

권위 있는 드 뷔데의 『프랑수아 투레티니 평전』을 한글번역으로 읽게 된 것은 수돗물만 마시다가 생수를 먹는 것과 같은 특권이다. 탁월한 신학자이면서도 뜨거운 설교자이며 유능한 목회자인 동시에 교육행정가였던 투레티니의 경건과 신앙의 면모를 보게 해 주는 책이다. 그의 『변증 신학 강요』라는 대작이 탄생한 정신적이고 영적인 모판을 보여준다.

김남준 목사 (열린교회)

역사 속에 큰 족적을 남긴 한 사람이 살아간 발자취를 따라가 보는 일은 언제나 가슴 설레고 흥미진진한 일이다. 특히 프랑수아 투레티니와 같이 탁월한 신학자의 삶은 우리에게 많은 감동과 교훈을 준다.

이 책의 저자 드 뷔데는 좋은 전기 작가로서의 미덕을 두루 갖추었다. 그는 투레티니의 인생에서 중요한 장면들을 꼼꼼하게 소개하되 너무 복잡하지 않도록 절제된 필치로 서술한다. 성공과 실패의 경험을 적절하게 섞어서 마치 성인 전기를 읽는 듯한 느낌을 주지 않고, 오히려 우리와 같은 성정을 가진 한 사람의 일생을 엿보게 해 준다. 투레티니의 많은 여행과 많은 만남들을 질서 있고 품위 있게 소개한다. 무엇보다 투레티니가 남긴 논문과 책, 설교, 편지들을 각각 하나의 장으로 할애하여 다룸으로써 그의 사상의 핵심을 간단명료하게 소개해 주고 있다.

독자들은 이 책을 통해서 하나님의 말씀에 사로잡힌 한 사람이 그분의 교회를 위해 온전히 헌신할 때 어떠한 역사가 일어나는지 깨닫게 될 것이다.

우병훈 교수 (고신대학교 신학과, 교의학)

20년 전 투레티니의 『변증신학 강요』를 읽으면서 그의 지성에 베일 뻔한 기억이 생생하다. 동시에 그의 서문을 번역하며 그의 문학적 감수성과 교회에 대한 사랑의 뜨거운 열기에 데일 뻔한 기억도 뚜렷하다. 나는 그 책의 서문과 분문에서 느껴지는 묘한 온도차의 실체가 궁금했다. 『프랑수아 투레티니 평전』을 읽으면서 드디어 이해했다.

투레티니는 균형의 사람이다. 그는 이론과 실천의 균형을 추구한다. 칭의의 유일한 근거는 믿음인데 그것은 사랑으로 역사하는 믿음을 뜻한다고 한다. 그는 조화로운 하나님의 사람이다. 그는 사람들을 만날 때마다, 교회나 국가에 긴급한 일이 발생할 때마다 하나님께 무릎부터 꿇는 기도의 사람이다. 조국이 정의 위에 세워지길 간절히 바라고 서신으로 사회적인 목소리도 내는 애국심 강한 시민이다. 강단에서 말씀을 선포할 때 예술적인 완벽함, 목소리와 기억력과 여유 있음에 깔끔한 발음까지 구비하되 설교로 청중의 가슴에서 감탄과 큰 소망을 퍼올리는 설교자다. 연약한 성도들의 형편을 돌아보고 위로와 격려의 손이 부지런한 목회자다. 하나님의 말씀을 왜곡하는 논객들을 좌시하지 않고 진리의 수호와 변증을 위해 물러서지 않는 신학자다. 하나님 나라의 존속을 위해 다음 세대를 진리의 견고한 토대 위에 세우려는 교육자다. 임종의 때에는 이 땅에서의 존재를 "아픔의 체류, 슬픔의 바다, 근심의 학교, 고통의 집"이라고 말하면서 겨울처럼 찾아온 죽음을 주님 곁에서 누리는 영원한 복의 입구로 여기며 맞이했다. 참 아름다운 안녕이다.

사회적인 시민의식, 교리적인 정통성, 목회적인 인품, 감미로운 문학성을 골고루 구비한 정통주의 신학자가 남긴 균형의 인생을 당시의 객관적 자료들에 근거하여 재구성한 이 책은 오늘날 전문화된, 그래서 파편화된, 그래서 편향된 기독교의 현실을 돌아보며 균형잡힌 신앙의 회복을 촉구한다. 나에게는 17세기의 인물을 다룬 가장 아름다운 평전이다.


한병수 교수 (전주대학교 선교신학대학원, 교의학)

*Vie de François Turrettini*

# 역자 서문

하늘의 별처럼, 바닷가의 모래처럼 많은 투레티니 일가의 후손 중에서 오늘날 대중에게 인지도가 있는 사람으로, 스위스 제네바에서 매년 열리는 모터쇼 주최 측 대표, 모리스 투레티니(Maurice Turrettini)가 으뜸이며, 지난날 19세기엔 프랑스인 중국어 학자, 프랑수아 투레티니(François Turrettini, 1845-1908)가 버금일 것입니다.

그런데 이와 동명이인인 프랑수아 투레티니(1623-1687)야말로 한국에서는 이름조차 제대로 불리지 못하고 '튜레틴', '투레틴', '투레티누스', 심지어는 '뚤레틴' 등등의 다양한 호칭으로 불리고 그의 이력과 신력이 자세히 알려지지 않고 있지만, 지금부터 150년 전인 1871년에 프랑스어로 이 신학자의 삶과 신앙에 대한 원자료를 모퉁이 돌 삼아 깊이 있게 저술한 드 뷔데(E. De Budé)덕분에 세계 신학계에서 주목받을 수 있게 되었습니다. 뷔데는 투레티니를 위시한 제네바 신학자들의 생애와 사상 분야에서 타의 추종을 불허하는 지식을 자랑하던 인물로서, 칼뱅(Jean Calvin)과 그의 직속 후계자 베즈(Théodore de Bèze, 1519-1605, 영어권이나 한국에서는 Beza로 알려짐)로 대표되는 제네바 종교개혁 이후의 제네바 신학이 어떻게 전개되었는지를 설명해주기 위해 제네바 신앙위인전 시리즈를 기획했고, 이 책 역시 그 전기물 중 한 권입니다.

그렇다면 그 옛날 작은 나라 한 도시, 제네바에서 활동했던 한 신학자의 이야기를 우리가 왜 알아야 할까요? 한국 장로교단 형성에 그가 간접적으로 기여했기 때문입니다. 칼뱅과 베즈 이후 제네바의 정통신학은, 지오반니 디오다티(Giovanni Diodati, 1576-1649)와 테오도르 트롱셍(Théodore Tronchin, 1582-1657), 그리고 프리드리히 슈판하임(Friedrich Spanheim)과 베네딕 투레티니(Bénédict Turrettini, 1588-1631)를 거쳐 베네딕 투레티니의 아들 프랑수아 투레티니에게 전수되었습니다. 프랑수아 투레티니의 대표작인 『논박신학강요』(*Institutio theologiae elencticae*)[1]는, 18세기 미국 식민지 시절 조나단 에드워즈에게 감화를 주었을 뿐만 아니라, 19세기 미국 프린스턴 신학교에서도 교리 교육 교재로 널리 사용되었습니다. 비록 프린스턴 신학교 교수였던 찰스 핫지(Charles Hodge, 1797-1878)가 1871년부터 1873년까지 출판한 자신의 신학책으로 투레티니의 책을 대체하기는 했지만, 그래도 여전히 투레티니의 신학 체계는 그의 조직신학책에 어느 정도 남아있게 되었고, 또한 네덜란드 신학자인 헤르만 바빙크(Herman Bavinck, 1854-1921)와 네덜란드계 미국인인 벌코프

---

1 한국에는 『변증신학강요』라는 제목으로 부흥과개혁사에서 일부 역간되었다. 프란키스쿠스 투레티누스, 『변증신학강요 1』, 박문재, 한병수 역 (서울: 부흥과개혁사, 2017).

(Louis Berkhof, 1873-1957)의 책에도 투레티니의 신학이 어느 정도 반영되면서, 1923년부터 1926년까지 프린스턴 신학교에서 수학했고 벌코프의 책을 편집하여 한국에 소개하다시피 했던 한국 장로교 신학의 거두 박형룡(1897-1978)에게까지 간접적으로나마 영향을 미치게 되었던 것입니다. 실제로 『교의신학 서론』에서 박형룡은 투레티니에 대해 다음과 같이 언급하고 있습니다.

> 1675년에 소우물(Saumur)형(型)의 사상에 대항하는 항의와 변호로 스위스 교회들이 채용한 「헬베틱합의서」(Helvetic Consensus)가 과도히 엄격하다 하여 쥬리히는 1685년에, 제네바는 1708년에, 헤른(Hern)은 1722년에 이를 포기하였다. 이것의 저자들 중의 한 사람인 **프랜코이스 투레티니**(Francois Turretini)는 제네바에서 자기의 자유적인 동료들과 논쟁할 수밖에 없었다. 그는 지는 싸움을 싸웠으나 똘트 대회가 해석하고 응용한 대로의 칼빈주의 신학을 철저히 또는 정밀히 작성하여 개혁파 교의학에 감화를 보급시킴에 성공하였다.[2]

이러한 영향력에도 불구하고, 투레티니에 관한 자료들은 라틴어와 프랑스 고어 그대로 출판도 되지 않은 채 숨겨져 있고, 그나마 있는 투레티니의 생애에 대한 글들도 원자료들을 수록할 정도의 깊이 있는 글이 아니라 매우 짧고 제한적인 범위의 전기물에 불과하기에,[3] 우리는 투레티니 탄생 400주년인 2023년을 그

---

2 박형룡, 『교의신학 서론』 (서울: 한국기독교교육연구원, 1977), 137.
3 투레티니의 생애에 대해서 간략하게라도 다룬 문헌들은 다음과 같습니다. Benedict Pictet, "Funeral Oration of Benedict Pictet Concerning the Life and Death of Francis Turretin," in Turretin, *Institutes of Elenctic Theology* (Philipsburg, NJ: P&R, 1992-1997), 3:659-676; Pietro Bolognesi, "Un

에 대한 더 깊은 지식을 가지고 맞이하고 싶고, 일종의 〈**투레티니 행전, Actes de Turrettini**〉을 한국에 알리고 싶은 마음에서 이 평전을 프랑스어에서 우리말로 옮기게 되었습니다.

〈투레티니 행전〉을 통하여 우리는, 그의 생애가 오늘날 우리에게도 시사하는 점이 있음을 발견하게 됩니다. 투레티니는 소위 "천사 박사"가 아니라, 우리와 같은 성정을 가진 사람입니다. 그는 이탈리아에서 스위스로 망명한 할아버지로 인해 그가 살게 된 제네바에서 태어나고 자라면서 아버지를 일찍 여의었으나, 아버지의 뒤를 이어 제네바 아카데미의 교수로 재직했고, 자신의 동족이었던 이탈리아 이민자들을 평생 돌보았으며, 하나님의 진리에 대한 사랑과 애국심으로 인해 잘못된 신학을 배격하고 제네바의 성벽을 보수할 기금을 마련해왔던 인물이었습니다. 그리고 늦은 결혼으로 인해 아들을 직접 교육하지 못하다 보니 아들이 아버지의 신학적 유산을 저버리는 비극을 막을 수 없었던, 한계가 있었던 아버지요 남편이었던 것입니다. 그는 상황을 초월한 존재가 아니었으며, 피도 없고 눈물도 없는 정통주의자도 아니었습니다. 오늘날 우리도 투레티니와 같은 성정을 가진 사람으로서, 동서고금을 막론하고 세상 어디서건 어느 때건 매일같

---

pensatore protestante italiano del Seicento: Francesco Turrettini (1623-1687)." *Protestantesimo* 42/1 (1987): 140-147; James T. Dennison, "Life and Career of Fracis Turretin," in Turretin, *Institutes of Elenctic Theology*, 3:639-658; 서요한, "프란시스 투레틴의 생애와 신학 사상," in 『개혁신학의 전통』 (서울: 그리심, 2014), 293-315; 권오성, "프란시스 뚜레틴의 대속론"(신학 박사학위 논문, 백석대학교, 2016), 38-53; 권경철, "프랑수아 투레티니의 생애와 저작," in 『진리의 깃발』 141 (2016): 114-125; 권경철, 『뿌리내리는 정통주의 신학: 동일한 신앙고백, 다양한 신학 논쟁』 (군포: 다함, 2018), 57-78; 권경철, *Christ and the Old Covenant: Francis Turretin(1623-1687) on Christ's Suretyship under the Old Testament* (Göttingen: Vandenhoeck & Ruprecht, 2019).

이 국가와 교회와 가정에서 일어나는 온갖 문제들 속에서 성경을 읽으며 나름대로 신앙생활과 신학을 하고 있습니다. 그리고 그러한 문제들의 상당수는 투레티니 역시도 가졌던 문제들이라고 할 수 있습니다. 이 평전을 통해 진리에 대해 경건한 자세를 가졌던 투레티니가 우리와 비슷한 문제들을 놓고 고민하며 정통신학을 지켜내기 위해 고군분투하는 모습에서 교훈을 얻고, 오늘날 우리가 고민하는 여러 가지 실제적인 문제들에 어떻게 믿음으로 대처할 것인지에 대한 통찰을 얻을 수 있을 것입니다.

이 〈투레티니 평전〉은 그동안 접하기 어려웠던 투레티니의 인간적인 면모를, 기존에 있던 짧은 전기물과는 비교할 수 없을 정도로 자세히 드러내 줌으로써 있는 그대로의 한 인간 투레티니를 공감하며 경험할 수 있도록 해줍니다. 이 책을 통해 종교개혁 이후와 현대를 이어주는 신학적 온고지신의 지혜를 얻을 뿐만 아니라, 투레티니 역시도 우리와 동떨어진 초자연적인 존재가 아니라 우리와 같은 성정을 가졌으면서도, 있는 그 자리에서 하나님을 섬기기 위해 최선을 다했던 신앙 위인이라는 점이 바르게 부각 되기를 바랍니다.

끝으로 예수님이 이미 죽어 무덤에 묻힌 나사로를 다시 살리신 것처럼, 이미 죽어 무덤에 묻혀 "손발은 세마포로 감겨있고 얼굴은 수건으로 싸매어 있던" 사람을 풀어놓아 오늘 살아나게 하는 〈투레티니 행전〉 복원 작업(번역)은, 전공이 불문(佛文)인 강금희와 투레티니의 신학이 전공(專攻)인 권경철이 함께여서 가능했습니다. 그리하여 뷔데의 독특한 편집 성향을 최대한 인정하면서, 그 당시의 완곡 및 과장 어법과 요즘에 없는 생소한 단어와 난해한 문맥들을 해석하고자 우여곡절을 겪으며 고군분투한 끝에 많이 부족하나마 **〈투레티니 평전〉**이라는 제목으로 독자 여러분들에게 소개할 수 있음을 기뻐합니다. 투레티니의 삶이 어떠했는지 궁금해하던 분들을 위해 가뭄의 단비처럼 출판된 이 책을 반가워하시며 기꺼이 추천사를 써주신 김광열 교수님, 김남준 목사님, 우병훈 교수님, 한병수 교수님께 진심으로 감사드립니다. 아울러 이 번역을 기획하고 출간해주신 도서출판 다함에 감사드리며, 하나님께 모든 영광을 올립니다.

이천이십일년 시월 육일, 권경철과 송수진의 첫딸, 루디의 백일을 기리며!

옮긴이 _ 권경철 · 강금희

01

# 투레티니 가문의 망명
Emigration de la famille Turrettini

*Vie de François Turrettini*

# 제1장
# 투레티니 가문의 망명

투레티니 가(家)는, 16세기에 제네바(Genève)로 망명 온 이탈리아인들 중에서 가장 훌륭하고 대표적인 가문이었다. 많은 다른 사람들처럼, 로마의 박해를 피하여 안식처를 구하러 이탈리아 루카(Lucques)를 떠나 온 그들은, 1580년경에 제네바에 정착했다. 1580년보다 훨씬 이전에 이탈리아를 떠난 사람들도 있었다. 그들 중 어떤 이들은 우선 프랑스에, 다른 이들은 플랑드르(Flandres)에 정착했었다. 그 후, 그들에게 첫 피난처를 제공했던 외국 땅에서조차 교황의 분노 때문에 쫓겨나게 된 믿음의 사람들은, 마침내 스위스에 이르게 되었고, 그곳이야말로 보다 안심되는 피난처라고 생각하게 되었다. 로마는 우리가 말한대로, 불쌍한 추방자들을 계속 협박하였으며, 분노의 채찍을 계속해서 휘둘렀다. 1558년에, 바오로4세(Paul IV) 교황의 기도에 근거하여, 루카 시 의회가 매우 엄격한 규칙을 정했다. 그 규칙은 종교개혁세력에게 이미 가해지고 있었던 고통을 가중시켰고, 그들이 외국에서 선량한 가톨릭 신도들과는 관계를 맺지 못하도록 방해했다.

1560년경에 기슬리에리(Ghislieri)는, 루카에서 여름을 보내려고 온 김에 루카의 종교 당국에 대해서도 알아보았는데, 개신교가 앞서 제정된 규제에도 불구하고 사라지지 않고 있다는 것을 알게 되었다. 그리고 이러한 사실의 상태를 미루어 살핌으로써, 그는 개신교가 사라지지 않는 이유 중 하나를 발견하였는데, 그 이유는 바로 루카 사람과 외부인들 간의 소통이 있었기 때문이었다. 예를 들어, 사실 리옹(Lyon)에는 미셸리 가문(Michéli), 아르놀피니 가문(Arnolfini), 칼랑드리니 가문(Calandrini), 투레티니 가문(Turrettini)이 살고 있었는데, 그들을 방문하러 온 이탈리아 사람들이 동족 간에 종종 친절하고 우호적인 상거래를 하면서, 개혁주의 신앙의 싹을 틔우게 되었다.

이러한 이교도 가정들에 종지부를 찍기 위해서, 로마의 분노는 아래와 같은 새로운 법령을 만들어냈다.

> 수많은 가톨릭 교도들과 기독교인들이 반역자들 및 이단자들과 곳곳에서 자주 모이고 친해지더라도 뭔가 불이익을 당하지 않고 있는 상황이므로, 시 의회에 이름이 올라가고 신고를 당한 반역자들과 이단자들이 가톨릭 교도들이나 수도원이나 기독교 단체들을 더럽히거나 오염시키는 것을 막기 위하여(이런 일들이 쉽게 일어나므로), 소위 이단자들과 반역자들은 오는 2월 중순 후에는 다음과 같은 일정한 지방 혹은 장소들에 가거나 살 수가 없음을 알아야만 한다. 즉, 우리 나라가 의례적으로 여행하고 살고 교역을 하던 곳들인 이탈리아, 스페인, 프랑스와 프랑스령 플랑드르 및 프랑스령 브라방(Brabant) 등이다. 그들이 위의 장소에 돌아오

거나, 혹은 위에 정한 기한 후에도 그들 중 발견되었다가 언급된 장소에서 죽임을 당할 경우, 살인자가 장관의 선언에 의해서 정당 살인으로 인정을 받으면, 한 명당 300에퀴(ecu)의 현상금을 마을 금고로부터 지급받는다.[1] 의회의원들과 종교관료들의 경우는, 이 법령에 의거하여 현상금을 즉시 지불하라고 명령할 수 있다. 그리고 만약 살인자가 추방자라면, 시의회의 추인을 받지 않고도 추방령이 반드시 취소될 것이며, 살인자가 추방자가 아닐 경우, 그에게 살인죄가 적용되지 않을 것이다.

이 끔찍한 법령이 스위스에 알려졌을 때, 제네바 의회와 그들의 보호자였던 베른은 깊은 충격을 받았다. 이 두 의회들은, 수배당한 불쌍한 사람들의 입장을 대변하고 항의하기 위해서, 그리고 편파적인 기준을 비난하기 위해서 루카 의회에 편지를 썼다.

그렇지만, 이탈리아 추방자들을 두둔한 이들은 베른의 시의회와 제네바 당국만은 아니었다.[2] 프랑스왕 샤를르 9세(Charles IX)와 카트린느 드 메디치(Catherine de Médicis)는, 그들에게는 너무 자주 있었던 정치적 돌변의 일환으로, 그 나라에 정착하여 살고 있는 루카인들이 지속적인 감시대상이 되고 끊임없이 그들의 삶이 위험에 노출되어 있는 것을 보고 동정하는 조치들을 취하게

---

1    역자주: 에퀴는 1266년부터 프랑스 대혁명 직전까지 사용되던 프랑스의 화폐단위이다. 에퀴는 금화로 제작되기도 했고, 은화로 제작되기도 했으며, 그 가치와 환율은 시대에 따라 다양했으나, 독자들의 편의를 위해서 1에퀴를 한국 돈 5만 원권으로 환산해서 읽는 것도 가능할 것이다.

2    참고: 에이나르(Eynard), 『루카와 부르라마끼의 역사』(*Histoire de Lucques et des Burlamacchi*), 320쪽 난외주N.

되었다. 샤를르와 카트린느는 이 법령의 폐지를 요구했고, 리옹 시장에게 그 도시에 체류하고 있는 개신교인들을 보호하라는 명령을 내렸다. 그러나 펠리페 2세(Philippe II)의 눈 밖에 나기 싫었던 루카 공화국은 카트린느와 샤를르의 요구에 긍정적으로 대답할 수 없었다. 루카인들을 변호하면서, 샤를르와 카트린느는 고집부리지 않고 다음의 사실을 기꺼이 인정하였다: 리옹 종교지도자들의 소송과, 귀찮은 일 때문에 핍박이 필요 이상으로 가혹해졌다는 사실을. 그러면서 그들은 이탈리아 사람들에 관한 동정심을 유발했다.

에이나르(Eynard)씨의 말에 의하면,[3] 그 당시 나바르공 앙리4세(Henri IV, roi de Navarre)와 몽모랑시(Montmorency) 사령관, 그리고 교황 대사와 파리 주재 스페인 대사가 루카 의회에 아주 관대한 편지를 썼는데도, 외국에 사는 루카인 개신교도들에게 대한 인도적 지원의 희망은 물거품이 되었다.

몇 년 후 프랑스 땅을 휩쓸 전쟁의 폭풍우와, 프랑스 개신교도들의 절망적인 상황에 대해서는 독자들께서 알고 계시리라 생각한다.[4] 플랑드르와 브라방 출신의 종교난민들은, 종교재판소의 화형대가 세워지는 것을 공포스럽게 목격하다 보니, 더 이상 가만히 있을 수 없었다. 교황 피우스5세(Pie V)의 기도에 스페인 왕은 동조했고, 네덜란드인 종교난민들을 몰살시키기로 마음을 먹었다.

스위스는 관대하게 환대를 베풀었고 비교적 안전한 장소이기도 했으므로, 초기 정착지에서 쫓겨나온 이탈리아 개신교인들의 목적지가 되었음이 분명하다.

---

**3**   루카와 부르라마끼 (Lucques et Burlamacchi).
**4**   역자주: 1562년부터 1598년까지, 프랑스 종교개혁 세력과 로마 가톨릭 세력이 벌였던 종교 내전을 가리킨다. 이 내전 기간에 일어난 대표적인 사건이 성 바돌로매 축일에 벌어진 가톨릭 세력에 의한 개신교도 대학살이었다.

투레티니 가문도 그런 사람들 중에 하나였다.

제네바 경내에 정착하러 온 이 가문의 첫 구성원은, 우리 전기(傳記)의 주인공인 투레티니의 할아버지 프랑수아 투레티니(François Turrettini)였다. 그는 루카 공화국의 첫 사법관이었던 레귤로 투레티니 장관(Regulo Turrettini, gonfalonier) 의 아들이었으며, 1573년에 클라라 프랑시오티와(Clara Franciotti) 결혼하였는데, 이 가문에서 1634년에 루카 주교인 A. 프랑시오티(Franciotti) 추기경을 배출하게 된다.

할아버지 투레티니는 먼저 앙베르(Anvers)에 체류하였다. 그곳은 셍트 알데공드(Sainte Aldegonde)의 유명인사 마르닉스(Marnix)와 긴밀하게 연결되어 있는 곳이었다.[5] 그리고 할아버지 투레티니는 플랑드르에 갔다가, 쥐리히(Zurich)를 거쳐가게 되었다. 거기에서 가게를 내고 장사하다, 제네바로 왔다. 제네바에 정착한 뒤로, 그 가문은 시민회에 귀중한 봉사, 즉 시민회가 어려운 순간에 돈을 얻어오는 봉사를 했다. 그 후 1615년에, 그는 흑사병에 걸린 가난한 사람들에게 상당한 자비를 베풀었다. 할아버지 투레티니는 이미 오랫동안 시민 계급의 지위를 얻지 않은채로 제네바에 살고 있었다. 1627년 11월달이 되어서야 비로소, 그의 고결한 봉사를 기리고 그를 치하하는 의미에서, 그에 걸맞는 지위를 그에게 대가 없이 수여했으며, 그의 두 아들 쟝과 베네딕에게도 그리하였다. 할아버지 투레티니는 200인회(conseiller des Deux Cents, 대민회라고도 부름, 역주)의 회원이 되었고, 동시에 60인회(conseiller des Soixante) 회원도 되었다.[6] 그러나 그

---

5 역자주: 필립스 판 마르닉스, 네덜란드 국가의 작시자일 가능성이 높은 신학자
6 역자주: 당시 제네바는 스위스의 일부가 아니었고, 왕이 없이 시민계급의 회의

는 오랫동안 이 명예를 누리지는 못했다. 왜냐하면 이듬해 1628년 3월 15일에 향년 81세의 나이로 그가 세상을 떠났기 때문이다.

할아버지 투레티니는 구빈원(hôpitaux), 장학기관(bourse) 및 그 외 공공기관들에 총 51000플로린[7]의 유산을 남기고 세상을 떠났다. 그는 1587년 7월 9일에 귀족 미셸 부르라마끼(Michel Burlamacchi)의 딸 카미유(Camille)와 결혼했었고, 후에는 클라라 칼랑드리니(Clara Calandrini)와 재혼했다.

이 사람은 진실로 순전한 사람이었다. 관대한 정신의 소유자였으며, 경건뿐만 아니라 삶을 아름답게 만드는 모든 흠모할만한 미덕을 겸비한 사람이었다. 작은 일에서 시작하여 큰 일에도 충성스러웠고, 탁월한 상인이었으며, 영원하신 분을 경외하는 것과 선을 행하는 것에서 자신의 행복을 찾았고, 죽으면서 자기 자식들에게 좋은 추억을 남겼다. 후손들이 본받을 수 있도록 본을 보였으며, 그럼으로써 우리에게 다음과 같은 성경 말씀을 적용하도록 한다. "행위가 온전하여 여호와의 율법을 따라 행하는 자들은 복이 있음이여 여호와의 증거들을 지키고 전심으로 여호와를 구하는 자는 복이 있도다."[8]

그의 맏아들 베네딕(Bénédict)은, 그 당시 위대한 신학자 중 한명이었다. 1588

---

를 통해 나라를 운영하고 있었다. 가장 낮은 시민회는 200인회였고, 그 위에는 60인회가 있었으며, 그 위에는 소민회라고도 하는 25인회와 그 소민회의 의장이 되는 4명의 최고통치자(syndic)가 포진하고 있었다.

7 역자주: 플로린은 15세기부터 2002년까지 네덜란드의 화폐 단위였던 휠더(guilder) 혹은 휠덴(gulden)의 다른 이름이다. 이 금화의 가치는 물론 시대에 따라 다르겠으나, 17세기 네덜란드를 기준으로 할 때 당시 목회자의 1년 사례비가 500플로린 정도였으니 1플로린을 오늘날 한국 돈 7만원 정도로 환산하여 볼 수 있다.

8 시편119:1-2.

년에 취리히에서 태어난 그는,[9] 제네바에서 공부를 뛰어나게 잘했다. 1609년, 베네딕은 제네바 교회 뿐만 아니라 외국 학교도 자신을 탐낼 것임을 예견하고서는, 21살이라는 약관의 나이에 제네바 아카데미(Académie)와 소민회(petit conseil)와 목사회(venerable compagnie)를 사임하였다. 실제로 제네바 교회와 외국학교는 서로 앞다투어 베네딕의 아버지, 즉 할아버지 프랑수아 투레티니에게 그의 아들을 다른 곳에 보내지 말라고 노골적으로 요구할 정도였다. 사역자들은 하나같이, "베네딕은 보배다"라고 말했다.

이에 할아버지 프랑수아 투레테니는 대답했다. "나는 그를 교회에 헌신하도록 하나님께 바치려는 것 외에는 다른 의도가 없다. 나는 그에게 오는 여름에 6-7달 동안 프랑스에서 휴식을 취하고 그 이후에 다시 돌아오라고 했을 뿐이다."

1611년, 베네딕 투레티니는 신학을 가르치는 일을 맡았다. 그 이듬해에, 그는 결국 정식 교수로 임용이 되고, 거룩한 사역을 위하여 헌신하게 되었다.

1620년에 그는 알레스(Alès) 총회에 제네바 대표로 파견되었다. 독자들도 아

---

**9** 할아버지 투레티니의 막내이고 이 집안의 호적 기록에서 자주 찾을 수 있으며 1600년에 태어난 쟝(Jean)은, 우리가 앞으로 살펴보겠지만, 1627년에 제네바 시민권을 취득했다. 쟝의 막내아들 미쉘 투레티니(Michel Turrettini)는 1646년 제네바에서 태어났고, 1676년에 동양언어를 가르치는 선생님이 되었으며, 『하나님의 심판의 십자가: 고난의 유용성에 관한 두 편의 설교』(La croix des Jugements de Dieu, deux sermons sur l'utilité des afflictions)라는 작품을 남기고 1721년에 세상을 떠났다. 미쉘 투레티니는 프랑스어로 새롭게 성경을 번역하고 주석을 덧붙이려는 계획을 가지고 있었다. 그는 자신의 독일 사촌인 프랑수아 투레티니 (이 페이지에서 이야기하고 있는 그 할아버지), 파브리스 부르라마끼(Fabrice Burlamacchi), 그리고 베네딕 칼랑드리니(Bénédict Calandrini)에게 이 계획을 이야기를 하고 출판까지 하려고 했다.

시다시피, 알레스 총회는 토르트레흐트 총회의 결정을 계기로 소집된 총회였다.[10] 같은 해에, 제네바 시민회의록에 기록되었듯이, 그는 님므(Nîmes)의 교회에 임시사역자로 6개월간 파견되었다. 님므 교회는 그를 더 오래 붙들고 싶어했지만, 수포로 돌아갔다.

이 임시직을 받아들이면서, 그는 당시 끔찍한 스캔들에 휘말려 있었던 님므 교회를 위해 큰 일을 해냈다. 목사들 중 하나, 즉 꼬뜰리에(Cottelier)라고 불리우는 이는, 구세주를 부인하되 교리로만 부인한 것이 아니라 행위로 더더욱 부인해버린 아르미니우스주의자(arminien)였고, 그의 악행 때문에 해임되었다.[11] 님므 치리회는 우리가 살펴볼 이 모든 역사적인 혼돈에 뒤이어서, 꼬뜰리에 소송으로 인해 갈라진 영혼들을 다시 모으고 정신들을 진정시킬 필요가 있음을 이해하면서, 이 심각한 갈등에 편승하지 않고 평화와 사랑의 일을 힘쓸 수 있는 목회자를 부르기로 결정했다. 그리하여 님므 치리회는, 제네바 최고통치자들(syndics)에게 베네딕 투레티니를 보내주기로 허락을 얻을 심산으로 제네바에 대표단을 보냈다.

보렐 목사가 자신의 저서 『님므 개혁교회사』(*Histoire de l'Eglise réformée de*

---

10 역자주: 알레스는 프랑스 남부의 도시이며, 이곳에서 아르미니우스주의를 거부하기로 한 네덜란드 도르트 회의의 결정을 도입하기로 결의한 프랑스 교회 총회가 열렸다.

11 역자주: 쟝 꼬뜰리에(Jean Cottelier)는, 1613년부터 1620년까지 님므에서 재직한 목회자였다. 아르미니우스주의란, 상대적으로 하나님의 주권보다 사람의 책임을 더 강조하다가 네덜란드 도르트(혹은 도르트레흐트, Dordrecht)에서 열린 회의를 통해 정죄를 당한 네덜란드 신학자 야곱 아르미니우스(Jacobus Arminius, 1560-1609)와 그의 신학적 후계자들의 사상을 가리킨다. 오늘날까지도 제네바의 종교개혁자 쟝 칼뱅(영어식으로는 칼빈, Jean Calvin)의 신학을 계승하는 사람들로부터는 아르미니우스주의가 인정을 받지 못한다.

*Nîmes*)에서 말한 것에 따르면,

이 신학 교수는 달변의 설교자요 사상가로 인정을 받았으며, 꼬통(Cotton) 신부에[12] 대항하여 제네바 성경 번역본을 옹호한 책 제2권을 출판했다. 또한《형벌의 유익성에 대하여》라는 설교를 했더니, 그 영향력으로 인해 청중의 숫자가 증가하여 치리회(consistoire) 회원을 3명 더 뽑아야 할 정도가 되었고, 교회 주요 절기가 다가오면 성찬을 목사들만 집행할 수 없을 정도로 규모가 커졌기 때문에, 목사들을 도와달라고 신자 중 유력자들에게 도움을 청할 정도가 되었다. 투레티니가 떠날 날이 다가오자, 세 개의 교단 협의체로 이루어진 총회 회원 4명이 그 전날 그의 집에 와서, 그가 교회에 감화를 끼치고, 프랑스 목사들 중에 아르미니우스주의가 스며들지 않도록 수고했던 것에 대하여 온 교회를 대표하여 사례하였다. 베네딕 투레티니가 떠나면서 공석이 된 자리는 쟝 쇼브(Jean Chauve)가 대신 맡아 1년간 수고하였다.

이 목사는, 예수회 꼬통 신부가 『표절자 제네바』(*Genève plagiaire*)라는 제목으로 쓴 글에 대한 반박문을 쓰기도 했고, 그 외에도 여러 중요한 작품을 펴냈다. 그는 또한 수많은 논술집들과, 가장 순수한 교리로 채워져있고 학식 넘치는 신학 논집들을 출판했다. 그는 다작가이며, 그가 평소 생소한 주제들에도 관심이 분명히 있었음을 고려해볼 때, 최소 41개 이상의 작품을 남겼을 것이다. 그는 이탈리아어와 프랑스어로 수많은 설교를 남겼던 것처럼, 논쟁서도 많이 남겼다.

---

**12**  역자주: 피에르 코통(Pierre Cot(t)on, 1564-1626). 프랑스왕 앙리4세때 활동했던 프랑스 예수회 신부로서, 1618년에 『표절자 제네바』(*Genève plagiaire*)라는 책을 출판했다.

제네바 목사회는 베네딕 투레티니에게 제네바 역사 모음집 저술을 의뢰했다. 그래서 그는 그 작업을 수행했고, 1618년 2월달에 목사회에 원고를 제출했으나, 출판되지는 않았고,『제네바 종교개혁사』(*Histoire de la réformation de Genève*)라는 제목의 원고로만 남아있다.

베네딕 투레티니는 정치적으로도 성공했다. 세네비에(Senebier)는, "그의 재능과 그의 미덕은, 그가 고결한 애국자임을 보여준다"고 말했다. 정부가 1621년에 위험에 처한 제네바를 위하여 자금을 모금해 오라고 홀란드(Holland)에 사람을 보낼 때,[13] 선택된 사람은 바로 그였다. 잘 알다시피, 이 시대 개혁의 거리 혹은 스위스 복음의 열쇠라고 불리웠던 우리 제네바는, 다시금 사보이 대공(duc de Savoie)의 침략 위협을 받기 시작했다.[14] 베네딕 투레티니는 이 심부름을 받아들이고 네덜란드(Provinces-Unies)[15]로 떠났다. 그는 네덜란드 연방정부에 호소했고, 한자동맹 도시에 호소했으며,[16] 그의 수완과 재능이 합해져서, 그에게 맡겨진 민감한 과업을 완전한 성공으로 이끌었다.

1622년 7월 1일에 투레티니가 제네바로 돌아와서 소민회에 출석함으로써, 그의 과업은 완수되었다. 그는 자신이 특사로서 했던 주요 과업들을 간략히 보고했

---

[13] 역자주: 홀란드는 네덜란드(Pays-Bas)를 대표하는 주로서, 때로는 네덜란드라는 말과 동의어로 쓸 수 있다.

[14] 역자주: 사보이는, 프랑스와 이탈리아 중간쯤에 위치한 공국으로서, 그 통치자를 사보이 대공이라고 불렀다. 중세 시대 제네바는 사보이의 지배를 받았었으나, 종교개혁을 계기로 독립하였다.

[15] 역자주: 네덜란드 칼뱅주의 7개주 연합체를 가리킨다.

[16] 역자주: 중세로부터 독일과 북유럽의 여러 도시들이 모여서, 상호간의 이익을 목적으로 맺었던 동맹으로서, 17세기에도 유지되고 있었다.

으며, 프랑수아 투레티니가 40년 후에 아버지와 똑같은 일을 했는데, 이 점에 대해서는 뒤에서 다시 살펴보겠다. 그는 또한 제네바 최고통치자들에게도 말하기를, 자신이 네덜란드 연방정부에 받아들여지는 영광을 누렸지만, 여러 경쟁자들 사이에서 많은 어려움을 겪었고, 보조금 3만 플로린[17] 모금이 거저 이루어지지는 않았다고 보고했다. 그리고 베네딕은 홀란드 당국의 편지를 의회에 부쳤다. 오란네(Oranjie)공의 호의적인 통신문을 보면, 그가 체류하는 동안 홀란드 당국이 그에게 많은 호의를 베푼 것을 알 수 있다. 오란네공의 편지는 다음과 같이 쓰고 있다. "제네바 당국자 여러분, 믿으십시오. 나는 언제나 준비가 되어있고, 어떤 경우에라도 제네바에게 매우 애정어린 섬김을 보여줄 준비가 되어있다는 것을." 베네딕 투레티니는 목사회에 동일한 보고를 했다. 그 속에서 우리는 이와 같은 사실을 읽을 수 있다. "목사회 사람들에게 정황을 설명하면서, 베네딕은 네덜란드 교회에 특별한 애정이 생기지 않을 수 없었다고 한다. 이 특별한 애정이란, 하나님의 진리 때문에 생기는 것이기도 하지만, 네덜란드인들이 교회를 마치 촛대처럼 붙들고 있다는 사실에서 기인하는 것이었다." 베네딕 투레티니는 1631년에 죽었다.[18] 시민들의 애도는 그에게 바치는 가장 아름다운 조사가 되었다.

고티에(Gautier)는 다음과 같이 말한다. "제네바 아카데미와 교회는 같은 해에 신학 교수 베네딕 투레티니를 잃었다. 그는 젊은 나이에 요절했다. 그가 그의 직임을 감당하면서 나타낸 비범한 재주들은, 사람들로 하여금 그의 요절을 더

---

**17** 이 외에 네덜란드 연방정부에 의해서 기부가 이루어졌고, 제네바 특사가 함부르그(Hambourg)와 브레멘(Brême)에서도 보조금을 얻어냈다. 브레멘은 1800 탈러(당시 독일지역의 화폐단위, 역주)를 기부했고, 함부르그는 1500플로린을 기부했다.

**18** 1616년, 베네딕은 루이즈 미쉘리(Louise Michéli)와 결혼했다.

아쉬워하도록 했다."[19]

그리하여 이 선한 사람은 생을 마감했다. 모든 이들이 그를 사랑했고, 각 사람들은 자신들에게 그가 끼친 행복한 영향력과, 그의 경건함과 지식, 그의 설득력 있는 달변, 그리고 모든 시련을 견뎌내는 용기를 칭송했다. 그가 자기 나라에서 좋은 평판을 얻었다는 것에 대해서 증거를 대자면, 다음과 같은 것도 있다: 1632년에 200인회는, 그의 형제 베네딕이 국가에 했던 봉사를 기리는 의미에서, 쟝 투레티니에게 시골집을 하사하였다.

그 외 수많은 투레티니 가족 구성원들은, 여러 작위와 계급을 수여받는 특권을 얻었다. 그리하여 명문가로서의 평판이 집안 대대로 내려오게 되었다. 그들이 학자이며 동시에 시민으로서 제네바 사회 지도계층에 편입되자, 신앙을 위해 순교를 각오했던 이 사람들을 루카 공화국에서 쫓아냈던 것이 얼마나 자신들에게 큰 손실인지를 루카는 비로소 알게 되었다.

그들이 이주한지 한 세기가 지난 후에 어떤 주교는, 그들은 추방하기에는 너무 아까운 인재였는데, 그들이 루카를 떠난 후에 이탈리아에는 큰 불행이 도래하였고, 반면 제네바에서 그들은 지위를 회복했다고 개탄하였지만,[20] 이미 소용없는 일이었다. 그야말로 만시지탄이었다. 제네바라는 자유의 땅에 그들은 뿌리를 깊게 내렸다. 루카 입장에서는 그들을 결코 잃어버려서는 안되었지만, 제네바는 그들이 있음으로써 그들의 후손들이 유익을 볼 것을 생각하고 기뻐했다.[21]

---

**19**    제네바 역사 육필원고(Histoire manuscrite de Genève), 1631년.
**20**    1679년 루카 주교 지울리오 스피놀라(Giulio Spinola)
**21**    1장 맨끝에 투레티니의 족보를 수록하였다.

레티(G. Léti)라는 또 다른 이탈리아인은, 이탈리아로의 이민에 대하여 우리가 여기서 인용하기에 적절한 날카로운 세부 통찰을 그만의 독특한 문체로 서술한다.

또한 옛날에 루터(Luther)와 칼뱅(Calvin) 신앙을 받아들이는 바람에 산 넘어 이민을 간 많은 집안들이 루카 출신이다. 그들은 루카에서 태어난 사람에 비하면 예배행위에 더 큰 열심을 내었다. 현재 제네바에 존재하는 많은 가문들 중에서 상당수가, 루카의 주요 가문과 혈족관계라고 자인한다. 루카의 가문들이 제네바에 거주하는 가문들과 똑같다고 루카의 가문들이 말해줄지 여부는 내가 모르겠다. 만약 더 알고 싶은 호기심이 있다면, 루카에 가서 직접 알아볼 수 있다. 그렇지만 나는 이렇게 말하겠다. 루카 사람들이 제네바 사람들과의 혈연관계를 경멸할 것이 아니라고(일반적으로 거리끼는 큰 장애물로 여겨지는 종교조항만 빼면). 이 가족들은 사실 매우 좋은 평판과 영예를 누리고 살았다. 그 중에서도 여러 가족들은 프랑스 귀족 집안과 연결되어 있고, 제네바 뿐만 아니라 유럽의 방방곡곡에서도 사업으로 인해 높은 평가를 받았다. 나는 미셸리(Michéli), 디오다티(Diodati), 부르라마끼(Burlamaqui), 미뉘톨리(Minutoli), 투레티니(Turrettini) 등과 같은 가족들을 인용할 것이다. 투레티니 가문은 그 도시의 가장 아름다운 사저를 소유하고 있었고, 그래서 사람들이 그들을 대저택의 투레티니라고 불렀다. 종교 조항이 아직도 루카 사람들로 하여금, 현재 제네바 시민인 그 이탈리아인들이 원래 태생적으로 그들의 동포라는 사실을 생각하지 못하도록 방해한다는 것을 나는 안다. 그러나 인간적인 모임이라는 차원에서 본다고 해도, 그들과 한 핏줄임을 부정할 필요는 없었다. 왜냐하면 각지에서 그들이 그들의 가지를 뻗었을 때, 그리고 그들이 고대에 누렸던 찬란함을 간직할 뿐만 아니라 증가시켰음을 그들이 알았을 때, 그 가문의 영광이 증가되었기 때문이다.

옛날에 루카에서 만들어졌던 투레티니의 가계도를 읽다보면, 적지 않은 장관(gonfalonier)들과 최고 행정관(Anziani)들이 나왔고, 귀족 집안 중 하나였다. 물론 이탈리아 종교 난민들의 숫자가 절정에 달했고, 그들은 누구나 옛날에 귀족 출신이었다고 주장할 수는 없는 노릇이다. 귀족 명칭과 많은 영지가, 진짜 귀족을 만드는 것은 아님을 우리는 알게 되었다. 그 귀족 칭호가 추방과 불행의 구렁텅이에서 두려워했던 영혼들의 도덕적인 가치에 보태줄 것이란 전혀 없고, 단지 보배로운 신앙의 용기와 믿음의 실천만이 세상에서 인정받을 수 있다. 그런데 열매 없이 헛된 세월만 보내면서, 이 집들은 옛날의 영광만 찾고 있었다. 그들은 허송세월을 하면서, 자신들을 귀족화시키고 참된 위엄을 되찾게 해줄 유일한 수단, 즉 마땅한 일이 없어서 열매를 맺지 못한 채로 남아있음을 자신들의 영광으로 삼고 자위하는 이들이었다. 그러나 이탈리아 망명자 가족들이 가지고 있었던 그들 인격의 지적이고 도덕적인 면 때문에 우리가 그들에게 가치를 찾으려고 하는 것이 아니고, 그저 투레티니 같은 집안의 사람을 동료 제네바 시민으로 얻게 된 것을 축하해야만 할 뿐이다. 왜냐하면 그들이 부르주아 계급으로 인정받을 때로부터 지금까지, 프랑스와 이탈리아의 다른 망명객들과 협력하여, 우리 나라에서 그들이 우리 조상들로부터 받은 환대를 광범위한 봉사로써 되갚으면서, 우리 나라를 계속해서 빛나게 했기 때문이다. 행정관으로서나, 교회에서나, 학교에서나, 투레티니 가문은 언제나 탁월했다.

## 투레티니의 가계도

프랑수아 투레티니의 아들은 레귤로(Régulo)와 폴리노(Paulino)였다. 레귤로는 1573년생이며, 루카의 장관을 역임했다. 폴리노의 아들은 뷔제(Bugey)의 셍트크루아(Sainte-Croix)의 영주 마리오(Mario)였고, 마리오는 아이 없이 죽었다. 레귤로의 아들이 프랑수아였다.

1547년에 출생한 망명자 **프랑수아**의 자녀로는, **베네딕**(Bénédict), 클레르(Claire), 카트린느(Catherine), 쟝(Jean), 쟈베타(Zabetta), 마리(Marie), 여동생과 동명이인이었으나 어려서 죽은 클레르(Claire), 르네(Renée)와 프랑수아즈(Françoise)라는 두 딸을 남긴 세자르(César), 그리고 사무엘(Samuel)과 그 외 다섯 아이들이 있었는데, 이 다섯은 어려서 죽었다(총14명).

1588년에 출생한 **베네딕**은 바르브(Barbe), 에티엔느(Etienne), 프랑수아(François), 마리(Marie), 오라스(Horace), 보세의 영주 베네딕(Bénédict, Seigneur de Bossey)을 낳았다.

1619년생 에티엔느의 자녀들은 프랑수아즈(Françoise), 루이즈(Louise), 오라스 베네딕(Horace Bénédict)과 앙드레(André)였다.

1651년생 오라스-베네딕의 자녀들은 아드리엔느(Adrienne), 베네딕(Bénédict), 프랑수아즈(Françoise), 루이즈(Louise), 쟝-루이(Jean-Louis)였다.

1697년생 쟝-루이의 자녀들은 쟌느-루이즈(Jeanne-Louise), 아드리엔느-프랑수아즈(Adrienne-François), 오라스-쟝-루이(Horace-Jean-Louis)와 르네-프랑수아즈(Renée-Françoise)였다.

1746년생 오라스-쟝-루이의 딸은 쟌느-앙드리엔느-카롤린느(Jeanne-Andrienne-Caroline)였다.

1655년생이며 에티엔느의 아들인 앙드레 투레티니의 자녀들은 피에르-프랑수아(Pierre-François), 베네딕(Bénédict), 오라스(Horace)였고, 그 외에도 후손 없이 죽은 네 명의 자녀가 있었다.

1698년생 피에르-프랑수아의 딸은 안느-자베타(Anne-Zabetta, 안느-엘리자벳 Anne-Elisabeth이라고도 함)였다.

1701년생이며 사역자였던 베네딕 투레티니의 아들은 프랑수아-오라스 투레티니(François-Horace Turrettini)인데, 후손이 없이 죽었다.

1623년생이며 이 책의 주인공인 **프랑수아 투레티니**의 아들은 **쟝-알퐁스**(Jean-Alphonse)였다.

1680년생이며 사역자였던 **쟝-알퐁스**의 자녀는 마르크(Marc)와 마리(Marie)였다.

1712년생 마르크의 아들은 쟝-알퐁스(Jean-Alphonse)였다.

1735년생 쟝-알퐁스는 자녀 없이 죽었다.

망명자 프랑수아의 아들인 1600년생 쟝 투레티니의 자녀는, 다음에 살펴볼 쟝-프랑수아(Jean-François), 그리고 프랑수아즈(Françoise), 마르크(Marct), 마리(Marie), 미셸(Michel), 앙리(Henri) 등이었으며, 모두 14명이었다.

1631년생 쟝-프랑수아의 자녀는 도로테(Dorothée), 프랑수아즈(Françoise), 그리고 후손이 없이 죽은 미셸(Michel)이었다.

쟝의 아들이며 교수였던 1646년생 미셸 투레티니의 두 아들은 사무엘(Samuel)과 프랑수아-쟝(François-Jean)이었다.

1688년생이며 교수였던 사무엘의 아들은 앙투안느(Antoine), 샤를르(Charles), 그리고 프랑수아-쟝(François-Jean)이었다.

1720년생 앙투안느의 자녀는 쟝-다니엘(Jean-Daniel), 샤를르-알베르(Charles-Albert), 앙드리엔느(Andrienne), 마리-샤를롯(Marie-Charlotte)이었다.

1751년생 쟝-다니엘에게는 세 명의 자녀가 있었다: 앙투안느-위젠느(Antoine-Eugène), 카롤린느-르네(Caroline-Renée), 샤를롯트-세실(Charlotte-Cécile)이었다.

앙투안느의 아들이며 1750년생인 알베르(Albert)의 아들은 샤를르-피에르-르네-루이(Charles-Pierre-René-Louis)였다.

1782년생 샤를르-피에르-르네-루이의 자녀는 오귀스트(Auguste)와 아멜리(Amélie)였다.

미셸의 아들이며 1690년생 프랑수아-쟝(François-Jean)의 아들은 제데옹(Gédéon), 사무엘(Samuel), 쟝-쟈크(Jean-Jacques)였다.

1723년생 제데옹의 자녀들은 시몽-오귀스트-루이(Simon-Auguste-Louis), 안느(Anne), 그리고 알베르(Albert)였다.

1753년생 알베르의 아들은 안느-샤를르-가스파르-투레티니-네케르(Anne-Charles-Gaspqrd Turrettini-Necker)였다.

프랑수아-쟝의 아들이며 1727년생인 쟝-쟈크의 두 딸은 수잔느(Suzanne)와 앙드리엔느(Andrienne)였다.

## 02
## 프랑수아 투레티니의 어린시절
Jeunesse de Turrettini

*Vie de François Turrettini*

## 제2장
# 프랑수아 투레티니의 어린시절

프랑수아 투레티니는 제네바에서 1623년 10월 17일에 태어났다. 그의 아버지라는 좋은 모본이 이미 있었기에, 이 아이에게 학문에 대한 취미와 문학적인 기질이 일찍부터 발달되었음은 놀랄 일이 아니었다. 유년기때로부터 어린 프랑수아는, 어른들이 알려주는 것을 배우고 싶어하는 갈망을 가지고 있었다. 베네딕은 그의 학구열을 북돋아주고, 경쟁심을 조장하고, 그에게 성공을 바라도록 했으나, 슬프게도 그는 너무 일찍 세상을 떠났기에 그가 사랑하는 아이가 열매 맺는 것을 보지 못했다. 마치 식물에 꽃이 피는 것만 겨우 보고 열매는 보지 못한 것처럼. 그렇지만 베네딕의 부성애는 헛되지 않았다. 베네딕은 그의 아들이 될성부를 떡잎으로서 완전히 발달할 것을 어느새 예감하고 있었다. 베네딕이 임종을 앞두고 침대 위에 누워서 곧 구주께로 돌아갈 무렵, 그는 사랑하는 아들을 침대

머리맡으로 불렀다. 그리고는 이처럼 비범한 재능을 가진 아이가 자신의 아들이 된 것에 감사하며, "이 아이는 하나님의 인침을 받았다"고 외쳤다. 이 말이야말로 예언이 아니라면 무엇이었겠는가?

프랑수아 투레티니는 먼저 신학에 전념했다. 세네비에(Senebier)가 말하기를, "그 당시 각 사람은 종교를 중요한 일로 여겼고, 신학은 시선의 방향이 우리 삶을 결정한다는 사실을 알려주는 학문이었다." 투레티니는 우선 그의 고향에서 선배들의 가르침을 받으며 신학공부를 했다. 그의 선생님들은 다음과 같다. 먼저 유명한 신학자 장 디오다티(Jean Diodati), 그리고 테오도르 트롱셍(Théodore Tronchin)이 있었다. 트롱셍은 학문의 깊이가 있었던 학자요 진리의 열렬한 수호자로서, 코통(Cotton)신부에 반대하여 날카롭게 펜을 들었으며, 제네바 교회는 그가 종신토록 함께 해주기를 바랬다. 그는 목사회의 가장 빛나는 보석이요, "어린 면학도의 등대"라고 동시대 사람들에게 자주 불리우곤 했다. 이에 더하여 프리드리히 슈판하임(Frédéric Spanheim)도 있었다. 그는 동시대 저술가들이 칭송해 마지않는 저명한 박사였으며, 다음과 같은 찬사를 받곤 하였다.

…거인의 빛이 있을 동안, 그 빛은 비추일 것이며, 올림푸스를 떠나지 않는 별빛이 되리라.[1]

슈판하임의 두 아들 에스겔(Ezéchiel)과 프리드리히(주니어, Frédéric)는, 아버

---

1　"…Dum lumina Titan…Exseret ac stellarum ignes volventur Olympo" (역자의 라틴어 번역)

지의 학문적 발자취를 따라갔다. 이어서 알렉상드르 모뤼스(Alexandre Morus)는 유능한 교수도 아니고 교리적으로는 부족했지만, 그래도 수사학의 대가였으며 그의 달변은 배울 만한 가치가 있었다. 그 외에도 많은 다른 선생님들이 있었다!

이러한 대가들 밑에서 투레티니가 얼마나 발전을 했을지 쉽사리 짐작할 수 있다. 그는 아주 힘든 공부를 하면서도, 다른 이들보다 더 즐기면서 배운 편이었는데, 왜냐하면 그는 어려운 것도 쉽게 만드는 능력을 타고났기 때문이었다. 제네바 아카데미에서 여러 해 공부한 후에, 그는 외국의 유명한 학교들을 방문하게 되었다. 그가 출발할 때부터 제네바 위정자들이 칭찬일색의 증언을 남겼는데, 그러다 보니 그가 다른 도시들로 옮겨갈 때마다 그것이 추천사로 사용되는 것이 당연했다. 그는 당시 중요한 대학이었던 네덜란드 레이든(Leyde) 대학교로 갔는데, 레이든이야말로 우수한 학문의 전당처럼 여겨졌던 도시요, 좋은 열매를 길러내는 모판과도 같았다. 지성의 중심지요 학문의 발상지에서 그는 신학자들의 존중만 얻었을 뿐 아니라, 그 학교 전체를 통틀어 가장 박학다식하다는 것을 증명하였다. 그리하여 엄숙한 모임을 갖고, 『기록된 하나님의 말씀』(De verbo Dei scripto)이라는 논문을 공개적으로 발표하여 통과되었다.

프랑수아 투레티니는 그 당시 잘 나가던 사람들, 즉 괄목할만한 대단한 학문과 달변과 저술 활동으로 명성을 얻은 모든 유명한 사람들의 모임에 참여하며 그의 홀란드 생활을 즐겼다. 당시 그는 폴리안더(Polyander), 안드레 리베투스(Andre Rivet), 살마시우스(Saumaise), 하인시우스(Heinsius), 트리글란트(Trigland), 푸치우스(Voet), 호톤(Hotton), 다국어에 능통했던 홀리우스(Golius), 그리고 그 외 수많은 석학들과 교류했다.

투레티니는 이 사람들의 공적인 교훈들과 개별적인 대화를 야심차게 연구했다. 그럼에도 불구하고 그들과 면담하는 것을 들을 수 없을 때는, 독서에 몰두하고 고독 속에 묵상하는 것을 선호했다. 안트베르펜(Anvers)에서, 투레티니는 놀라운 미혼 여성 박사요, 철학자 데카르트(Descartes)의 여자친구이며, 10번째 뮤즈라는 별명을 가진, 이론의 여지없이 당대 여인 중에 최고 수준의 교양을 갖춘 마리 스휴르만(Marie Schurman) 못지 않은 찬사를 받았다. 프랑수아 투레티니 역시도 스휴르만이라는 엘리트에 대한 찬사를 보냈다. 왜냐하면 그녀는 인간 지식의 전분야를 포괄하는 광범위한 천재성을 가지고 있었고, 또한 그녀의 지적인 재능에 견줄만한 경건한 심성도 간직하고 있었기 때문이었다.

홀란드에서 학문적인 분위기를 익히고 신학 경력에 소중한 결과물을 얻어낸 투레티니는, 1645년 드디어 프랑스에 입성했다. 투레티니는 우선 당시 유럽의 수도처럼 여겨졌던 도시 파리(Paris)에 머물렀다. 파리에서는 다이에(Daillé), 드렐링쿠르(Drelincourt), 메스트레자(Mestrezat), 오베르탱(Aubertin), 블롱델(Blondel) 등 사역을 지도하는 교수들 밑에서 학업을 완수하였다.

투레티니는 다이에의 집에 열심히 드나들었다. 거기에 지식과 미덕이 겸비된 동아리가 있었는데, 젊은 외국인이었던 투레티니는 거기에 다이에에게 인정과 사랑을 받았고 다이에의 많은 친구들과 어울렸다. 모든 사람들이 투레티니 평생을 특징지을 영적 위대함에 감탄했고, 이미 동년배들보다 조숙한 그의 재능에 감탄했으며, 특히 생각과 행동이 순수하다는 것에 감탄하였는데, 한 마디로 말해서, 이 젊은이의 미덕, 즉 완벽한 지식과 지력은, 낭중지추였다.

파리에서 투레티니는 신학만이 아니라, 경건문학도 연구하였다. 양질의 지적 원천에서 지식을 길어올리며 철학 연구를 수료했다. 철학자 가상디(Gassendi)는 그를 천문학의 아름다움으로 이끌었다.

파리를 떠나 소뮈르(Saumur)로 가서, 투레티니는 라 플라스(La Place), 루이 카펠(Louis Capel), 모세 아미로(Moïse Amyrault) 등과 같은 유명한 신학자들과 아는 사이가 되었으며, 투레티니는 그들의 지식과 달변을 매우 높이 평가하였다.[2]

투레티니는 소뮈르를 떠나 몽토방(Montauban)에 도달했다. 그곳에는 유럽 전역에 소문난 두 명의 위대한 신학자가 그 당시 신학 석좌교수 자리를 석권하고 있었다. 우리는 그 두 명, 샤를르(Charles)과 가리솔(Garissoles)에 대해서 나중에 이야기하려고 한다.

몽토방에서 새로운 결과물을 얻어낸 후에 투레티니는, 역사 유적이 풍성한 도시 님므(Nîmes)를 방문하게 되었다. 사실 베네딕 투레티니가 이미 이전에 님므에서 몇 년동안 목사직을 맡아서 이 가난한 교회에 각별한 도움을 준 적이 있다. 베네딕에 대한 기억이 아직도 생생했을 님므 회중이 그의 아들 투레티니를 영접하면서 얼마나 기뻐했을지 알만하다. 베네딕과 오랜 친구 사이였던 신학자 쇼브(Chauve)가, 투레티니를 보니 마치 그의 친구를 끌어안는 것과 같다고 소리를 지르며 오랫동안 이 젊은이를 품에 껴안아줬다고 알려져 있다.

이처럼 투레티니는 프랑스 곳곳을 방문했는데, 그가 머물렀던 곳마다 그가 떠나는 것을 아쉬워했다. 그는 학문과 문학의 무거운 짐을 지고 고향으로 다시 돌아왔다. 마치 홀란드와 프랑스에서 풍성한 전리품을 빼앗아 왔다고 하는 말이

---

**2** 역자주: 이 말은, 투레티니가 소뮈르 신학을 받아들였다는 말이 아니다. 후에 『스위스 일치신조』를 둘러싼 일련의 사태에서 보듯이, 투레티니는 소뮈르 신학에 대한 경계심을 평생 잃지 않았다. 소뮈르 신학에 대해서는 이 책의 제8장을 보라.

있듯이, "그는 돌아와서 집에 있는 최상품들과 풍성한 보증물을 보았다."[3]

그가 체류했던 외국 학교들에서 받았던 찬사 일변도의 증언들 중에서, 우리는 1646년 4월 15일에 그의 신학 교수들이 파리에서 그에게 주었던 수료증 내용을 증거로 인용할 수 있다.

> 신학생인 프랑수아 투레티니씨가 우리들 가운데에서 살았던 9개월 동안 모든 정직함으로 굳건한 믿음을 가지고 그가 자주 만났던 모든 사람들의 덕을 세우고, 우리 교회의 거룩한 모임에 자주 출석하며 주의 만찬에 참여하였으며, 또한 근면함과 성실함으로 성경 연구 시간을 확보했으며, 그의 신학적 진보뿐만 아니라 열심으로 인해 우리에게 다방면으로 증거를 보여주었기에, 우리는 복음의 추수에 그가 들어올 수 있는 능력이 있다고 평가하였음을 우리들은 증명합니다. 그리고 주님의 은총으로 그가 거룩한 사역을 훌륭하게 감당할 것을 우리는 기대하며, 그가 이미 헌신한 그 사역으로써 교회를 잘 섬기고 하나님의 영광과 은혜와 보호로 인하여 그의 교육에 합당한 열매를 맺을 것이라고 보아 우리는 그를 추천합니다.

이 증명서는 메스트레자(Mestrezat), 다이에(Daillé), 드렐링쿠르(Drelincourt)의 이름으로 서명되었다.

투레티니가 집으로 돌아오기가 무섭게, 그의 재능은 교회 사역을 위하여 발휘될 수 밖에 없었다. 시 회의록에 기록되어 있듯이, 앙투안느 레제(Antoine Léger)가 투레티니를 만나서, 이탈리아 교회가 투레티니를 이 교회의 목회자로 청빙하는 것에 동의했다는 소식을 전해주고서, 투레티니가 시의회의 뜻을 듣고

---

**3**  "Optatos lares et pignora lacta revisit...." (역자의 라틴어 번역)

뒤이어 취임 서약을 할 것인지 여부를 알고 싶어했다는 사실을 제네바 수석 최고통치자(premier syndique)가 1648년 3월 13일에 보고했다. 그리하여 수석 최고통치자가 레제(Léger)에게, 투레티니가 이미 청빙서를 전달받았으며, 시의회 앞에 그것을 제출한 다음 취임 서약을 하기로 했다고 알려주는 것으로 결론을 내렸다.

4월 17일 월요일에, 다니엘 샤브레(Daniel Chabrey)가 목사회를 대표하여 최고통치자들 앞에 나와서 "지난주에 프랑수아 투레티니가 이탈리아 교회 사역자로 선출되었음에 시의회가 동의했고, 또 그 시의회가 다니엘 샤브레의 아들을 임명하는 일에 동의하였으므로, 그가 그들을 시의회에 소개시켜서 관례적인 서약을 하도록 했음"을 말해주었다. 일이 이렇게 되었다.

이탈리아 교회는 목사회에 프랑수아 투레티니를 사역자로 청빙하겠다는 결정을 알렸고, 그가 "소명감으로 가득하다"고 하면서 목사회의 동의를 구하였다. 그의 충분함과 능력에 대해서 의심이 없었음에도 불구하고, 규칙을 지키기 위해서, 구약에 대해서 라틴어로 글을 써오면 그것을 다시금 검토하겠다고 명령했다. 회의록에 따르면, "투레티니가 라틴어로 글을 쓰고 일일이 심사도 받은 후에, 그의 박식함, 확실한 교리, 쉽고 명쾌함에 목사회가 탄복하였고, 이 젊은이의 하나님의 교회의 덕을 크게 세우면서 사역을 감당하려는 큰 소망도 확인했으며, 투레티니도 이 같은 사실을 위원장 르클레르크(LeClerc)을 통하여 알게 될 것이었다."

하나님의 말씀에 합한 교훈만을 가르치고 설교하겠다는 약속을 한 후에, 그는 목사회로부터 강단에 올라가며, 성례를 집행하며, 거룩한 사역의 기능들을 완수할 허락을 받았다. 그와 동시에, 이탈리아 교회에 투레티니를 받아들이기로 결정한 최고통치자들은, 그의 말을 듣고 싶은 욕망을 표명했다. 회의록에 따르면,

"투레티니는 리옹으로 여행을 떠나면서 자기가 돌아올 때까지는 그 청빙 서류를 주지 않기를 원했다."

1648년 4월 28일에는, 뒤푸이(Dupuis)목사가, 투레티니가 최고통치자들에게 한 설교가 얼마나 성공적이었는지를 목사회에 알렸다. 이탈리아 교회에 받아들여진 이 젊은 사역자가 아무런 책무를 갖지 않고도 목사회의 임명 동의를 받았다는 것은, 고인이 된 그의 아버지에 대한 향수와 프랑수아 투레티니의 인격에 대한 호평의 증거가 되었다. 다만 그에게 완벽하고 고정된 자리가 없기 때문에, 통상적인 절차에 따라 기다려야만 한다고 했다.

드디어 1648년 7월달에, 프랑수아 투레티니가 치리회에 참석해도 좋다는 허가가 나왔다.

1649년 5월에, 투레티니는 목사회에 의하여, 제네바에서 초래되고 홀란드에서도 있었던, 모뤼스(Morus)의 인격에 대한 좋지 않은 소문에 대해 불평하는 살마시우스(Saumaise)의 서한에 답장을 할 책임을 맡았다. 투레티니의 서한은 목사들에 의하여 읽혀지고 인정되었지만, 최고 통치들의 동의를 얻지 못했고 따라서 발송되지 못했다.[4]

같은 해 봄에, 설교자 투레티니를 일요일마다 그때 그때 생-제르배(Saint-Gervais)나 그 외에 다른 교회에서 설교하게 하라는 요구가 목사회에 들어왔다. 그러나 이 젊은이는 제네바 교회에서 안수를 받지 않았으므로, 시의회는 투레티니를 안수하도록 목사회에 요구하는 것으로 결론을 내렸다. 투레티니는 이 소식

---

[4] 여기서 우리는, 교회 권한 위에 항상 공화국의 시민권이 있도록 하려는 패권다툼의 본보기를 본다.

을 알고서, 다시 생각할 수 있도록 2주의 시간을 달라고 청원하였다. 시의회 회의록을 보면,[5] 목사회는 투레티니를 안수하라는 고관들의 의견을 받아들일 준비가 되어 있었으나, 막상 "안수를 서두를 필요가 없다"는 조항에 대해서 동의를 요구하는 그 날, 아파서 목사회에 출석하지 않은 것은 투레티니였음을 우리는 읽게 된다. 우리의 젊은 신학자 투레티니는, 성격이 때로는 명민하기도 하고 예민하기도 해서, 목사회가 그에게서 최상의 상태만을 요구할 것이라고 생각했다. 그래서 그는 충격을 받고, 계속해서 안수를 거부했고, 비서 콜라동(Colladon)씨에게 항의하러 갔다. 그 후 기록에 보면,[6] 아직도 프랑수아 투레티니가 안수에 대해 생각해볼 시간을 달라고 요구했다고 보고하고 있다. 이에 콜라동 비서는 이미 시간이 지났기에, 투레티니가 안수에 관한 고관들의 욕망을 따라야 한다고 말을 해줬다. 그는 그것을 번복할 수 없었고, 따라서 시의회의 뜻에 순수하게 복종했었어야만 했다. 주변에서 그로 하여금 복종하도록 부추겼으나, 그렇다고 공식적인 언질을 하고 싶어하지는 않았다. 시의회는 이 사안을 검토한 끝에, 수석 최고통치자 고드프루아(Godefroy), 그리고 시의회의원들이었던 포르(Faure)와 콜라동(Colladon)을 통하여, 투레티니가 안수를 받는 일에 시의회 쪽에서 더 이상의 지연 없도록 하라는 결정을 내렸다. 이들은 투레티니에게, 그에 대한 고관들의 사랑과 호의에 대해 안심하고, 그로 하여금 이 도시국가와 교회에 온전히 헌신하며 다른 곳을 쳐다보지 않도록 하면서, 그의 인격과 학문을 전적으로 이 국가와 교회에 헌신하며 안수에 관해 시의회가 원하는 대로 복종하도록 그 즉시

---

**5** 11월 24일 토요일 회의
**6** 1649년 12월 1일 소민회 회의록

권면하고 알려줌으로써 그를 안심시키고, 최고통치자 고관들이 보여준 호의에 대하여 감사해야만 한다고 오히려 말해주었다.

1650년 3월달에, 젊은 투레티니에게 철학 교수로 임명되는 큰 영예가 주어졌다. 최고통치자 뒤푸이(Dupuis)가 23일 토요일 시의회에 보고하기를, 르클레르크(Leclerc) 의장이 목사회와 교수회, 철학 교수 자리를 마련해주고 싶어서 프랑수아 투레티니에게 이 임무를 맡기기를 만장일치로 결의했음을 투레티니에게 알려주었다고 하였다. 투레티니는 열렬한 격려와 온 교회 교단의 명령에도 불구하고, 자기 부모의 동의가 있어야 한다면서 사양하였다. 그리하여 포르(Faure)와 뒤푸이(Dupuis)씨는 신중하게 양해를 구한 투레티니에게 말하기를, 이 점에 대해서는 이의 없이 무조건 동의하라고 선언하였다. 그리하여 일주일이 지난 후에, 이 고집 센 신학자가 만일 거부할 경우를 대비하여, 목사회는 투레티니로 하여금 교육과정을 편성하고 그 편성한 결과를 출판하라고 결정했는데, 왜냐하면 그 자리를 원하는 사람들이 이 경쟁에 합류해서, 가능하다면 다른 능력 있는 사람이라도 채용하도록 하기 위함이었다.

3월 22일 금요일 날짜의 회의록에서 다음과 같은 글을 발견할 수 있다.

> 철학 교수 자리를 마련하는 문제는, 목사회에서 가능하면 특정 인물을 택하기로 결정한다. 이자리에 만장일치로 지명된 투레티니는 동료들의 간절한 바람에도 불구하고 양해를 구하고 거절하였다. 이 거부 때문에 목사회는 나름대로의 해결책을 모색했는데, 우리 지도자와 목사들과 교회의 유익을 증진하기 위하여 투레티니가 이 자리를 맡아야만 한다고 부추기도록 하였다.

목사회는 투레티니가 동의하기만 한다면, 따로 시험을 볼 필요도 없이 그가 교수가 될 것이라고 알렸다. 투레티니가 마음을 정하고 대답을 할 수 있도록 일주일이라는 말미가 주어졌다. 이 기간이 지나서 투레티니는, 아무리 생각해도 이 임무는 자기가 맡을 수 없는 것임을 깨달았다고 대답했으나, 동시에 목사회의 탁월한 선택과 그들의 호의에 매우 겸손하게 감사의 뜻을 표명하였다.

1647년부터 1652년까지 투레티니는 조금씩 조금씩 제네바 교회에 동화되었다. 그런데 리옹 교회 사역자가 사역을 시작하자마자 죽는 절대절명의 위기에 처하게 되었고, 그래서 제네바인들이 리옹을 돌아보러 갔다가, 이 젊은 신학자 투레티니가 잠시 동안만이라도 리옹 교회를 돕도록 해달라는 초대를 받았다. 제네바 목사회와 시 당국이 그를 프랑스로 떠나도록 허락한 것은 큰 망설임이나 큰 어려움이 없이 진행되었다. 다음 장에서 우리는 리옹에서의 투레티니의 사역에 대하여 알아볼 것이다.

## 03

### 리옹에서의 프랑수아 투레티니
François Turrettini à Lyon

*Vie de François Turrettini*

## 제3장
# 리옹에서의 프랑수아 투레티니

리옹의 교회는 1649년에 이미 프랑수아 투레티니에게 목회하러 오라고 초대한 적이 있었다. 리옹 교회는 자신들의 소원을 투레티니의 삼촌 쟝 디오다티(Jean Diodati)에게 이야기 해야만 한다고 믿었는데, 이는 디오다티를 통하여 그의 조카가 그 자리를 받아들이도록 설득하기 위해서였다.

5월 29일자 편지에는 다음과 같이 기록되어 있다.

> 친애하는 형제여, 우리 중에서 당신의 담화를 높게 평가한 사람들은, 리옹의 우리 작은 교회에 대하여 당신 속에 대단히 큰 부드러운 심령이 있으며, 따라서 당신은 우리가 감히 당신에게 보채는 것을 용인할 수 있다고 생각하고 있습니다. 우리에게 오래동안 불편함이 있었음을 당신들은 틀림없이 알고 있습니다. 우리의 사랑하는 루프(Rouph)목사를 붙잡아두는 것이 가장 좋겠지만, 그러나 그가 없을

때를 대비하여 차선책으로 시간의 여유를 갖지 않으면 안되는 것이고, 또 이 교회의 모든 짐을 그의 어깨 위에 지고 간다고 우리가 알고 있는 그 모뤼스(Morus)씨의 짐을 덜어줘야 할 상황입니다. 이러한 이유로 우리는 이탈리아 교회 사람들 당신들에게 도움을 청하는 것이고, 그들에게 당신의 자비심 많고 아주 현명하고 탁월한 조카 투레티니씨에 대한 우리의 요청에 동의해달라고 간청했습니다. 우리가 그들에게 그에 대해 쓴 이 편지가, 당신의 효력있는 추천서가 되기를 우리는 당신들에게 부탁합니다. 그리고 그에 관해서이든 그들에 관해서이든 간에, 우리는 당신의 자비로운 직무를 도와주는 것이 당신 마음에 들기를 바랍니다. 동시에 우리의 요구 형식에 있어서 부족할 수 있는 부분을 당신께서 보충해주시기를 부탁합니다. 당신이 투레티니의 사랑하는 미망인 어머니에게 다음과 같은 내용을 전하여 그녀를 안심시켜 줌으로써, 그녀가 우리에게 동의하도록 해줬으면 좋겠습니다. 그의 임기가 다하면 우리가 그에게 매우 귀한 자리를 마련해 줄 것이고, 그가 당신에게 속하여 있기 때문에 그의 탁월한 가치를 우리가 아주 조심스럽게 보존할 것입니다. 이 점에 관해서는, 이제 당신의 아름다운 노년이, 우리와 영원히 함께 할 사람들이 충심을 다하여 당신에게 바라는 대로 모든 위로와 거룩한 안식의 왕관으로 장식되기를 기도하면서 이 편지를 마무리하려고 합니다.

디오다티는 얼마 지나지 않아 바로 이 하늘나라의 안식과 위로를 경험했다. 왜냐하면 그는 그 후 5개월만에 세상을 떠났기 때문이다.

리옹 교회가 디오다티에게 편지를 쓴 날, 그 교회 목사였던 아론 모뤼스(Aaron Morus)는 프랑수아 투레티니에게 보다 애정이 담기고 보다 열렬한 개인적인 초청장을 보냈다.

모뤼스는, 그 유명한 헬라어 교수요 리옹에서 73세의 나이로 1651년 7월 5일에 생을 마감했던 알렉상드르 모뤼스(Alexandre Morus)의 아들이었다. 아론 모뤼스는 1649년 4월달에 리옹 교회의 두 번째 담임목사로 임명되었고, 28살의 나이에 1652년 1월 28일 동일한 도시에서 죽었다. 아론 모뤼스는, 리옹에서 사역을 하는 데에 있어서 잘 돌봐줄 것이며, 어려움이 없을 것이라는 말로 투레티니를 안심시키면서, 투레티니가 그것을 받아들이도록 부추겼다. 그는 말했다.

> 그러므로 오시오, 진실로 존경하는 형제여, 그리고 하나님이 당신에게 주신 귀중한 재능에 대한 존중의 정신이 나에게 넘친다는 사실을 믿으시오. 당신을 간절히 보고자 하는데, 내가 당신을 직접 보고 면접을 보고 나면, 당신의 사역에 완전히 헌신된 사람이 될 줄을 아시오. 주님이 그의 은혜로 당신이 우리에게 향할 것을 원하고 계시고 그리고 당신의 마음과 당신의 상사들의 마음도 이에 끌리기를 원하고 계십니다, 그리하여 내가 곧 당신을 맞아들일 수 있도록….

마침내 이와 같은 공식 편지가 리옹 교회로부터 프랑수아 투레티니에게 도달했다. 6개월동안 그를 데려가기를 원하니 반대하지 말아달라는 내용이었다. 과중한 업무에 시달리는 루프씨의 오랜 불편함에 부담을 느낄 모뤼스의 짐을 덜어주기 위해서, 삼복 더위가 오기 전에 이 일이 준비되지 않으면 안되겠다는 생각이었다. 그의 명성이 이미 퍼지고 있으니, 리옹으로 와서 그에 따른 열매를 거두라는 간곡한 초청을 받았다. 제네바만큼 수많은 "귀"가 있을 것이고,[1] 투레티니 이름에 "애착을 느끼는 마음들이 있을 것이며, 그렇게 많은 사랑과 존경을 받

---

1 청중들

으며 예전에 칭송 받았던 고인의 명성이 당신 속에서 되살아남을 보면서 거룩한 환희가 넘쳐날 것이라고" 예고하였다.[2] 그렇게 프랑수아 투레티니에게 확실한 제안이 들어왔다. 그가 받아들일 경우, 가능한 한 제일 빨리 올 수 있는 길을 택하도록 추천해주고, 리옹에 말을 타고 오든 가마를 타고 오든 경제적인 것은 문제삼지 않겠으니 가장 편한 교통수단을 택하라고 하였다.

6월1일에 제네바 목사회에 그와 같은 요구를 담은 편지가 도달했다. 시민회의원들인 쟈크 사르토리스(Jaques Sartoris)와 아브라함 뒤푸이(Abraham Dupuis)에게, 리옹 교회의 초청에 응대하라는 위임령이 내려졌다.

위임을 받은 이 두 사람은 최고통치자들에게, 리옹 교회의 요구를 거절할 것이라고 귀띔했다. 그들이 이렇게 한 데에는 여러가지 이유가 있었지만, 그 중에서도 특히 목사회가 프랑수아 투레티니의 소유권을 되찾는 것에 어려움이 있을 수 있다는 근거를 들어 거절하겠다고 했다.

그들이 말하기를, "리옹 교회와 우리 제네바 교회에 옛적부터 있었던 가까운 교제에 의거하여 약간의 비용을 지불한다고 하더라도, 우리가 투레티니를 쉽게 되찾을 수 없을 것임을 고려하였다…."

그래서 그들은 거절하는 것이 가장 좋겠다고 결론을 내렸다. 시의회는 목사들의 의견에 따랐고, 탁월한 사역자 투레티니를 절대 포기할 수 없다는 미증유의 강한 욕망을 내비쳤다.

2년 후에, 아론 모뤼스가 죽고, 리옹 교회는 이 사역자가 투병하는 동안, 투레티니에게 와달라는 편지를 썼고, 목사회에 공식적인 요청을 넣었다.

---

**2**   베네딕 투레티니

리옹 교회의 모든 사역자들과 장로들의 서명을 받은 이 편지는, 그 전달 28일에 하나님께서 신속하게 데려가심으로써 리옹 교회와의 짧은 시간을 마감한 아론 모뤼스의 사망 때문에, 리옹 교회가 신속하게 목회자를 가져야 한다는 커다란 필요성을 설명하고 있다. 이어서 제네바 목사회가 있는 곳에 찬사로 가득한 글이 이내 도착했으니, 곧 외국 치리회가 석 달이나 혹은 넉 달 동안 투레티니의 사역을 필요로 한다고 요구한 것이 헛물만 켜는 일이 아니라고 믿는다는 그런 내용이었다. 리옹 교회는 자매결연 도시 제네바의 자비에 안심이 된다고 자평하였다. 리옹 교회는 자신들이 절체절명의 위기에 있으므로 투레티니를 갖겠다고 요구할 자유가 생겼다고 믿게 되었고, 제네바가 자주 외국 양떼들에게 제공한 섬김은, 제네바 교회가 이 새로운 난관에 봉착한 리옹을 버리지 않을 것이라는 확실한 증거가 되었다.

가브리엘 부티니우스(Gabriel Butini) 목사와 필립 메스트레자(Philippe Mestrezat) 목사가 목사회를 대표하여 리옹 교회의 편지를 시의회에 전해줄 책임을 맡았다.

그들은 보고서에서 다음과 같이 말하고 있다.

리옹 치리회의 목사들과 장로들 역시 이러한 주제로 편지를 썼는데, 투레티니의 (자신의 의사와는 관계없이, 어디서든지 그를 불러주는 곳이라면 하나님의 소명을 따를 것이며, 항상 자기 조국을 섬기는 것을 다른 어떤 것보다도 좋아한다고 말했던 그의) 그러한 소문을 들은 목사회는, 지체 높으신 분들이 그렇게 하기를 기뻐했기 때문에, 우리가 언급한 그 교회에서 제시한 그 사례비를 거절할 수 없을 것임을 알았다. 이 편지에 대해서는 다음번에 토의하기로 결정되었다.

그리고는 다음주 토요일인 1월 31일에 의결이 되었다.

시의회 회의록에 따르면,

투레티니에게 허락된 휴가는, 앞으로 3개월 동안이며, 명시된 기한을 다 채우면 다시 제네바로 돌아올 것이며, 명시된 그 외에 어떤 다른 봉사를 하지 않는다는 약속 하에, 그리고 돌아오자마자 그에게 제네바 목사의 신임장을 보증하겠다는 선언과 함께 그를 보낸다. 수석 최고통치자에 의하여 그에게 선포된 것은 다 이루어졌으나, 투레티니는 사실 그런 약속은 없었으면 한다고 청원하였다.

약속 면제가 되는 것이 리옹 교회의 입장에서는 좋은 일이었다. 그것이야말로 투레티니를 곧 볼 수 있도록 해줄 것 같았고, 또한 그를 오랫동안 데리고 있을 수 있는 방법이었기 때문이다.

우리의 사역자는 1652년 2월에 리옹의 목사직을 맡게 되었다. 2월 18일에 그는 처음으로 업무를 보았다. 그 당시에는 보통 두 명의 목사들이 임시로 리옹 교회를 다스리고 있었다. 초창기 투레티니의 동료는, 1650년 7월에 그의 아버지 알렉산드르의 자리를 이어받은 사무엘 루프(Samuel Rouph)였다. 그러나 사무엘 루프는 3월달에 강제로 사임하게 되었고, 7월까지 프랑수아 투레티니가 이 모든 교회 업무를 홀로 감당하게 되었다. 7월말에 이르러서야, 나중에 카스트르(Castres) 지방의 목사가 될 다노(Danneau)를 그의 동료로 맞아들였다.

투레티니는 자신의 재간과 분별력을 보여줄 수 있는 기회를 잡았다, 왜냐하면 그가 지도자가 된 순간에 리옹 교회는 어려운 시기를 보내게 되었기 때문이다. 그 교회를 흔들어 놓은 큰 어려움이란, 사무엘 루프가 이 유감스러운 소요의 원인과 대상이 되었던 것이었다. 루프는 성격 결함으로 인해 불만이 많았으며, 그가 신중하지 못해서 그랬든 아니면 실제로 결함이 있어서 그랬든지 간에, 치리회의 회원들에 대해 불만을 품고 있었다. 그리하여 회원들은 주요 구역장들의 회의로 모여서, 루프에게 휴가를 줬다. 그러나 사무엘 루프는 자신의 지지파를 소유하고 있었고, 지지파들은 그에게 힘을 실어주면서 그 결정에 불복하겠다고 했다. 그들은 동시에 사무엘 루프를 교회의 지도자로 하는 파벌을 따로 조성하려고 했다. 또 이 사건은 부르고뉴(Bourgogne) 노회 앞으로 헌의되었는데, 그 노회는 치리회(consistoire)가 더 이상 나서지 말라고 선언했다.

사무엘 루프는 현명하게 사임했다. 그 후에 그는 젝스(Gex)의 목사로 임명되었다.[3]

리옹 교회를 갈라놓은 이러한 싸움의 분위기 속에서 프랑수아 투레티니는 사역을 하였다. 그는 그의 분별력과 그의 재간, 그리고 그의 단호함으로 그의 양떼의 마음을 얻었고, 그리하여 그가 자기 조국으로 돌아갈 때에는 많은 아쉬움을 느끼게 하기까지 이르렀다.

그리고 리옹에서 투레티니가 체류할 동안 다음과 같은 일도 있었다. 8월달에 리옹 교회 치리회와 구역장 모임 사이에 다툼이 있었다. 투레티니 사택에 우물 및 그 외 설비를 갖추도록 허락해달라는 목적으로 세네비에씨에게 맡겼으며 의장에 의해 집행될 그 기부금 지출을 놓고, 두 집단간에 분쟁이 있었던 것이다. 불미스러운 이 사건에 종지부를 찍기 위해서, 그들은 투레티니의 중재에 그것을 맡기기로 결정했다. 투레티니는 분쟁을 끝내고 그들을 다시 일치시키는데 성공

---

**3**   클라파레드 (Th. Claparède) 목사, 『젝스 지역 교회사』(*Histoire des églises du pays de Gex*).

했으나, 그렇게 함에 있어서 "하나님을 두려워함으로, 각자의 이유들을 심사숙고한 후에야, 비로소 판결을 내릴 수 있었다"고 그는 말하고 있다.[4]

3개월이라는 정해진 임기 동안, 리옹 교회는 투레티니를 더 데리고 있기 위해 할 수 있는 모든 노력을 다했으나, 목적은 이루지 못했다. 시의회 회의록에서 우리는 다음과 같은 내용을 본다.[5] "리옹 교회의 목사들이 제네바 목사회에 보낸 편지 중에서는, 투레티니에게 사례비를 추가로 지불하겠으니 좀 더 체류할 수 있도록 해달라는 편지도 있었다. 결국 9월 성찬식까지만 머무를 수 있게 하겠고 더 이상은 안된다는 것에 리옹 목사들이 동의하는 것으로 결론을 내렸다."

시민회 회의록을 보면 알 수 있듯이, 제네바는 추후에 더 많은 것을 요구했다.[6]

목사회를 대표하여 출석한 존경하는 아브라함 뒤 팡(Abraham Du Pan)과 다니엘 샤브레 이 두 사람은, 리옹 개혁교회의 편지를 받았음을 보여주었다. 이탈리아보다는 프랑스적인 이 교회에서, 세 명의 대표인단을 통해 프랑수아 투레티니의 사역의 필요성과 유용성을 리옹 목사회가 인정하고 있으니 그가 종신토록 리옹에서 사역해주기를 바란다고 요청하는 편지를 보낸 것이다. 또한 편지에는 베네딕 투레티니의 미망인 즉 프랑수아 투레티니의 모친과 친척들이 그가 돌아오기를 원하고 있다보니 그들이 리옹 목사들의 요구를 받아들일 수 없어서, 위정자들로 하여금 투레티니가 돌아오도록 해야 할 긴급한 필요성에 대해서 역설하였다고 쓰여져 있다. 이러한 일로 인하여, 리옹 교회의 대표단은, 투레티니가 몇 달만

---

4 그 서류들 속에서 이 원고들이 발견되었다.
5 1652년 8월
6 9월 15일 수요일 회의록

이라도 더 사역할 수 있도록 임대를 연장해주던지, 만약 그렇게 해줄 수 없다면 어떤 최선의 대안을 마련해줄 것인지에 대해서 문의를 하였다.

심의 끝에, 시민회는 리옹 교회에 편지를 쓰는 것을 중단하고, 대신 귀족 사라생(Sarasin)과 뒤 팡을 숙소에 머물고 있는 리옹 대표단에게로 직접 보내어, 투레티니의 사역이 더 이상의 기한 연장 없이 늦어도 오는 11월 15일까지는 정리되어야 한다는 결정을 알렸다. 이에 더하여 시민회는 투레티니에게 편지를 써서, 기한에 맞추어 제네바로 복귀하라는 명령을 내렸다.

리옹 교회와 투레티니에게 보내진 이 편지들은, 9월 17일 금요일에 최고통치자들에 의하여 읽혀지고 비준되었다.

그의 삼촌 쟝 디오다티는 이미 세상을 떠났기 때문에, 리옹 교회가 더 이상의 임대기한 연장을 받도록 도와줄 수가 없었다. 그래서 투레티니의 어머니에게 리옹 치리회는 다음과 같은 편지를 보냈다.

부인, 우리가 당신에게 알리고 싶은 내용이 있는데 이상하게 받아들이시지 마시고, 각 사람들이 보통 열렬히 소유하고자 하는 것 그 이상의 특별한 축복을 하나님으로부터 받은 사람들은 으레 그러한 것이니, 당신의 아드님을 위해 우리가 꾸미고 있는 이 계획이 마음에 들지 않더라도 놀라지 마십시오. 그는 우리 사이에서 아주 행복하게 일했고, 주께서 함께 하셔서 그의 권면을 충분히 효력있게 하셨기 때문에, 우리 모든 사람이 전심으로 오늘날 애정을 가지고 그를 품을 수 밖에 없었고, 그 이후로 그의 거룩한 사역이 끊기지 않고 계속되기를 바라는 마음을 가질 수 밖에 없었습니다. 그리하여 우리는, 시몽 무티에르(Simon Moutiers) 장로와 토비 드 로르(Tobie De Lor) 장로, 그리고 구역장 대표 조시아 마리옹

(Josias Marion) 이 세 사람을 대표로 선출했습니다. 이 주제를 다룰 우리 모임의 이름으로 부인 당신께 간청할 것이니, 동의해 주시기 바랍니다. 부인께서 하나님께 당신의 아들을 성별하여 바치셨고, 옛날에 당신과 함께 있을 때에 아드님이 보여주었던 그 경건함이라는 선한 동기로 당신께 인정도 받았음을 생각하신다면, 오늘날도 그가 동일한 경건함으로 이 교회를 섬기고 있음을 알아주십시오. 주께서 그에게 위탁하신 사역을 감당하고 있는 현장이요 주께서 기뻐하시는 곳인 우리 교회를 그가 섬기면서, 현재 우리의 소명을 그가 성공적으로 감당했다는 것이야말로 그 사실을 인친 것과도 같다 하겠습니다. 그래서 우리는 다음과 같은 것을 알리는 바입니다. 그를 부드럽게 품으려고 하는 당신의 애정은, 우리의 관심사에는 저촉될 것입니다. 그러나 우리 중에서 그가 맺은 그 큰 열매와 이 작은 양떼를 섬기는 것의 용이성, 그리고 이 합당한 일꾼에 대하여 우리 모두가 가지고 있는 애정, 또 이전에 있었던 분쟁의 문제들도 사라져서 모든 신자들에게 평안이 깃들었으니, 이 모든 것들을 고려하시고 우리가 당신에게 했던 매우 겸허한 간청을 들으시어 마침내 당신의 모든 아쉬움을 극복하기에 이르기를 희망합니다. 이러한 희망 때문에, 우리의 만남을 매우 즐겁게 생각하고 있습니다. 부인께서는 근심하실 필요가 없으며, 우리는 당신의 애정과 격이 맞는 태도로 이 문제를 성의를 다해 취급할 것이니 설령 그러한 소식을 모르신다 하더라도 안심하셔도 좋습니다. 모든 수단을 다하여 부인과 아드님께 소식을 알려드리며, 진실로 당신에게 매우 사랑스러운 우리 리옹 교회의 목사와 장로들 모두가 되도록 최선을 다하겠습니다.

같은 달 17일에, 제네바 최고통치자들이 목사들과 힘을 합하여, 프랑수아 투레티니에게 편지를 썼다. 그 편지에 의하면, 그의 사역의 행복한 성공을 그에게 알려주었고, 또 그들은 그에게 항상 그를 간직하고 싶어하는 리옹 교회의 제의를 받아들이지 않았다는 것을 알려주었다.

그들은 그에게 다시금 말했다.

리옹 사람들과 그 교회를 섬기려는 마음이 굴뚝같기는 하지만, 최우선적으로 조국을 위해서 나면서부터 의무를 수행해야 하는 것이니, 우리 교회의 긴급한 필요 때문에 그들의 요구를 우리가 거절할 수 밖에 없습니다. 당신에게 하나님이 주었던 탁월한 은사들을 우리를 위해 매우 유용하게 사용해 주십시오. 리옹이 당신을 즉각 얻으려고 하는 것을 우리가 좋게 생각하는 것은 사실이기 때문에, 오는 11월 15일까지는 당신이 그들과 함께해도 좋습니다. 당신의 사역이 그 기간 동안에는 필요하기 때문입니다. 그렇게 함으로써 우리가 당신에게 알게 하고 싶은 것은, 당신이 다시 돌아오겠다는 당신의 약속과 맹세에 준하여 틀림없이 여기에 있어야 한다는 것입니다. 하나님의 은혜와 축복을 더하시도록 우리가 기도하고 있음을 당신이 생각할 때마다, 당신이 우리의 기도를 막지 못할 것이라고 확신합니다….

목사회는 리옹 교회 목사들에게 편지를 써서, 정해진 기간 이상으로 투레티니 임대기간을 연장해달라는 그들의 요구를 거절하였으며, 또한 최고통치자들은 앞서서 우리가 인용한 마지막 편지를 발송하였으나, 리옹 치리회는 여전히 서면으로 제네바의 미래 교수요원 투레티니에 대해서 감탄할만큼 높은 평가를 내리면서, 제네바 교회에게 계속해서 잘 봐달라는 요구를 하고 있었다.

리옹 교회는, 이 새로운 국면을 맞이하여, 제네바 목사회가 투레티니에게 부여했던 각종 사역을 상기시켜주었다. 투레티니는 일종의 구제사역을 맡고 있었다. 제네바는 그 당시에 고난에 빠진 양떼들을 목사들에게 붙여줌으로써 귀감이 되었다. 리옹 대표자들은 이 구제사역에 큰 감명을 받았다. 우리가 앞에서 살펴

본 것처럼, 리옹 대표단은 그들이 의도했던 뜻을 이루지는 못했다. 하지만 리옹 치리회는 실망하기는커녕, 시민의 권위와 교회의 권위에 호소하면서 마지막 시도를 했고, 그러함에 있어서 그 대표자들이 먼저 내세웠던 것과 같은 명분을 내세웠다. 리옹은 제네바에게, 제네바가 이미 리옹에게 준 "모든 호의를 이번에도 기꺼이 베풀어 달라"고 열렬하게 요구하였다. 그리고 리옹의 요구에 긍정적으로 대답한다는 것이야말로, 투레티니가 이미 맛보게 해준 이 부드러운 평화라는 열매를 리옹 교회의 가슴에 영원히 심어주는 방법이었다. 양떼 전체에 의해서 열렬하게 요구된 이 합당한 일군의 결정적인 사역은, 우리 교회를 성전에 비유할 때 그 건물의 모든 부분들을 행복한 시멘트처럼 연결해주는 굉장한 선행이 될 것이며, 끊임없이 제네바 목사회를 위해서 기도하기를 그치지 않도록 연결해주는 선행이 될 것이라고 프랑스 치리회의 편지는 말하고 있다. 평강이 다시금 깃들기 시작했고, 내부의 대립으로 인해 몹시 흔들린 성도들이 다시금 그들이 잃어버린 신뢰를 되찾아가기 시작하는 이 순간에, 리옹 교회가 무너지지 않도록 하기 위해서 스위스 교회와 자매결연을 맺었던 것이다. 이 편지를 마무리하면서 덧붙인 다음 미사여구를 여기에 그대로 인용하도록 하겠다.

> 만약 이 일이, 하나님께서 자기 피로 구속해주시기를 원했던 수많은 사람들의 덕을 세우는 일에 관한 것이고, 하나님의 영광과 복음전파를 위한 열심으로 불타는 영혼에 관한 것이라면, 이 모든 경이로운 것을 이루기 위한 방법은 이것 외에는 다른 방법이 없으니, 부디 거절하지 마십시오.

이러한 따뜻한 돈호법에도 불구하고, 투레티니를 소환하기로 이미 정해진 그 날짜를 바꿀 수는 없었다. 그 날짜 이후로 투레티니는, 제네바 목사회의 회원으로서 그 회의록에 다시 등장하기 시작한다.

리옹 교회는 투레티니의 떠남을 몹시 아쉬워했다. 떠나는 순간에 그에게 전해진 칭송 중에서, 그에게 헌정된 상당히 흥미로운 시의 한 구절을 인용하도록 하겠다.[7]

> 동터오는, 아름다운 새벽별
> 하늘의 영감받은, 온 세상이 존경하는 천체
> 성별된, 거룩함을 위임받은 이여
> 그 거룩함을 우리에게 알려주기 위하여 그리고 하늘의 만나를 주기 위해
> 모든 학대를 견디는 위로와 보물들 혹은
> 신성한 묵시를 주기 위해 위임받은 이여
>
> 복이 있으라, 하나님의 사람이여, 존경받는 부친에게서 피어난 새싹이여
> 황금의 입, 꾸밈없음, 설득력, 탁월함
> 모든 이에게 소중한 물건, 미덕으로 장식된 성전
> 신실한 영혼에 대한 사랑으로 불타는 마음
> 자애로운 열심, 반역자들의 적
> 모든 재물이 풍성하게 들어있는 부요한 항아리

---

[7] 캉돌르(Candolle)가 보낸 편지에 수록되어 있는 이 시의 제목은 다음과 같다: "하나님 말씀에 충실한 사역자 투레티니에게 보내는 리옹 개혁교회의 고별편지" (L'église réformée de Lyon à M. Turtin, fidèle ministre de la Parole de Dieu, sur son départ, était signée de Candolle).

어디에서 왔을까, 나그네처럼 어디선가 온 광명
어디에서 왔을까, 우리에게서 멀어지는 그 빛
우리 눈 앞에서 사라지는 빛, 두터운 구름에 가리워서
우리에게서 당신의 모습을 빼앗아가고,
당신에 걸맞는 언어의 모든 표현 용법은 없어지네
여기, 탄식의 주제로서 주어질 뿐.

어쩌면, 우리의 잘못 때문에 그를 잃어버린 것일지도 모른다
그러나 그의 입의 달변에 그 누가 감동받지 않겠는가?
어쩌면, 우리의 연약하고 허약한 상태 때문일지도…
그러나 하나님의 통치에는 그런 생각이 통하지 않는다
혹은 당신의 조국이 흥미롭게도 원인 제공자이겠지만,
그러나 이 모든 것들을 뛰어넘는 것은 하나님의 사랑.

당신의 말을 듣고 인지하고 싶은 욕망이 있다
당신이 있었던 때처럼 유지하기 위해서
청중들로 하여금 각종 당짓는 일을 증가시키지 않고
예외 없이 각자 물러나있도록 하기 위해서
이의 없이, 만족스러운 찬사가 당신에게 주어진다
당신에게 수많은 은사를 주신 하나님을 찬양하면서

하늘나라에 합당한 수많은 열매들
당신의 가르침을 통해서 열린 마음
당신의 말을 들으려고 하는 많은 열심과 애정

당신의 자애로운 영혼에 매료되는 것은 여전하지 않은가?
우리에게 헌신하려는 것인가? 우리는 기다리고 있다.
아무튼 우리는 이번 일에 섭섭함을 금할 수 없다.
우리가 살아갈수록 당신에게 더욱 매료된다는 것은,
의심의 여지없이 모두가 당신을 초대한다는 뜻이다.
그러나 우리보다는 당신의 부모와 친구와
선한 것들과 당신의 소중한 조국에 체류하는 것
그들에 대한 의무가 우리보다 우선시되었는데,
당신의 그런 뜻은 아주 정당하고 허락할 만한 것이다.

좌우간 하나님의 뜻이니, 동일한 아버지를 바라라
번성하게 하시는 그 은혜를 당신 안에 지속시키라
우리 안에 당신의 선한 교훈을 간직하게 해주시오
뜨는 해여 안녕, 모든 교회여 안녕
당신의 떠남과 아름다운 가르침에 대한 아쉬움을 가지고,
나는 모든 애정을 담아 당신에게 고별인사를 합니다.

## 04

### 투레티니와 발도파. 홀란드에 외교사절로 가기 위한 준비
Turrettini et les Vaudois. Préliminaires de son ambassade en Hollande

*Vie de François Turrettini*

제4장

# 투레티니와 발도파.
# 홀란드에 외교사절로 가기 위한 준비

프랑수아 투레티니가 그의 고향으로 돌아오자마자, 이 젊은 신학자가 제네바 아카데미의 교수로 고용됐다는 사실을 제네바 시의회는 목사와 교수들의 모임으로부터 전해 듣고, 그 결정에 동의하였다. 이듬해 1월 8일에는, 픽테(Pictet)와 메스트레자(Mestrezat)가 최고통치자들 앞에 출두하여, 투레티니가 목사회에 출석하여 관례대로 약속을 했으니 목사회의 의견에 따라 투레티니가 신학 교수직을 수여받고 취임선서를 하도록 해달라고 요청하였다.

투레티니는 어느 정도 기도하기를 원했던 것으로 보인다. 왜냐하면 목사회 회의록에서 다음과 같이 말하기 때문이다. "거절과 변명에도 불구하고, 그가 그 자리를 받아들이도록 권장하기로 합의를 보았다." 결론부터 말하자면, 1652년 2월 21일 월요일 오후 1시에, 하나님의 도우심을 간청하며 투레티니는 첫 강의를 시작했다.

투레티니의 교수 임명을 즐거워한 것은 제네바 사람들만이 아니었고, 외국 교회까지도, 그의 교수 임명이 그들에게 열매를 수확하도록 할 것을 미리 보면서 매우 행복해하였다.

몽텔리마르(Montélimart)의 학장인 샤미에(Chamier)가 투레티니에게 1653년 2월 18일 날짜로 편지를 썼다. 그 편지는 다음과 같다.

> 라파예(La Faye)씨가 전해주는 최근 소식을 통해서, 당신이 신학 교수직을 받아들였다는 것을 알게 되었습니다. 그에 대해서 나는 진심으로 축하합니다. 그리고 또한 사람들도, 당신이 매우 합당하고 영광스럽게 그 직분을 이행할 것을 믿어 의심치 않으며 그들도 많은 열매를 거두게 될 것임을 의심치 않기 때문에 행복해합니다. 라파예씨로부터 당신은 새로 인쇄한 모범 설교집을 한 권 받게 될 것이니, 내가 당신에게 대해서 품고 있는 이 진실한 애정의 증표로 그것을 간직하시기를 바랍니다.

1654년 초에, 프랑수아 투레티니는 제네바 아카데미의 학장으로 임명되었고, 우리가 앞으로 보게 되겠지만, 그 자리를 두 차례 역임하게 된다.[1]

프랑수아 투레티니가 열심히 그리고 탁월하게 그의 교회 사역 경력을 쌓아나가고 있을 무렵, 유럽 개신교를 뒤흔들어놓은 매우 두려운 외부 사건이 일어나서, 불행한 형제들에 대한 그의 큰 자비를 보여줄 기회를 갖게 했다. 여기서

---

[1] 베네딕 투레티니는 1620년, 미셸(Michel)은 1686년, 쟝 알퐁스는 1701년, 사무엘은 1727년에 각각 학장직을 역임하였다.

우리는 피에몬트(Piémont) 골짜기의 불쌍한 발도파(Vaudoises)[2] 개신교도들이 1655년경에 사보이 공국에 의해 희생자가 된 끔찍한 박해사건에 대해서 말하려는 것이다. 상기해보건대, 그것은 신흥 종교를 억압함으로써 공공질서를 보존할 책임을 맡아, 예수 그리스도에게 신실했던 많은 신앙고백자들에게 약간의 말미만을 주고 그들의 주거지와 그들의 나라에서 그 신앙을 저버리도록 억압했던 회계 감사원장 가스탈도(Gastaldo)의 추방령 이후 일어난 일이었다. 그리하여 피에몬트 골짜기의 불쌍한 피난민들은, 스위스 개신교 주(칸톤, Canton)들에게 편지를 썼다.

> 우리의 눈물은 더 이상 물이 아니라, 피입니다. 그 눈물이 우리의 시야만을 가리는 것이 아니라, 우리의 불쌍한 마음을 질식하게 합니다. 몽둥이 세례로 인해 얼빠진 우리의 두뇌와 떨리는 우리의 손, 그리고 우리에게 닥친 이상한 새로운 경고와 공격들이 뒤섞이어 우리가 당신에게 원하는 대로 편지 쓰는 것을 방해하고 있습니다. 하지만 오열 속에서도 우리가 말씀드리고자 하는 것의 의미와 간청을 양해주시고 받아주십시오.

그런데 이 박해와 추방은 한겨울에 일어났었다.

여름에도, 이 불쌍한 사람들은 더 이상 평온하게 살 수 없게 되었다. 피에몬트 주변 루제른(Luzerne) 골짜기와 앙그론느(Angrogne) 골짜기를 다스리는 잔인

---

**2** 역자주: 종교개혁 이전의 개신교도들이라고 할 만큼 개신교와 비슷한 입장을 가졌고 프랑스 남부 골짜기에 거주하던 기독교인들을 일컫는다. 영어권에는 피터 왈도(Peter Waldo)라고도 하는 피에르 드 보(Pierre de Vaux, 1140-1218)가 대표적인 인물이다.

한 후작이, 인간이라면 어떻게 그럴 수 있을까 이해할 수 없고, 인간을 타락하게 만들 정도로 상상을 초월한 고문을 그들에게 가하였다. 발도파를 감옥에 가둘 뿐만 아니라, 이 괴물은 감옥에서 죽어간 포로들의 시체를 그들 중에 그대로 방치하라고 명령함으로써, 불쌍한 수감자들로 하여금 강제로 한 여름 삼복더위에 부패하는 시체 옆에서 숨쉬고 먹고 자게 하였다.

유럽 개신교도들은 이 끔찍한 일을 무관심하게 바라볼 수 없었다. 스위스 개신교 주(칸톤) 대사들과 네덜란드 대사들과 영국 대사들은 이러한 잔혹한 일을 중지하라고 강력하게 요구하였다. 이를 위해 정부 차원에서 공문을 보냄으로써 사보이 공작에게 영향력을 행사하였다. 영국 호국경(protecteur de la Grande Bretagne)의 특사로 보냄을 받은 모어랜드 경(Lord Morland)은, 발도파가 받은 이 엄청난 박해 사건의 역사를 보여주는 책을 출간하기도 했다.

크롬웰(Cromwell)은 제네바 당국자들에게 라틴어로 편지를 써서 보냈다. 그 편지 내용은 대략 다음과 같다. 이 불쌍한 개신교도들이 사보이공에게 희생자가 된 그 끔찍한 고문들은, 크롬웰로 하여금 큰 동정심을 갖게 했다. 그리하여 크롬웰은 영국 공화국 전역에서 영국 국가의 자비가 얼마나 큰지 증명하기 위한 공적인 모금운동을 하라고 명령하였다. 그렇지만 이 편지에 따르면, 이 모금운동이 괜찮은 규모의 성금으로 모아지기까지는 시간이 필요함을 호국경이 알게 되었다. 또한 환란 중에 있는 발도파를 구제하는 일이 너무 늦어지지 않는 것이 좋다고 생각했기에, 크롬웰은 우선 2000파운드를 사재에서 출연해서 제네바 공직자들의 손을 통하여 극빈자들에게 신중하게 분배되도록 위탁하겠다고 편지하였다. 이렇게 할 수 있었던 것은, 크롬웰이 "제네바인들은 동정심을 가지고 재앙을 당한 그들의 이웃을 생각하여 이 고통을 기꺼이 감수할 것이며, 또 제네바인들이 교회의 유익을 구하기를 기뻐하고 제네바의 대적 사보이에 맞서서 발도파들을 구해내어 공통의 대의명분을 보호하며, 정통 신앙을 고백하는 모든 사람들에게 용기를 줄 것이라고 믿고 기도했기 때문이었다."

그리하여 프랑수아 투레티니는 앙투안느 레제(Antoine Léger) 목사와 함께 영국과 네덜란드에서 보낸 구호물자를 피에몬트 골짜기에서 고통당하는 사람들에게 시의적절한 방법으로 배분하는 책임을 맡게 되었다.

투레티니 가문은 항상 발도파의 대의명분을 보호해왔다. 프랑수아 투레티니 미망인의 유언장에 보면, 그의 아들 쟝 알퐁스에게 이 불쌍한 민족들을 특별히 부탁하고 있다. 쟝 알퐁스는 과연 18세기에 발도파가 다시금 핍박을 겪게 되자, 괄목할만한 열심으로 그들을 도왔다. 제네바 공화국의 외교가에서 우리는 투레티니를 다시금 발견하게 되고, 또 제네바 공화국이 사보이 대공에 맞서서 재정 보조를 얻기 위한 노력을 기울이는 것에서 그를 다시금 발견하게 된다. 불쌍한 발도파들도 역시 잊혀진 바가 되지 않았기에, 이 극심한 고통 중에 제네바 당국자들은 홀란드에 다음과 같은 서한을 보냈다.

> … 그렇지만 우리는 불쌍하고 핍박 받는 발도파들을 생각하여, 고관들에게 우리의 결정을 알려서 결재를 받고, 우리의 결정을 발췌본으로 만들어 그에 따라 영국인들을 지도할 수 있도록 영국 특사 뉴포트(Newport)에게도 그것을 보내며, 우호관계를 유지하고 선한 사업을 어떤 상황에서도 지속할 수 있도록 그 대사[3]에게 의견을 보내는 것이 좋다고 새삼 생각했다.

---

**3**    보렐(Borreell)씨.

1656년, 즉 제네바인들이 자신들의 입장에서 사보이의 계획에 대해 강한 불안감을 노출한 이후로, 얼마나 네덜란드가 박해받은 발도파 사람들을 도우러 오기 위해 관대하게 영국과 협력하는지를 보았기에, 제네바로서도 네덜란드에 호소하는 것이 가장 좋겠다고 생각했다. 프랑수아 투레티니가 홀란드에 오기 오래 전에, 제네바는 네덜란드에 편지를 써서, 제네바는 주변 가톨릭 주(칸톤)들이 기습하려고 호시탐탐 노리는 중에서 살고 있으며, 로마와 사보이의 영향력에 굴복하게 될 위험과 불확실 속에 놓여있으므로, 제네바를 위한 기금을 마련해달라고 요구하였다. 제네바는 개신교 주(칸톤)들의 보루일 뿐만 아니라, 개혁교회를 전반적으로 유지하는 데에 유익을 주고 있기에, 지리적으로 멀리 떨어져 있는 나라요 제네바의 호의적인 정서에 대해 알고 있었던 홀란드가 제네바의 요구를 들어줄 수 있다는 것을 의심치 않았다. 사실, 네덜란드는 항상 개신교 전반의 대의명분에 대하여 큰 관심을 표명해왔고, 실은 그 대의명분이란 것도, 제네바 교회가 실질적인 기여를 하지 않을 수 없었기에, 결국은 제네바 교회가 하기에 달린 것이었다. 홀란드인들이 이런 판단을 하게끔, 제네바인들은 홀란드에 다음과 같이 말했다.

> 그리스도인의 자비를 하나님의 교회를 위한 열매로 사용하는 것보다 더 잘 사용하는 법이 어디 있겠는가. 동료 이웃 개신교 국가들이 하나같이 필요할 때 도울 수 있도록 신앙동맹에 참여하도록 하여, 개신교에 가해지는 음모를 방지할 뿐만 아니라 실질적인 방법으로 도움의 손길이 와닿도록 하는 것이 좋겠다고 사료된다. 실제로 스위스 그라우뷘덴(Grysons) 주(칸톤)의 경우, 하나님을 진실로 섬기는 일이 위협을 받고 있다…

네덜란드 우트레흐트(Utrecht) 지방은 이미 자체적으로 150,000플로린을 후원하기로 했다. 그리고 네덜란드 제엘란트(Zélande) 지방은 넘치는 관대함을 보여주자고 선포했다. 1656년 초 제네바는, 후에 외국인 담당부처의 외교관으로 유명해질 에스겔 스판하임(Ezéchiel Spanheim) 교수에게 임무를 주어, 제네바를 떠나 네덜란드로 향하게 했다. 스판하임은 파송을 받았다가 1656년 10월달에 복귀했고, 30000플로린의 보조금이 제네바 후원금으로 약정되었다고 알렸다. 그로부터 두 달 후에, 오메렌(Omeren)씨가 서한을 통해 다음과 같은 사실을 알려주었다. 그 금액이 잘 가결되었고, 일단 가결된 이 결정에 따라 돈이 지불되는 것은 기정사실이나, 실제 지불까지는 인내심을 가지고 기다려야 할 것이기 때문에 네덜란드 전체의 동의를 얻는 것은 불가능할 것이라고 했다.

스판하임의 회고록을 보면, 1656년 7월달에 그가 좋은 결론을 끌어내기 위해서 아무것도 소홀히 하지 않았음을 알려준다. 그러나 그 선한 계획을 실현하기 위해 필요한 자금에 관해서 네덜란드 전체의 만장일치를 얻지 못했기에, 그의 노력은 결국 수포로 돌아갔다. 그 회고록은 다음과 같은 용어로 작성되었다.

> 제네바 고관들의 업무에 착수한 스판하임은, 높고 능력있는 고관 여러분들이, 제네바를 도울 필요가 있다는 이 사실을 열정과 사랑으로 증거하는 증인들이 되어주시고, 선하고 신속한 결론에 도달하기 위해 당신들의 신용과 권위를 사용하는 것을 기쁘게 여겨주시길 매우 겸손하게 간청합니다. 네덜란드 대부분의 지방이 이러한 소원에 부합하는 입장을 이미 발표했다는 것과, 그들이 호의를 베풀어 일이 성공적으로 진행되고 있다는 것도 이미 알고 있습니다. 다음과 같은 사실이야말로 이 일의 성취를 의심의 여지없이 확증해주는 것입니다: 네덜란드를 방문하

면서 느끼는 관대하고 자비로운 분위기에, 매우 고결하고 빛나는 네덜란드 홀란드 지방 국회가 이제 소집되며, 거기에서 제네바를 돕는 일이 주요 논제로 다루어지고, 그 도시의 대표단들도 이 주제에 대해 호의적인 성향을 보여주니, 가능한한 모든 존경심을 가지고, 이 좋은 일에 기쁜 마음으로 참여하여 지방 국회가 신속하게 호의적인 심의를 할 수 있도록 간섭해달라고 매우 높고 강한 귀족들에게 도움을 청하고자 여기에 왔습니다. 또한 네덜란드 대표들이 앞으로도 선한 마음으로 매우 겸손한 기도를 해주며, 제네바의 열정과 제네바 수호를 지원해주기를 빠트리지 말아달라고 약속해줄 것을 감히 요청합니다. 그것은 네덜란드의 번영과 영광을 위한 그 열렬한 소원을 배가시키도록 하는 것이기도 하기 때문입니다….

네덜란드가 후원 배당금 지급에 대해서 전혀 의견일치를 보지 못했음을 우리는 보았다. 이에 네덜란드는 해결책을 마련해야만 했는데, 일괄적으로 중재를 통하여 후원금을 상향 조정하든지 아니면 후원금을 지역별로 할당하든지 해야만 했다. 프리슬란드 지방 고관들은, 일괄적으로 후원금을 부담시키는 일을 위하여 중재하는 것에는 동의할 수 없다고 선언했다.

네덜란드는 즉시로 각 지방의 대표자들에게, 제네바가 네덜란드에 여전히 요구하는 일, 즉 "꼭 필요한 일로서, 단 한 번 요청에 응하는 것으로 끝나지 말고 날마다 더할 수 있도록, 이 후원이 가져올 효과에 대해서 느낄…"수 있도록 해야 할 그 일을 위해, 필요한 명령을 내려달라면서 계속해서 후원을 요청하는 제네바 공화국에게, 그들이 한 약속에 따라서 후원금을 지급할 방법을 심각하게 고민해달라고 했다.

1660년에 제네바의 위정자들은, 사보이와 프랑스의 공격을 두려워하여, 제네바를 요새화하기로 결정하였고, 그 일에 필요한 재정은 제네바 공화국의 세금수입으로 충당하기에는 무리가 있었기에, 홀란드에 특사를 파견하여 홀란드가 자주 약속했던 재정 후원을 받아오게 하기로 결정하였으나, 아직 실제 후원을 얻지는 못했다. 이 특사 자리에, 프랑수아 투레티니가 만장일치로 선출되었다.

> 목사회의 대표 의장을[4] 수석 최고통치자가 불러서, 비밀에 부쳐야 하는 이 중요한 업무에 대해서 알려준 후에, 무엇보다도 우선 제네바의 요새화라는 당면한 과제에 처한 이 나라의 상황을 목사회에 알리라고 했다. 그리하여 고관들은 후원금을 얻고 일을 쉽게 하도록 투레티니를 보내기를 원했다. 그러나 투레티니는 교회 업무, 대학에서의 업무, 그리고 집과 연로한 어머니를 두고 떠나야 하는 상황 때문에 이 같은 사명에 자신이 불충분하고 부적합하다고 느꼈기에, 제네바 목사회의 승인 없이는 그 업무를 맡을 수 없다고 대답하였다. 목사회는 투레티니가 1621년에 그의 아버지가 특사로서 했던 일을 것을 기억하여 그 업무를 받아들이라고 권면하였다….

투레티니는 홀란드에 알려진 인물이었으므로, 이 선택이야말로 탁월한 것이었다. 우선 그는 공부를 끝냈고, 어린 시절의 친구들도 많이 있었고, 또 발도파를 위한 영국과 네덜란드의 구호물자를 나누어주는 일에 레제(Leger) 목사와 함께 책임을 맡았다는 것도 우리가 알고 있다. 마지막으로, 네덜란드에는 프랑수아 투레티니의 빛나는 아버지 베네딕 투레티니에 대한 기억이 여전히 생생했다. 1621년에 베네딕이 감당한 사명은, 1661년의 투레티니의 그것과 매우 흡사했으

---

**4** 목사회 회의록(Registres de la compagnie), K권, 1661년 2월.

니, 과연 그 아버지에 그 아들이었다.

40세가 되기 전, 베네딕 투레티니가 제네바를 위협했던 사보이 대공을 대적하며 제네바를 보호하기 위하여 확보해 둔 30,000플로린이야말로 길조였으며, 그래서 사람들도 내심 생각하기를 아버지가 후원금을 얻어두었던 것처럼 아들도 그렇게 할 것이라고 생각했다.

공적 기록에 의하면, 프랑수아 투레티니는 그 모금활동의 어려움과, 차일피일 일을 미루면서도 형식적인 허락으로만 끝날 특사파송의 부정적인 측면을 감추려 하지 않았다. 투레티니는 1661년 3월 4일에 시의회에 출석했다. 이 회기의 보고는 그가 아직도 차일피일 일을 미루려고 했음을 보여주는데, 이는 개인 사정 때문에 그런 것이 아니라, 제네바의 방법이 현재 상황에서 시의적절하지 않고 성공의 가능성이 충분하지 않다고 판단했기 때문이었다.

> 그가 말하기를, 만약 투레티니가 조금 더 오래 머무른다면, 자기 조국에 대한 애정이 부족해서가 아니고, 시의회의 의지를 존중하고 복종하지 않기 때문인 것도 아니다. 왜냐하면 그는 최대한의 존중을 표했고, 선진들의 모본을 따라서 열심히 하기를 그치지 않았기 때문이다. 만약 그가 지체했다면, 그것은 시의회의 기대에 부응할 수 없다는 큰 두려움을 느꼈기 때문이며, 그의 연약함 때문만이 아니라 그가 불편함을 느끼는 주제에 있어서는 성공을 쟁취하기 어렵다는 것을 염두에 두었기 때문이었다.[5]

---

5     1661년 3월 4일자 시의회 회의록

제네바 공화국이 특사 파송을 통해 돈을 약간 밖에 얻지 못할 것이라는 이러한 예상을 시의회에 내비친 후에, 그는 다음의 내용을 서둘러서 덧붙였다.

> 그러나 나보다 훨씬 사려가 깊고,[6] 세상의 이치에 대해서 더 밝고, 더 넓은 식견을 가진 더 성실한 다른 사람을 찾아서 그에게 시의회가 눈을 돌려야만 합니다. 만약 시의회가 그런 사람에게 이 불가피한 사명을 부여하기를 기뻐한다면, 그는 조국을 섬기기 위한 열정을 증명하기 위해 최선을 다할 것입니다.

투레티니가 제네바에서 듣는 소식들은, 그의 사명의 성공 여부에 대한 의심을 갖게했다. 사실은, 그 때 홀란드에서 도착한 편지 한 장이 다음과 같은 판단을 내리면서,[7] 제네바 특사 투레티니의 염려가 근거없는 것이 아님을 보여준다.

> 편지 발신자는 말하기를, 우리는 북쪽 전투로 인해 매우 예민해져 있습니다. 우리의 국고는 소진되었습니다. 우리가 이 달 말에 바다로 진수해야만 하는 40척의 군함으로 무장하는 데에 필요한 돈을 제공하는데에 큰 어려움이 있을 정도입니다. 두 중장의 지휘아래, 항해를 괴롭히는 해적들을 영불해역과 프랑스 연안으로

---

**6** 홀란드에서 많은 돈을 얻을 수 있다고 투레티니는 생각하지 않았다. 왜냐하면 네덜란드가 정치 조직 문제상의 어려움에 봉착했기 때문이다. 네덜란드가 군주제 국가도 아니었고, 국가의회가 있어서 투레티니가 거기에 호소할 수 있는 것도 아니어서, 다른 사람의 좋은 의도에 한 사람만 반대를 해도 모든 것을 타협해나가는 방식의 대표단 회의에 호소해야 했기 때문이다. 게다가 오란녜 가문이 스위스에 덜 호의적으로 변하게 되었다. 1621년 베네딕 투레티니를 환대했던 모리츠(Maurice) 왕자가 죽은 후에, 안 좋은 일들이 홀란드에 일어났다.

**7** 4월 14일, 고문서 도서관에서 역사 자료 서류철(Portefeuille des pièces historiques)의 제3397번 서류를 볼 것.

부터 제거하고, 또한 투르크(turcs) 해적단을 대적하여 퇴치하는 일에 투입할 수 있는 군함이 단 한 척밖에 남지 않았습니다. 게다가, 영국 왕이 동인도에서 포르투갈을 보호하고 싶어했기 때문에, 네덜란드는 프랑스를 전혀 기분 나쁘게 하지 않고, 긴밀하게 연합하고 싶어합니다.[8]

제네바가 사보이 대공의 계략 때문에 제네바를 요새화하는 일에 빚을 지겠다고 하면서 새로운 축성계획에 대해서 말한다면, 교회에 모금활동을 하는 데에는 좋을지 모르지만, 우리 대표단이 그 일이 도움을 주는 것은 별로 가능해보이지 않습니다. 호로닝엔(Groningue) 사람들과 헬더란드(Gueldre) 지역 사람들과 프리슬란드(Frise) 지역 사람들이, 구원의 한 줄기 희망을 갖게 했다. 왜냐하면 그들은 분담금을 전혀 부담하지 않았지만, 가장 많이 분담금을 낸 홀란드 지역은, 다른 개신교 스위스 지방들이 제네바가 사보이 혹은 프랑스 치하로 되돌아가지 않기를 원하는 것마냥, 자신들도 그 일을 이뤄낼 능력이 있고 그 일에 흥미를 가진 것처럼 바라보았지만, 사실은 귀를 기울이지 않고 베른 지방과 연합하여 하나같이 제네바의 요구를 거절했기 때문입니다.

그 후, 프랑수아 투레티니는 자신의 젊은 남동생 베네딕(Bénédict)을 비서처럼 대동하고 1661년 5월 3일 홀란드로 길을 떠났다.

가는 길에 독일을 거쳐서 갔는데, 그곳에서 투레티니는 특사의 임무에 유용한 여러 추천을 얻게 되었다. 그는 24일에는 하를렘(Harlem), 25일은 우트레흐트(Utrecht), 26일은 암스테르담(Amsterdam), 30일에는 헤이그(Haye)에 들렸다.

---

8  역자주: 제2차 영란전쟁(1665-1667)을 말함. 네덜란드가 프랑스와 손을 잡고 잉글랜드와 싸웠다.

각 도시마다 투레티니는 뛰어나고 영향력이 있는 사람들을 방문했다. 그는 자기 나라 정부의 많은 서한들 그리고 목사회의 편지까지 총 14개를 가지고 왔는데, 그 중 7개는 7개의 네덜란드 각 지방에 보낼 것이었고, 하나는 헤이그의 프랑스 대사 드 투(De Thou)씨에게 보낼 것이었다. 네덜란드 연방정부에게 보내는 서한도 있었고, 홀란드에 보내는 서한과 오메렌씨에게 보내는 편지도 있었으며, 미망인 공주와 오란녜 가문 출신의 만10살밖에 안되는 어린 왕자에게 보내는 편지도 있었고, 마지막으로 프리슬란드의 위정자 나사우의 빌렘(Guillaume de Nassau)에게 보내는 편지도 있었다. 그리고 투레티니가 비상시에 즉석해서 제네바 특사 자격으로 보낼 수 있는 21개의 백지서명도 가지고 있었다.

프랑수아 투레티니는 홀란드로 간지 얼마 지나지 않아, 제네바 최고통치자들과 시의회가 네덜란드 연방정부에게 보내는 편지를 전달했다.[9]

> 매우 높으시고 능력 많으신 귀족 여러분들, 저번에 하나님의 경탄할만한 섭리 덕분에 우리를 피해갔던 명백한 위험이 있었고, 우리 자유와 우리 신앙을 위협하는 적들의 위협이 계속되고 있다는 소문이 당신들 고관대작에게까지 틀림없이 퍼지게 될 터이니, 그 덕분에 우리를 보호하려는 당신들의 노력이 배가되게 되었습니다. 우리의 이익에 관심을 가진 이들이, 선한 의도를 가지고 우리를 초대했고, 우리는 가능한 모든 열정과 애정을 가지고 그 초대에 응했습니다. 우리의 요새화 작업은 작년에 시작했고, 그동안 상당한 진척을 이루어냈습니다. 그러나 비용이 많이 들기 때문에, 우리는 특별한 어려움을 겪었던 작년 내내 스위스 이웃과 친

---

**9**   1661년 4월 30일자.

애하는 동맹국의 후원을 받았습니다. 이미 우리는 큰 시련을 겪었고, 그 때 받은 후원금은 거의 소진되었습니다. 제네바를 요새화할 필요성 때문에 만났던 나라들은, 우리가 계속해서 제네바를 요새화하는데 필요하지만 부족한 그 거대한 비용을 후원했기에, 우리는 우리 생존에 필요한 모든 수단을 후원해 달라고 당신들 고관대작들의 선하고 자애로운 열심에 호소할 자유를 갖게 되었습니다. 왜냐하면 당신들께서 우리의 다양한 증언과 그 효과를 마음에 들어하시기 때문에, 감히 믿는 마음으로 비밀리에 우리의 필요를 드러내려고 하며, 또한 다른 사람들과 한 가지로, 교회의 덕을 세우는 일에 우리를 사용하는 큰 일을 기뻐하시는 하나님의 영광을 위하여 우리 나라와 우리 교회에 귀중한 환대와 호의적인 성향을 베푸는 것을 소중히 여기시는 당신들이 계시기에, 우리는 하나님께 찬양과 썩지 않을 영광을 돌립니다. 우리는 고관대작 여러분들께 겸손히 간청하되, 바로 우리의 목사요 신학 교수인 투레티니씨를 이 문제에 있어서 특사로 임명하여 신임장을 주고 언제든 출발할 수 있도록 허락함으로써 그로 하여금 당신들께 보다 광범위하게 사안들을 제시하도록 하게 하였으니, 그 사안들을 기꺼이 고려해주시기를 간청합니다. 특심한 열심으로 우리를 돌보시는 당신들 고관대작들의 계속되는 인자하심이야말로, 하나님 나라의 진전에 유익한 결과를 가져올 것임이 틀림없고, 투레티니의 순수한 사역도 그렇게 할 것임이 틀림없습니다. 우리는 공적이고 특별한 기도를 함으로써, 투레티니가 유익을 끼치고, 하늘로부터 넘치는 은혜와 풍성한 축복의 단비가 훌륭하신 우리 고관대작 여러분들과 그분들의 부강한 나라 위에 내리시도록 끊임없이 기도할 것입니다. 이것이야말로, 존경심을 담아 우리가 간절히 소원하는 바입니다….[10]

---

**10**    역사 자료 서뮤절, 세3397번.

헤이그에 도착하자마자, 프랑수아 투레티니는 지체하지 않고 그의 임무수행을 시작했다. 이 어려운 사명을 염두에 두고, 그의 작품을 읽어보자.

**05**

홀란드에 간 프랑수아 투레티니
François Turrettini en Hollande

*Vie de François Turrettini*

## 제 5 장
# 홀란드에 간 프랑수아 투레티니

투레티니가 제네바 최고통치자들에게 처음으로 쓴 편지는, 6월14일자로 되어있다. 이 편지를 통하여 우리가 알게 되는 것은, 투레티니가 헤이그에 도착하자마자 오메렌씨를 보러갔고, 그는 투레티니에게 제네바의 이익을 굳게 지키라고 말해주었다는 것이다. 포르투갈과 영국 사태에도 불구하고, 오메렌씨는 스위스를 섬기는 일을 계속하였다. 오메렌의 충고에 따라서, 투레티니는 그가 가져온 백지 서명 중에서 몇 장을 채웠고, 특사의 직권으로 당국 중앙 정부의 중요 인사들에게 편지를 보냈다. 제네바를 위한 모금운동이란 현실적으로 불가능한 일처럼 보였다. 제네바 공화국에 최대한 열린 마음을 가진 제엘란트 사람들과, 홀란드의 재상인 드 위트(De Witt), 그리고 그 외 사람들도 투레티니에게 그 모금계획을 절대로 실행하지 말라고 했다. 왜냐하면 제네바보다 더 가난한 사람들을 위한 모금운동조차도 최근에 좌절되었었기 때문이다. 설령 모금운동이 허락된다고 하더라도, 이 방법이 바라는만큼의 결과를 가져올 것이라고 볼 수가 없었다. 투레티니가 대표하는 제네바국에게는 이러한 거절이야말로 해롭고 부끄러운 것이 아닐 수 없었다. 모든 것을 따져보았을 때, 아예 모금운동이라는 의도를 드러내지 않는 것이 더 나아보였다. 연방정부의 청종을 요구하기 이전에, 투레티니는 네덜란드의 정황을 파악하기 위하여 의회 주요 인물들을 특별하게 면담하면서 한 명씩 만나기를 원했다. 투레티니가 도착했을 즈음에, 홀란드 지방 정부가 제엘란드 지방 정부와 함께 포르투갈 사태에 대해서 심도있게 논의하기 위하여 대규모로 모였으나, 그런 상황에서 그들에게 새로운 일에 대해서 의논하도록 하는 것은 어려워보였다. 그리고 투레티니는, 모든 지방과 각 지방의 도시들 모두를 정서적 만장일치로 묶을 수 있는 해결책을 요구하는 네덜란드의 특성상, 네덜란드의 이 논의가 상당기간 지속될 것임을 알고 있었다. 하지만 제네바 특사 투레티니는, 낙심하기는커녕, 필요한 모든 것을 하겠다고 약속하면서, 하나님께서 지혜를 주시고 그의 거룩한 보호아래 제네바를 지켜달라고 기도했다.

이 모금을 시작하라고 그에게 명령한 제네바의 지시사항과, 일을 진행하면서 들었던 회의적인 의견들 사이에서 몹시 당황했으면서도, 제네바의 답을 기다리느라고 시간을 허비하고 싶지는 않았던 투레티니는, 타고난 신중함을 발휘하여 나리들을 만나되, 한동안 나리들과의 면담에서는 일반적인 말만 하면서, 배려 차원에서 모금이라는 주제에 대해서는 언급하지 않고 피하겠다고 결심했다.

투레티니는 재빨리 제네바 최고통치자들에게 네덜란드의 사신 맞이에 대하여 편지를 써서 제네바에 대한 네덜란드의 존경심을 증언하였다. 의원나리들이 대리인을 통하여 투레티니를 위한 전용 마차를 보냈고, 의회 회의실로 그를 인도하여 들이기 위해 의원 대표 두 명이 층계에 나와서 그를 맞이하였다. 그곳에는 홀란드 나리들이 몇 가지 일을 의논하기 위하여 모여 있었는데, 그는 그들을 거기서 만났다. 투레티니가 의장을 마주보고 앉도록 자리를 배치해주었으며, 그를 엄호하며 국빈에 준하는 예의로 맞아들였다.

투레티니가 제네바 행정부로부터 받은 지령은 매우 완벽했다. 그 지령 중에는, 네덜란드의 호의와 관대함이 얼마나 큰 영향력을 끼치고 있는지를 상기시키면서, 네덜란드 중앙 정부에게 지극히 감사하는 마음을 표시하라는 지시도 있었다. 그러나 제네바는 홀란드의 전체적이면서도 특별한 번영에 감사하며 그것을 위해 간절한 기도하는 것 이외에는 이와 같은 수많은 선함에 보답할 길이 없었다. 제네바 특사는 다음과 같은 사실을 알려줘야만 했다: 제네바가 순수한 복음에 굳게 서려고 하고 그리함으로써 하나님을 기쁘게 했던 순간부터, 개신교를 박멸하려는 속셈으로, 로마 가톨릭이 제네바를 항상 미운 물건으로 여겨왔다는 사실과, 로마 가톨릭이 개신교 멸망을 도모하기를 그치지 않고 때때로 적개심 가득한 시도들을 해왔음에도 제네바가 성공적으로 그 위협을 물리쳤다는 사실을. 그래서 투레티니 입장에서는, 로마 가톨릭이 계속해서 제네바를 껄끄럽게 여기고 있기에, 제네바는 최선을 다해서 방어를 하고 제네바를 요새화해야 하는데, 전쟁이 예전과는 다른 방식으로 이루어지는 이 때에는 이미 취해진 조치들만으로는 충분치 않다고 주장함으로써 축성술에 전문성이 있는 다양한 사람들도 설복될 수 있도록 하는 것이 매우 필요했다. 또한 특사 투레티니는, 지난 몇 년간의 불길한 여러 상황에 의하여, 제네바가 느끼는 두려움이 커진 상태임을 알려야만 했다. 제네바가 커다란 위험에 노출되어 있으며, 특히 어느 날 터질지 모르는 제네바를 대적하는 그 심각한 계획의 소문이 매우 널리까지 퍼졌다는 사실을 말이다. 그러므로 투레티니는 하루빨리 공사를 하여 제네바를 요새화할 필요가 있었다. 제네바를 보호하는 이 일에 관심을 가진 원근각지에 있는 모든 사람들로부터 제네바는 격려를 받았다. 그 일을 서둘러서 하지 않았더라면, 더 이상 어떤 조치도 취할 수 없는 그러한 극한 상황에 도달할 수도 있었을 것이다. 제네바라는 작은 공화국은 스스로 할 수 있는 일은 다했을 뿐 아니라, 공사 완료 시점을 앞당기기 위해 외부의 도움도 받았다. 재산수준과 무관하게 모든 시민으로부터 예산을 예외없이 징집했고, 여러 다른 형태로 새로운 세금수입과 공적자금과 특별자금을 만들어서 거의 다 소진하였다. 이와 같이 제네바는 자신의 재물을 거의 소진했기에, 이제는 제네바 교회를 유지하기 위한 숭고한 열심으로 불타는 군주들과 국가들의 후원만을 굳게 믿고 있었다. 그들이야말로 진리의 횃불처럼 여겨졌다.

제네바는 홀란드의 관대함을 굳게 믿으면서도, 양심은 있었기 때문에 홀란드 국고에 짐을 지우는 것에 두려움을 느끼기도 했다. 제네바 최고통치자들은, 네덜란드 전체, 그리고 특별히 잉여자원을 주면서도 반대를 표명하지 않는 유산계급으로부터 오는 후원금을 받았으면 하고 간절히 바라고 있었다. 제네바 최고통치자들은 투레티니에게 다음과 같이 부탁을 했다. 이 모금이 허락이 되는 경우에는, 모금이 이루어지는 각 도시마다 하나님의 교회를 보존하기 위한 헌금을 해달라고 성도들에게 권면하기 위하여 목사들 중 한 명을 동반하도록 하라고 부탁했다. 사실은, 제네바의 청원 중에서 부당한 것은 하나도 없었다. 예배당들을 건축하는 일이든 혹은 그들이 넘어가야 하는 어려운 국면을 타개하기 위한 것이든, 좌우간에 제네바는 외국인 회중의 도움을 계속해서 받아왔다.

제네바의 중요성은 두말할 나위가 없었다. 우리는 4월 마지막날 샤포루즈

(Chapeaurouge)로부터 투레티니에게 동료 최고통치자의 이름을 빌어 전해진, 그 서면으로 온 지령을 살펴볼 것이다.[1] "영국이나 플랑드르, 이탈리아, 에스파냐인들이 와서 교회를 세운 것에서 보듯이, 제네바야말로 핍박받는 성도들의 도피처가 아니겠는가. 그 사람들의 조국이 아직 있지만, 핍박의 경우 숨어서 신앙생활을 할 수 있는 곳은 제네바이기 때문에, 결과적으로 개신교의 보존을 위하여 제네바의 보존은 매우 중요하다. 제네바에 대한 위협이 더 심해지거나 새로운 위협이 생길 때는, 거리 때문에라도 타지방들은 우리를 도울 수가 없다."

게다가 제네바 공화국은-이런 말을 덧붙여도 괜찮을 듯하다-영토도 작고, 세금수입도 보잘것없어서, 평소 나라일에 지출해야 할 비용도 감당하기 버거울 정도였다. 군대, 교회, 아카데미, 병원, 빈곤층 보조금, 그 외 기관들에 많은 돈이 지출되었고, 1589년과 1590년 사보이 대공에 대항하는 전쟁을 위해 대출한 상당한 대출금의 연간 이자도 지불해야만 하는 상황이었다.

중앙 정부와 각 지방 대표들과 면담을 한 후에, 투레티니는 그들에게 제네바의 편지들을 전달하라는 분부를 받았다.

> 최고통치자 샤포루즈씨는 거듭 다음과 같이 말했다. 언급된 모금을 얻기 위한 가능한 모든 노력을 했음에도 불구하고 그것이 당신에게 거부된다면, 우리의 귀족 고관들에게 돈을 달라고 간청해보시오. 3만 프랑(franc)의 보조금을 내도록 간청하되, 우리 필요가 증가한 연유로 더 많은 금액을 얻도록 애쓰시오. 마지막에는

---

1 역자주: 투레티니 당시 제네바의 최고통치자들 중에서도 수석 최고통치자 지위를 가졌던 사람이 바로 샤포루즈이다.

우리 고관들의 보증서를 전달하시오.[2] 우리를 도와주려고 한다고 당신이 확신하는 그 오란녜공을 예방한다면, 그에게 다음과 같이 간청하시오. 우리가 추억으로 간직하고 있는 일, 즉 그들의 영예로운 조상들이 우리의 선한 일에 도움을 줬던 것과 마찬가지의 환대를 우리가 영광으로 여기기를 원한다고 간청하시오. 그리고 연방정부로 하여금 우리의 요청에 동참하도록 하고, 그의 주소로 편지를 전하시오. 또한 당신은 프랑스 대사를 보게 될 것이며, 그로 하여금 위엄있는 국왕 폐하를 섬기는 일에 있어서 우리가 한결같이 독실하다는 것을 확신시키시오. 그리고 고관들에게 당신이 공적이든 특별한 경우이든, 네덜란드 연방정부의 입장을 대변하면서 프랑스에 대해서 말하는 일이 없도록 조심하시오. 프랑스 대사가 의혹을 갖도록 하지 않기 위해서. 우리의 걱정의 원인은, 로마 교황청의 속셈과 우리가 이웃 군주에게 대해서 가졌던 의심에서 기인합니다. 당신이 우리 동네에 도착하는 문제에 대하여 누군가 당신에게 묻는다면, 당신은 다음과 같이 대답하시오. 우리 마을이 그것의 작은 수입으로는 감당할 수 없는 큰 비용을 책임지고 있기에, 그리고 그 고관대작들이 우리에게 호의를 품고 있는 것을 증거하는 듯하고 게다가 약간의 보조금을 줄 희망을 우리로 하여금 가지게 했으므로, 당신에게는 그 지원금을 달라고 간청할 책임이 있으며 우리가 최상의 존경심을 담아 프랑스를 우리 국가의 주요 동맹국으로 여기고 있다고 대답하시오. 당신이 분담할 비용은 결코 없을 것이며, 당신은 그저 그를 설득시키는 수고만 하고 그의 모든 어두운 그림자들을 제거하기만 하면 됩니다. 당신이 자주 쓰는 편지를 통해서 할 수 있는 모든 것들을 우리에게 알려주기만 하면 됩니다. 그리고 우리 공공의 명예와 이익을 위해 필요하다고 판단되는 모든 것을 하시오. 당신의 여정과 협상을 하나

---

2   1656년 9월 6일, 야콥 베스르트(Jacob Veshrt)의 이름으로 서명되었고, 그 다음 서열인 라이스크(Ruysch)도 서명하였으며, 붙여졌다.

님께서 복 주시도록 기도하며, 당신의 기쁨과 건강을 기원합니다….

투레티니는, 연방정부에게 보내는 그의 담화문에서,[3] 그가 받은 교서들을 빠뜨리지 않았다. 그는 사람을 압도하는 국회 분위기 속에서 그가 느꼈던 어려움에 대해 아주 겸손하게 증언하며 말하기를, 이 선한 생각이 고관대작들이 입버릇처럼 말하는 소위 "불행한 사람들을 위로하라"는 말에 확실하게 부합하는 유일한 길이라고 했다. 이어서 과거의 호의에 감사하는 문구와 함께, 홀란드의 구원에 전적으로 찬동한다는 말이 그 담화문에서 쏟아져 나왔다.

제네바는 하나님이 이 강대한 국가 네덜란드에 행하셨던 큰 놀라운 일들을 감탄하며 바라봅니다. 이는 마치 하나님께서 강한 손과 편 팔로 이스라엘을 홍해라는 큰 재앙을 지나 그 고된 종살이에서 벗어나게 하셨던 것과 같습니다. 하나님께서는 네덜란드를 강대국 중에 들어서 기독교 세계에서 가장 괄목할만한 나라로 세우셨습니다.

동일한 주제에 관해서 부연하자면, 투레티니는 다음과 같은 말로 넘어간다.

저는 고관대작들에게 제네바의 상태에 대해 대변할 필요가 없습니다. 저는 고관대작들이 자신들이 가지고 있는 그 큰 빛에 의거하여 자신들의 약점만큼이나 자신들이 중요한 존재인 면도 있다는 것을 인지하고 있음을 알고 있습니다. 하나님

---

**3** 이 담화문은 오랫동안 심사숙고하여 작성했던 담화문이었다. 우리가 입수한 투레티니 가족의 서류 속에서는 이 담화문 중 네 부가 빠져있었다.

께서 그들의 신실함의 빛을 영예롭게 하신 이래로, 또 그들의 섬김의 순수성을 확립한 이래로, 그 빛이 악마와 세상의 분노에 유감없이 노출되었음을 그 고관대작들은 틀림없이 알고 있습니다. 우리를 대항하여 만들어진 무기들이 우리에게 때맞춰 왔으나, 지금까지 놀라운 방법으로 우리의 보호자요 보증인이 되어주신 하나님께서 허용하지 않으셨기에, 우리 위에 여러 다른 형태의 대격동을 흩뿌렸으나 그의 선함이라는 기적 덕분에 우리는 생존했고, 우리가 충분히 찬양하지 못했던 그의 권능, 그리고 그의 선하심이라는 기적을 통해서 우리가 생존했습니다. 우리의 대적들의 악의가 항상 지속되고, 우리의 적들이 계속 존재하고 그들이 수가 적어지지 않고 많아질 때, 그리고 그들이 승리하기 위해 우리가 지는 것을 바랄 때, 우리는 파멸되더라도 진리를 가능하게 할 각오로, 그리고 우리 폐허의 무덤위에 우리 우상처럼 여기는 것들을 내려놓을 각오로, 우리는 그것을 바라보지 않았고 눈에 띄게 의식하지 않았습니다. 우리가 두려워할 조건들이 많은데, 우리에게 다가오고 있는 파괴로 인하여 퍼진 끊임없는 소문들이 있어서 그 소문이 당신들 고관대작들의 귀에 들어가지나 않을까 노심초사했었습니다. 그러나 지금은 주님의 교회를 대적하는 미신이 배나 늘어난 이 시대상황 속에서도, 우리는 아주 참신하면서도 다양한 해결방안만을 바라보았습니다.

이어서 그의 사명에 대해 설명하는 내용이 온다. 여기서 투레티니는 그가 받은 교서를 문자 그대로 따르면서 자신의 목적을 보여준다. 그것을 그에게 부탁하면서, 특사 투레티니는 제네바를 보전하는 것이야말로 개신교 영토를 위해서 필수적인 과업이라고 주장했다. 투레티니는 말하기를, "제네바와 그 교회는 하나님을 크게 영화롭게 함으로써 여러 다른 교회들의 어머니와 유모처럼 생각되는 곳이며, 스위스 종교개혁의 중심지요 열쇠와도 같아서 주님의 동산에서 아주 아름다운 다량의 식물을 기르기 위한 모판과 신학교로 쓰임받은 곳입니다."

투레티니는 홀란드를 감동시킬만한 예민한 점을 발견할 줄을 알았다. 약간 과장된 문체로 기록되기는 했으나, 그 시대는 으레 그러했으며, 그는 중앙중부에게 진중하고 값어치가 있는 것처럼 보이기 위해 지나친 능수능란함에는 이르지 않았으나 그래도 아첨 섞인 진리를 말했다고 할 수 있다. 이 담화는 다음과 같이 끝을 맺는다.

당신 나라의 고관대작 여러분들께서 아시다시피, 하나님이 그들에게 겪게 한 시련들로 인하여 홀란드인들은 고통받고 있으며, 또한 그들은 성도들의 필요에 대해 알리면서 요셉의 환란으로 인하여 아프고 슬픈 상태에 대한 연민을 느끼는 것이 무엇인지를 알게 되었습니다. 하나님께서는 그들에게 바다의 부요함을 주셨고, 사람들을 풍성하게 하셨고, 아름답고 강한 수많은 도시들을 주셨고, 오늘날도 세상이 중요하게 여길만한 그 외 수많은 특혜를 주셨습니다. 그들은 또한 필요할 때 위로와 시원한 물을 풍부하게 제공하는 원천으로서, 약한 자들을 보존하고 지지해주는 하나님의 선하심을 나타내는 기관이 되기를 원했습니다. 선행을 할 능력을 갖출 뿐 아니라, 관대하게 선을 행할 의지를 이 나라에 주신 것이야말로, 바로 하나님이 이 나라에 부여하신 면류관이라고 하겠습니다. 당신의 고관대작들의 믿음이 온 세상에 알려진 것처럼, 당신 나라 고관대작들의 자비 또한 온 세상에 알려졌습니다. 왕들과 왕자들과 나라들과 공화국들, 심지어는 먼 나라 사람들까지도, 또 다른 종교를 가진 사람들까지도 그에 대해 인정합니다. 여기 기독교 세계에서는 당신들의 관대함이라는 성별된 씨앗을 안 뿌린 곳이 없으며, 당신들의 수혜자들의 영향을 피해갈 수 있는 장소도 없습니다. 독일, 아일랜드, 폴란드, 그리고 그 외 지방들은 그것을 충분히 경험하였고, 또한 우리의 불쌍한 발도과 형제들도 수혜자였습니다. 홀란드는 그들을 보존시켜주는 선함을 보여서, 발도파가 무덤을 열고 나오도록 신속하고 풍성한 재정 보조금을 약속하는 태도로 말을 했고, 그 외에도 다 말할 수 없는 많은 대단한 증거들을 갖고 있었습니다. 그들의 자비는 미증유의 것이었고, 그들의 선함은 자신을 유지하는 것 만큼이나 다른 사람들의 괴로움에 참여하는 데에서 기쁨과 만족을 느끼도록 인도했습니다. 제네바는 그 선함이 최소한의 성의를 보이는 정도가 아님을 알고 있으며, 서로가 같은 믿음의 끈으로 연결되어 있고, 과거의 교류 경험이 그들에게 미래에 대한 소망을 가지게 하며, 홀란드가 제네바의 생존을 위해서 하나님 다음으로 중요한 수단이라고 마땅히 여기게 되는 그 영예를 가지고 싶어할 것이고, 그들의 착한 행실이 불완전한채로 남겨지지 않기를 원할 것임을 알고 있으며, 제네바를 보존하는 일에 대한 관심을 이미 당신들의 고관대작들이 당연시하였다고 알고 있습니다. 당신의 고관대작들이 그 일에 대해 애정을 가지도록 권고하며 도움을 청하는 이것은 아주 특별한 선행임이 틀림없습니다. 우리 서로를 묶어주는 믿음과 사랑이라는 침범할 수 없는 관계 위에서, 그리고 우리가 공히 구세주요 주님으로 섬기는 분의 거룩하고 영광스러운 이름에 의하여, 그리고 당신들의 호의의 효과가 헛되지 않기를 바라며 그에게 기도하는 것을 생각하는 이것이야말로 아주 특별한 선행임이 틀림없습니다. 당신의 고관대작들이 우리 교회를 위하여 할 선행은 영존하시는 분 앞에서 향기로운 냄새를 풍기는 제사가 될 것이고, 거룩한 씨앗이 될 것이며, 고관대작들의 힘을 감소시키기는커녕, 증가시킬 은혜의 누룩이 될 것입니다. 그들이 실천할 사랑으로 인하여 하나님께는 이득을 취하실 것이며, 또 그 나라에 축복을 가져오는 의의 열매를 더하게 하실 것입니다. 제네바는 제네바를 위해 여러분들이 베풀어주신 선함과 똑같은 크기의 감사로 보답할 수는 없으며, 상호간의 책무를 다함으로써 세상적으로 알아주는 그런 보상을 줄 수도 없습니다. 그러나 내가 확신하기로는, 매우 높고 매우 능력있는 주권자 여러분이여, 그 일이야말로 당신들의 고관대작들에게 우리 모든 제네바인들의 가장 생생하면서도 보다 가까운 친근한 애정을 진심으로 드리게 하는 것이며, 우리는 이 은혜의 추억을 뺏기지 않도록 간직할 것이고, 그에 합당한 감사를 증언할 기회를 놓치지 않을 것이라고 말씀드릴 수 있습니다. 우리 제네바 교회는 하나님께 쉬지 않고 간절한 기도와 소원을 올리기를 계속하되, 특별히 나는 네덜란드로 말미암아 공적으로나 개별적으로나 선행을 통하여 그의 아들의 통치를 굳건히 하기를 하나님께서 기뻐하시도록 기도하며, 또 하나님께서 네덜란드를 보존하시며 그 나라에 평화를 주시도록 기도할 것이며, 그 아름다운 네덜란드 교회들이 항상 더 번성하도록 기도하고, 그리고 이 강한 나라의 번영과 영광이 항상 증가하며, 신자들의 위로와 주님의 크신 이름의 영광을 흥왕하도록 하는 당신의 고관대작들과 그들의 좋은 계획에 하나님께서 모든 현세적 복과 신령한 복으로 복 주시기를 특별히 기도할 것입니다. 이것이야말로 온 제네바 공화국과 그 모든 교회의 고관들의 간절한 소원이요 바라는 바이며, 필자는 이 선언에 대한 책임을 맡은 사람임을 당신들의 고관대작들의 매우 겸손한 섬김과 깊은 존중심을 되새기면서 당신들께 말씀드립니다….

프랑수아 투레티니는, 의장 크리크(Krick)씨에게 그가 라틴어로 대답한 담화문으로 인하여 국회에서 조성된 분위기에 매우 만족한 것처럼 보였다. 의장은 제네바 대표사절 투레티니에게, 연방정부가 그의 엄숙한 연설에서 표현된 그의 갈망을 매우 높이 평가하였음을 알려주었고, 또 연방정부가 제네바를 구원하기로 결심했음을 알려주었다. 투레티니가 고향으로 되돌아갈 때, 그들은 그가 도착했을 때와 동일한 환송식을 해주었다. 그 후에 그의 요청사항들을 살피기 위하여 위원들을 임명하였는데, 그 위원회의 수장은 오메렌씨였다.

1661년 베네딕 투레티니가 특사로 파견되었을 때 프랑스 대사 뒤 모리에(du Maurier)씨를 접견했던 것과 같이, 프랑수아는 드 투(de Thou)씨와 인터뷰를 가졌다. 드 투씨는 프랑수아를 매우 환대하였고, 그래서 프랑수아는 드 투씨가 그의 직무를 잘 수행하도록 도우라는 명령을 내릴 것임을 확신할 수 있었다. 헤이어(Heyer)씨는 말하기를,[4] "그 대사는 몇 마디 말을 덧붙였는데, 그 양반들 중 최고 지도자가 없기 때문에 그들 사이에 중재하기가 매우 어려웠다고 했고, 그리고 그 양반들은 그들에게 감명을 주면 그것을 너무 쉽게 곧이곧대로 믿어버리는 족속들이라고 말했다."

그의 아버지처럼, 프랑수아 투레티니는 자주 강단에 올라가야만 했다. 그리하여 베네딕처럼, 프랑수아 역시도 "일주일 내내 분주히 다녀야만 했고, 일요일이면 나는 그들에게 설교를 못하겠다고 거부할 수 없었다"고 말할 수 있었다. 특별히 19일에, 그는 국가 여러 요직에 있는 많은 인물들 앞에서 설교를 했다.

투레티니는 또한 연방정부에 이어서 홀란드 정부 청중들에게도 가서 간청했으면 좋겠다는 소원을 가지고 있었으나, 그를 영접하는 것이 8일 후로 미루어져서 그 동안에 그는 홀란드주 의회의 몇몇 의원들을 만났다. 그 중에는 네덜란드의 재상 드 위트(de Wytt), 오프담(Opdam) 지역과 그 외 지역의 해군제독 드 니우부르그(de Neubourg)도 있었다. 22일 정오에,[5] 재상 드 위트가 투레티니를 위한 면담을 요구했고, 그리고 그 면담은 그 다음날에 열리기로 결정되었다는 것

---

[4] T. 헤이어(Heyer), 『네덜란드에 파견된 두 명의 제네바 특사』(Deux députations genevoises), 49쪽.

[5] 헤이어, 『네덜란드에 파견된 두 명의 제네바 특사』, 49쪽.

을 투레티니도 알게 되었다. 투레티니에게는 담화문을 준비할 시간이 많이 없었는데, 왜냐하면 계속해서 사람들을 방문했기 때문이다. 23일에 투레티니는 위원들 앞에 섰다. 그리고 그는 후원모금을 해주었으면 좋겠다는 열망을 표현하였다. 그 후에 그는 그가 말했던 것의 원고와 함께 그의 첫 번째 연설의 복사본을 나누어 주었다. 그들은 그에게 이미 실행한 것은 무엇이며, 첫 건축에 얼마만큼의 돈이 들었는지에 대해 물어보면서 제네바 정부가 구축하려고 생각하는 요새화 작업에 대해 여러가지 질문을 했다. 이에 투레티니는 시민들의 노동은 계산하지 않고 당시 이미 지출한 비용이 5만 에퀴 정도에 달했다고 대답했다. 이에 위원들은 그 같은 현황을 국가에 보고하겠다고 약속했다.

투레티니는 자기 집으로 들어온지 두 시간만에, 연방정부로 그를 인도했었던 홀란드주의 사신이 전과 마찬가지 방식으로 그를 국회로 인도하기 위해 그를 찾았으므로 그 사신의 뒤를 따라 다시 나가야만 했다.

그가 거기서 해야할 새로운 연설은 처음 것보다는 미사여구가 더 많고 긴 그 연설이었고, 그것은 다음과 같은 구절로 그 대미를 장식하고 있다.

하지만 제가 고관대작 여러분들을 설득하기 위한 이유를 찾아야 할 필요가 있겠습니까? 당신들께서 이미 간직하고 계시는 호의적인 정서에 대해서 제가 확신하고 있으니까요. 왜냐하면, 이 빛나는 지방을 대표하는 국회가 베푸는 사랑이야말로, 모든 사람에 의해서 너무나도 유명하고 높은 평가를 받는 일이며, 국회라면 으레 그럴 것이라고 누구나 상상할만한 일이기 때문입니다. 날마다 친구로서의 지지를 나타내는 사랑 혹은 특별한 기여, 그의 계획을 성취하는 힘, 혹은 어려움을 극복할 놀랄만한 용기, 탁월한 사려깊음 등에 극도의 경외심을 보일 수 밖에 없고, 마찬가지로 국회가 다른 사람 뿐만 아니라 우리들에게도 만나면 만날수록 많은 증거들을 주고 있으며, 또 그 미덕의 탁월함 속에서 하나님께서 그에게 주신 크신 권능에 준하여 그분의 신성을 잘 드러내며 모방하고 있는데, 그것이야말로 우리에게 가장 큰 기쁨을 주는 것이 아닐 수 없습니다. 오늘날 이 지방을 대표하는, 이 존경할만하고 빛나며 모든 좋은 감정을 간직하고 있는 이 단체가, 우리 말을 유익하게 들을 것이라고 생각합니다. 이와 같은 좋은 이유가 있기에, 우리를 돕기를 원하지 않는 사람은 없을 것이라고 믿어 의심치 않습니다…주 예수께서는 고관대작 여러분들이 그 명성있는 자리를 자청했을 때, 그 일을 기뻐하시고 은혜와 영광중에 큰 상을 주실 것이 틀림없으며, 당신들의 편의를 갑절로 더하게 할 것이며, 금생과 내생에서 그의 소중한 영향력으로 당신의 호의에 대해 면류관으로 갚아줄 것입니다. 우리는 우리대로 호의적인 감정을 간직하며 하나님께 다음과 같이 기도하기를 쉬지 않을 것입니다. 하나님께서 호의적인 눈으로 항상 당신들을 바라보시고 그의 이름을 위하는 것이 당신들의 마음에 있도록 하시며, 그 이름이 당신들을 모든 위험에서 보호하시며, 주께서 당신들을 위하여 성소에 임재하시어 모든 은혜와 축복으로 채워주시고, 당신들 고관대작들에게 이 빛나는 지방 위에 또 그 모든 구성원들 위에, 우리의 아주 겸손한 섬김을 통하여 우리가 가진 감사를 증명할 방법을 제공하도록 해달라고 이미 받은 호의와 여전히 소망하고 있는 그 호의로 인하여 감사하며 기도하기를 쉬지 않을 것입니다….

우리가 요약해서 다룬 이 담화문 이후에 드 위트씨는, 제네바 대표 투레티니에게 다음과 같이 대답을 하였다. 홀란드 정부는 "제네바시에 대하여 항상 매우 호의적인 태도를 견지하고 있으며, 어떤 경우라도 그 호의를 보여줄 의무가 있고, 그러한 호의를 계속해서 나타내기를 멈추지 않고 그의 요구에 대해 심사를 한 후에 답을 알려줄 것이라고 대답했다."

실제로, 그 일은 지체하지 않고 이루어졌으나, 모금운동에 대한 심의결과는 재론의 여지없는 깔끔한 거절이었다. 이를 통해 홀란드가 제네바에게 대해 가졌던 호의적인 감정만큼, 네덜란드 전체가 제네바에 대해 호감을 가진 것은 아니었음을 표현한 셈이었다. 그러나 최소한 네덜란드 지방에서 보조해줘야 할 3만 플로린만큼은, 프랑수아 투레티니가 헤이그에 와서 변론한 덕택에 통과되었다.

이 소식을 전해들은 제네바 대사 투레티니는, 모금 운동을 기대했었다 보니 당연히 약간 실망을 했었지만, 자신이 임무를 완수했다고는 생각할 수 없다고 보았다. 그리고 투레티니는 약속한 액수의 지불이 어떻게 되는지 경과를 살피기 위해서 그곳에 남아있었다. 제네바 공화국에 보내는 그의 편지에서, 투레티니는 오메렌씨를 크게 칭찬했다. 제네바 최고통치자들이 다음과 같은 감사의 편지를 그에게 쓰는 것이 합당하다고 믿을 정도로 말이다.

> 오메렌씨 귀하, 우리는 우리 시를 대표하여 네덜란드 귀족들에게 파견된 투레티니를 통해, 제네바를 향한 당신의 보살핌이 계속되고 있다는 사실을 알게 되어서 기쁩니다. 우리는 당신에게 특별한 사례를 하지 않을 수 없었고, 또 당신에게 우리가 가진 좋은 감정을 확신할 수 있었습니다. 우리를 위해 당신께서 현재 해주고 계신 중재를 통하여 우리가 당신의 호의적인 배려를 받고 있음을 확신하고 있으니, 당신의 일들에 대한 우리의 도리를 더 잘 감당하기 위하여 회동을 하는 것이야말로 우리에게 행복한 시도가 될 것입니다.

투레티니는 제네바 위정자들과 서신을 주고받으면서, 모금운동이라는 아이디어는 거절당했다는 결론에 도달했다. 그러면서도 그는 어떻게든 후원금액을 늘려보려고 계속해서 줄기차게 노력하였다. 그는 연방정부 위원회의원 양반들과 함께 하면서 그 때 나온 세부사항들로부터 받은 느낌을 굳게 믿고 있는 것으로 보였다. 위원회의원들은 6월27일에 보고서를 발표했고, 국회는 그 다음날 심의에 들어갔다. 네덜란드 헬더란트(Gueldre) 지방은 75,000플로린으로 후원금을 상향조정하였고, 각 지방들 대다수가 그것을 대번에 받아들였다. 유일한 예외는 이전에 모금운동에 장애물이 되었던 홀란드 지방이었는데, 그들도 금세 양보하였다.

이 모든 물밑작업들은 조금씩만 진전되었다. 그러나 투레티니는 이 임무를 강렬한 열정으로 받아들인 것이었고, 이 임무에 필요한 시간을 모두 바치겠다고 했었으므로, 이 지체됨이 투레티니의 사기를 저하시키지는 않았다. 제네바 최고 통치자들은 이 임무의 어려움을 익히 알고 있었고, 대표 사절 투레티니가 증거하는 그 미묘함과 인내에 대해서도 알고 있어서, 그의 용기를 북돋아주고 그에 대한 존경심을 나타내주는 편지를 자주 많이 써서 보내곤 하였다. 그들은 다음과 같이 쓴다.

> 우리들은 당신이 이번달 21일자로 보낸 편지를 받았습니다.[6] 그리고 우리는 당신의 인격으로 우리 나라에 끼쳤던 영예에 대해서 알게 되어 특별한 만족을 느꼈습니다. 우리들은 당신의 운영방식과 좋은 품행에 대해서 전적으로 인정하는 바이며, 당신의 지침을 바꿀 것도 전혀 없고, 당신의 행복한 인내가 면류관처럼 되어 우리가 보지 못하나 바라고 있는 그 성공에 도달하도록 할 것임을 확신합니다.

---

**6**    로렁(Laurens)이 서명한 최고통치자들의 편지, 1661년 6월 25일자.

그런데도 만약, 당신이 그 일을 계속해서 이어가려고 하는 것이 불가능함을 발견한다면, 우리는 이 모든 일을 행하는데에 있어서 가장 좋은 길을 발견하려는 당신의 용의주도함을 존중하겠으며, 우리 네덜란드 친구들의 좋은 의견들에 힘입어, 이 모든 일을 맡고 있는 바로 당신의 중재와 인격에, 하나님의 복이 있기를 기도합니다. 그리고 그의 선함이 거룩한 보호자로 항상 당신을 붙들며 우리에게 직행하도록 행복하게 이끌어주시기를 기도합니다.

06

# 사명완수 및 투레티니의 귀향
Fin de la mission; retour de Turrettini

*Vie de François Turrettini*

## 제 6 장
## 사명완수 및 투레티니의 귀향

제네바에 최대 7만5천 플로린을 주기로 투표한 것은, 네덜란드 각 지방들이 그것을 승인해야 효력이 발생하는 그런 예비적인 해결책에 지나지 않았다. 그래서 국회는 이 목적을 염두에 두고 그들 각자에게 청원서를 보냈다.[1]

그 일이 일어나고 있을 동안,[2] 홀란드 국회 비서관의 충고에 따라 투레티니는 네덜란드의 여러 도시들을 두루 다니며 자기 일을 부탁하기로 마음을 먹

---

1    헤이어, 『네덜란드에 파견된 두 명의 제네바 특사』, 책 부록 10번, 73쪽에 있는 이 부분 관련된 글을 보라. 그 부분은 7월 8일자로 되어있다.

2    제네바 고문서 도서관 역사 서류철 관련부분 상자번호 3397번을 보라(1661-1662년 5월 3일부터 2월 1일까지). 거기에는 42개의 관련 작품이 다음과 같은 제하에 들어있다: 플랭팔래(Plainpalais) 옆에 새로운 성벽을 건축하기 위해 허락된 보조금을 얻기 위해 홀란드국에 파송된 프랑수아 투레티니 교수의 사명에 관련한 보고서와 편지들(*Rapports et Lettres*).

었다. 그는 이 지방의 도시들부터 다니기 시작했다. 델프트(Delft), 로테르담(Rotterdam), 도르트(Dordrecht), 요르가우(Jorgau), 레이든(Leyden)에 들린 후, 그는 암스테르담에 도착하였다. 그곳에서 그는 7월5일에 시의회의원들(bourgmestres)을 접견하였다. 암스테르담은 다른 도시에 비해서 더 많은 분담금을 지급했고 그 때문에 의사결정 과정에서 보다 많은 영향력을 행사하고 있었으므로, 투레티니는 그들의 계획이 성공할 수 있도록 일 해달라는 부탁을 담은 제네바 당국자들의 편지를 백지서명 편지에 덧붙여서 그들에게 주어야 한다고 믿었다. 의장 스캅(Scaap)씨는, 이 일에 대해서 말하는 것을 이미 들었다고 대답하면서, 네덜란드인들이 제네바인들에 대해 가졌던 긍정적인 의견이 존재한다는 사실을 제네바 사람들이 헛짚은 것이 아니며, 그들 네덜란드인들이 항상 제네바를 특히 종교적으로도 중요한 마을로 인식하고 있었으며, 또 네덜란드의 국력을 유지하는데에 제네바가 기여했다고 생각한다면서, 자신이 투레티니가 대변하는 대의명분을 지지해달라고 대표단들에게 명령하면서 그들이 의회로부터 들은 보조금 문제를 가급적 최대한 호의적으로 상정해보겠다고 답변하였다. 투레티니는 같은 날 북부 홀란드를 향하여 출발했다. 호른(Horn)에 도착하여 저녁을 먹었는데, 마침 모임이 있어서 모여있었던 시의원 나리들을 접견하여 식사대접을 받았다. 그 후에는 알크마르(Alcmar)에 갔다가 거기서 암스테르담으로 돌아오는 여정을 소화했다. 그리고 투레티니는 7월10일 주일에 알스텔담에서 설교를 했다. 그는 거기에서 다음 사실을 알게 되었다. 국회는 그 용어들이 매우 강한 표현으로 되어있음을 발견했지만 또 그것이 일종의 동맹국 특히 프랑스에게 충격을 주지 않을 것이라고 이해했기 때문에, 청원서에 대해 일종의 "흥미"를 가지게 되었다는 사실을 말이다. 하지만 그 단체들을 대표한 이 청원서는, 약간의 수정을 거쳐 9일에 이미 각 지방으로 송부되었다. 7월11일에 헤이그로 돌아와서야 투레티니는 이 주제에 대한 의회의 편지와 함께 청원서를 보게 되었는데, 그 편지도 오메렌씨가 그에게 보내주어서 볼 수 있었다.

14일에 투레티니는 다시금 플랑드르 대회가 소집된 호르컴(Gorcum)을 향하여 떠났다. 거기서 그는 의장 헤이다누스(Heidanus)를 만나서 그에게 제네바 목사회의 편지를 전달하면서 그의 국회 출석 일정에 대해서 물었다. 헤이다누스는 투레티니가 저녁에 네덜란드국 위원회의원 한 명과 만나도록 주선해주겠다고 약속했다. 그 다음날 헤이다누스는 투레티니가 모임에 나타날 필요는 없다면서, 투레티니의 일은 헤이그의 형제들이 맡아서 호의적으로 처리해줄 것이라고 귀띔해주었다.

투레티니와 만난 그 위원회의원은, 국회의원 나리들이 그것에 대해서 알면 안 되기 때문에 투레티니가 그 편지를 대회의 의사록에 끼워넣어서는 안 된다고까지 말을 해줬다. 이와 같은 상황에서, 특사 투레티니는 최선의 방법은 뒤로 물러나서 투른하우트(Turnhout)에서 브라반트(Brabant)로 가는 경로를 택하는 것이라고 생각했다. 거기서 그는 도나(Dhona) 백작을 만나서 환대를 받았다. 그리고 그는 오란녜 왕손들의 측근들로부터 주일 저녁에 설교를 해달라는 부탁을 받았다. 그 후에 어떤 사람이 그를 그 집안 귀부인에게 소개했다. 이 귀부인은 그에게 제네바가 항상 오란녜 가문을 사랑하고 그 집안을 위해 기도해왔음을 알고 있으며, 서로 간에 상호교류가 이어질 수 있음을 확신한다고 했다. 그리고 그녀는 그녀대로, 이와 같은 환경에서 그녀가 할 수 있는 모든 것을 하겠다고 약속했다. 이어서 투레티니는 나사우의 공주들과 선제후 부인과[3] 그 이외 다른 모든 공주들을 만났다.

투른하우트에서 투레티니는 브레다(Bréda)로 돌아왔고, 그 후에 로테르담(Rotterdam)을 갔다가, 델프트(Delft)를 재방문하고, 마지막에 헤이그로 왔다. 마을 대표단이 도착했고 국회가 열린다는 것을 알고서, 투레티니는 그들 모두를 만나서 그들에게 그 대의명분을 다시금 내세우기 위하여 노력하였다. 비서관이 그에게 중요한 순간에 도움을 주기로 약속했으나, 그 날 다른 일정들이 매우 많아서 그 일들을 먼저 처리한 후 8월2일이 되어서야 투레티니의 차례가 돌아오게 되었다. 그 일은 생각만큼 쉬운 일은 아니었는데, 왜냐하면 두서너 개의 도시들이 전체 의견에 반기를 들기도 했고, 3만 혹은 5만 프랑 이상은 주기로 동의할 수 없다고도 말했기 때문이었다. 투레티니는 이처럼 고집불통인 소도시의 이름을 알자마자 그곳에 직접 가서 그들을 설득하려고 하였는데, 그 중 북홀란드 메뎀블리크(Medonblick)과 무니히에담(Munichedam)은 투레티니의 의견을 수용했고, 로테르담은 끝까지 고집을 부렸다. 특사 투레티니는 로테르담을 갈 수 밖에 없었고, 결국 요구한 금액에 대해서 로테르담이 다른 도시처럼 동의해주는 것으로 결론지었다. 투레티니는 헤이그로 돌아와서는, 결의된 사안이 중앙 정부에게 보다 빨리 소개되도록 해달라고 비서관에게 간청했고, 다른 지방의 대표들에게도 그의 보고서가 제출되도록 하였다. 8월22일에 그 일은 다시 국회에 회부

---

[3] 역자주: 루이 앙리에트 반 나사우(Louise Henriette van Nassau, 1627-1667)를 가리키는 것으로 보인다. 그녀는 네덜란드 독립의 아버지 빌렘1세의 손녀이며, 그녀의 남편은 브란덴부르그(Brandenburg)의 선제후였던 프리드리히 빌헬름(Friedrich Wilhelm, 1620-1688)이었다

되었고, 그곳에서 흐로닝엔과 헬더란드와 우트레흐트의 동의서를 기다리게 되었는데, 그것은 약간 늦게 도착했다.

12월 중순 무렵에야 모든 지방의 자금들이 준비되어 받을 사람의 손에 겨우 지급되었다. 그래서 12월 25일에 투레티니는 제네바 시민회로부터 네덜란드 정부관료에게 전달할 통지서를 받았고, 그 관료가 투레티니에게 홀란드돈으로 총액 75,000플로린을 전달했다. 그것을 받자마자 투레티니는 그 돈을 암스테르담 은행에 예치했고, 그 중에서 제네바는 7만 플로린을 즉시 출금하고 그 나머지는 투레티니가 여행경비로 쓰라고 남겨두었다. 1월4일에 연방정부에게서 휴가를 내도 좋다는 허락을 받고서, 투레티니는 다음과 같이 감사를 표시하였다.

제네바는 단지 오늘 뿐만 아니라 이전에도 당신의 고관대작들이 제네바를 위하여 가진 진실한 애정을 알고 있었습니다. 오래전부터 제네바는 고관대작들의 우정의 실제적인 증거를 소유하고 있었지만, 그래도 당신의 고관대작들이 제네바에 방금 새롭게 준 증거, 즉 고관대작들이 제네바에 자원하여 표명한 이 증거로 인하여, 이제 제네바가 감당해야 할 의무들이 증가 되었으며 제네바가 끼쳐야 할 이득 역시도 증가되었습니다. 당신의 고관대작들은 제네바의 근심과 필요에 대해서 좀 더 일찍 듣지는 못하였으나, 그들은 제네바를 위로하기 위한 열린 손과 열린 마음을 가지고 있었습니다. 옛날에는 노블레스 오블리주(évergètes)[4]라는 이름을 붙여주었지만, 저는 방백 여러분들을 자선가라고 부르고 싶습니다. 왜냐하

---

**4** 역자주: 이 말은 본래 그리스 로마 문화권에서, 지체높은 귀족이 나라에 필요한 자금을 희사하는 것을 가리키는데, 우리나라에는 노블레스 오블리주라는 용어가 통용되고 있으므로 번역어를 바꾸었다.

면 그들은 기꺼이 자원했기 때문입니다. 그래서 다음과 같이 말할 수 있습니다. 만약 당신의 고관대작들이 자선가라는 명칭으로 불리우지 않더라도, 실제적으로 당신들은 이미 참 자선가이며 자선가로서의 영향력을 가지고 있다고 할 수 있습니다. 왜냐하면 자주 자선을 베풀기를 기뻐하기에….

투레티니는 의장으로부터 답장을 받았는데, 그 답장은 공손함과 상냥함, 그리고 제네바를 위한 서원으로 가득차 있었다. 비록 투레티니가 고향으로 무사귀환하기를 바라는 마음은 뒷전이었지만 말이다. 특사 투레티니는 헤이그에서 많은 방문을 한 후에, 열한 달 반에 이르는 그의 네덜란드 체류 기간 동안에 그를 맞아주거나 혹은 그에게 와달라고 해주었던 많은 사람들로부터 쉼을 얻기 위하여, 네덜란드와 그 외 마을들로 가는 것은 멈추고 파리로 가는 길을 택했다.

홀란드에서 체류하는 동안, 프랑수아 투레티니는 이미 우리가 앞에서 확인했듯이, 제네바로부터 여러 의견과 격려들을 받는 것을 멈추지 않았다. 예를 들면, 한여름에 제네바 최고 지도자 갈라탱(Gallatin)은 투레티니에게 다음과 같이 편지를 썼다.[5]

… 이 달 5일에 영예롭게도 나는 당신의 평판에 관하여 당신이 써준 편지를 받았습니다. 당신이 이전에 우리 위정자들에게 써준 것을 통해서, 나는 이미 통상적인 것들은 다 확인했습니다. 또한 당신이 협상을 성공적으로 해내기 위하여 정성과 부지런함으로 그 일에 임했다는 것도 확인했습니다. 그래서 나는 그 일의 열매가

---

**5**  제네바로부터, 1661년 7월 2-11일.

이미 맺어져가고 있음을 봅니다. 당신이 거기에 쏟는 열정은, 마치 태양이 네덜란드를 금빛으로 물들이는 것만큼이나 뜨겁게 느껴지는데, 왜냐하면 우리 특사단이 이미 매우 행복한 일에 착수하였기 때문입니다. 나는 당신의 손으로 취급되고 운영되는 이 일이, 우리 위정자들을 충분히 만족시킬 것임을 믿어 의심치 않았습니다. 그리고 당신은 우리가 감히 바라던 것만큼이나 신속하고 재주있게 임하여 앞으로 일어날 일이 똑같은 성격으로 그 원칙에 맞게 전개되도록 행하였으니, 당신이 서막을 알린 이 일이야말로 매우 굉장한 것이었습니다. 당신이 파리에서 사라생씨에게 편지를 썼는데, 바로 그 사라생씨가 당신의 편지들을 네덜란드 고관대작들을 대변하는 대사양반들에게 보여줬습니다. 그리고 그들 중 한 사람인 보렐씨가 그에게, 이미 그가 특정 친구로부터 네덜란드 고관대작이 제네바를 위해 상당한 금액을 책정해놓았다는 사실을 쪽지로 통지해주었습니다. 내가 오히려 당신보다도 더 간절히, 의원나리들에게 우리의 계획, 즉 우리가 꼭 필요해서 착수하지 않으면 안되는 공사를 할 계획을 나타내기를 원했습니다. 그러나 아직은 우리가 당신에게 보내는 적지 않다고 알려진 이 금액이 얼마가 될지 확신할 수는 없지만, 이 돈은 성벽으로 덮여있는 세 개의 보루를 건축하는 일에 쓰일 것이며, 모노아(Monoye) 연안에 있는 다른 반쪽 보루는 차치하더라도, 정말 반쪽뿐인 보루로 되어있는 그 팽(Pin)에 있는 보루를 증축하는데 쓰일 것입니다. 도시 전체가 이런 식으로 성벽을 쌓아야 하는데, 그런 식으로 요새화를 한다는 것은 요원한 일입니다. 팽의 그 나머지 보루들은 며칠 안에 완성될 것이며, 그것들이 완성되기만 하면 다시는 새로이 보수하지 않을 것입니다. 나는 당신이 나에게 보낸 편지들을 시의회에 보여줬는데, 그 편지들은 당신이 지금까지 행했던 모든 절차를 확인하고 칭찬하는 것과 또한 홀란드의 모든 도시들을 돌아다니려고 생각했던 것들에 관하여 말하는 것으로 가득합니다. 우리 보조금으로 약정된 것들에 대해, 우리는 이미 높이 평가하고 있지만, 그러면서도 또한 우리 제네바 공화국을 향한 네덜란드 귀족들의 선한 의지의 나타남이라는 대단한 상태가 된 이 경우야말로, 일을 진행하는데에 있어서 큰 촉매제 역할을 했고, 우리로 하여금 부족한 혹은 절박한 상황 속에서도 우리로 하여금 상당한 구원을 받을 것이 틀림없다는 소문을 들려주게 되었으니, 당신의 사역 위에 축복을 계속해달라고 하나님께 기도합니다. 나는 매우 기꺼이 그리고 큰 마음으로 내가 할 수 있는 일을 구체적으로 할 것이며, 또 하나님을 기쁘시게 하는 임무에 관련된 모든 것을 할 것입니다. 하나님을 기쁘시게 하는 일이야말로, 당신의 임무를 완수하기 위하여 꼭 붙들어야 할 일입니다.

투레티니가 제네바로 돌아와서 활동한 것을 추적하기 전에, 그리고 홀란드에서 체류한 이야기를 여기서 끝내기 이전에, 우리는 다음과 같은 사실을 덧붙여야만 한다. 그것은 바로, 그의 모든 협상 과정 중에 투레티니는 그가 받았던 지침에 집중하며 그가 책임져야만 했던 그 직무에 몸과 마음을 다 바쳤다는 사실이다.

알려진 바에 의하면, 그리고 우리가 시의회 회의록에서 읽기로는,[6] 네덜란드 특사 투레티니는 바젤에서 제네바 최고지도자를 역임했던 귀족 앙드레 픽테(André Pictet)에게 편지를 써서, 투레티니 자신이 위에 언급된 장소에서 믿을만한 소식통에 의해서 다음 내용을 알게 되었다는 언질을 주었다. 그 내용은 다름이 아니라, 취리히 양반들이 바젤에서 편지를 써서, 특사 투레티니가 개신교 지역의 일들을 그리고 또한 피에몬트 골짜기 형제들의 일들을 홀란드에 알리는 임무 역시도 맡아줬으면 한다는 그들의 바램을 증거하였다는 사실이었다. 결국 앞

---

**6**    1661년 5월 13일 월요일 회의

에 언급한 귀족 픽테는 투레티니에게 답장을 보내어, 이미 제네바의 일을 맡았기 때문에 제네바의 협상일과 관계없는 그 어떤 일에도 관계하지 말라는 의견을 주었다.[7] 그리고 예견되는 어려움을 피해야 한다는 그 상당히 명백한 이유 때문에 그것을 맡지 않는 것이 좋겠다고 하였다. 결국 픽테는 제네바의 의도와 상반되게 투레티니에게 이 언급된 주제에 관하여 동떨어진 충고를 하느니, 차라리 위의 사안들을 심사숙고하여 조언을 제시하지 않고 속에 담아두겠다는 결론에 도달한 것이다.

투레티니는 우리가 언급했듯이 파리를 경유하여 제네바로 돌아갔다. 투레티니는 제네바에서 최고통치자로부터 받은 일정에 따라 네덜란드 연방정부의 대사들을 접견하고, 네덜란드 위정자들이 제네바 공화국에게 보조금을 보내주기로 허락해준 것에 대해서 감사를 표했다. 투레티니는 또한 최고통치자를 역임했고 프랑스 왕궁 근교 대사관으로 부임한 뤼랭(Lullin)을 그곳에서 만난 것에 대해서도 행복해했다.

투레티니는 집으로 돌아가기 위하여 3월중에 파리를 떠났다. 1662년 4월 14일 월요일에 투레티니는 그의 임무에 대하여 시의회에 보고서를 제출하였다. 동일한 회기 때에, 특사로서의 마땅한 품행의 좋은 증거를 보이면서, 투레티니는 최고통치자들에게 홀란드의 왕자들과 권세자들에 관하여 보고하는 편지를 전해주었다. 5월 13일 화요일, 여행경비가 증빙 처리되었고, 정식으로 증서가 발급되었다. 사례비로 그에게 300에퀴가 수여되었고, 그래서 또 네덜란드로부터도

---

[7] 투레티니는 발도파에게, 그가 네덜란드 연방정부와 매우 자연스럽게 회담할 방법을 찾았다고 알려주었다.

아름다운 금목걸이와 1000플로린의 가치가 있는 명예 훈장을 받았다.

투레티니가 홀란드에서 최고통치자들의 주소로 보냈던 편지들 중에서는 (즉, 홀란드 중앙 정부의 대사 소환장과 서프리슬란드[West Frise] 자치정부의 대사 소환장과 그 외 모든 다른 나라들의 대사 소환장), 나사우공의 편지도 있었는데, 그는 프리슬란드의 통치자요 군통수권자였다. 그리고 클래르베르그(Claerbergue)의 베즐랭(Végelin)씨의 특별한 편지가 동봉되어 있었는데, 그 편지는 아주 친절한 말로 쓰여있었다. 특사 투레티니가 그의 임무에 대해 공적인 찬사를 얼마나 받았는지는 차치하더라도, 그의 인격에 대한 존중의 표시를 얼마나 많이 받았는지를 보여주기 위해서 우리는 다음 부분을 인용하겠다. 베즐랭씨는 투레티니에게 다음과 같이 말했다.

"나의 신병과 그 외 다른 일로 인해, 내가 떠나기 전에 겸손한 섬김을 당신에게 제공할 수 없음을 유감스럽게 생각합니다. 간청하건대 당신이 판단하기에 내가 무엇인가 배후에서 도움이 될 수 있다고 생각한다면, 나에게 부탁하십시오. 그의 고관대작이요 이 지방의 통치자이며 군 통수권자인 나사우 대공이 당신을 환영하는 일을 나에게 맡겼고, 또 지난 여름에 제네바 위정자들이 보냈던 편지에 답장으로서 밀봉한 편지를 당신에게 전달하라고 나에게 맡겼습니다. 만일 당신께서 떠나시기 전 수고스럽지만 일부러 이 지방을 보기를 원하신다면, 내가 언제까지나 당신의 겸손하고 순종적인 종이라는 것을 증명하고 싶기 때문에, 나는 당신에게 숙소를 제공해드리겠고 나의 직권으로 할 수 있는 모든 것을 당신에게 해드리겠습니다."[8]

---

8  이 편지는 1661년 12월 9일과 19일부로 프리슬란드(Frize) 소재 리바르드

홀란드 연방정부와 프리슬란드 정부의 편지들은, 투레티니가 보여준 신중함, 즉 이 일이 지속되면서 보여준 그의 현명한 행동을 증명할 뿐만 아니라, 투레티니가 이야기하듯이, 성도들의 연합 차원에서 참 개혁주의 신앙을 유지하고, "네덜란드와 당신의 제네바 공화국" 사이에 과거와 현재를 통틀어 존재해온 서로 간의 선하고 긴밀한 조화를 유지하겠다는 제네바를 향한 네덜란드의 선한 의지 지속에 대한 약속들에 대하여 만족을 표명하고 있다. 그럼에도 불구하고, 홀란드의 재정 개입이라는 이 강력한 참여는, 네덜란드가 치루어내야만 하는 연이은 전쟁으로 인해 여전히 부담스러운 것으로 보였다.

그렇게 프랑수아 투레티니는 홀란드로부터 75,000플로린을 얻어냈다. 1622년 제네바 공화국은 네덜란드로부터 30,000리브르의 보조금을 받았다.[9] 이것을 15세기 돈으로 환산하면 47,170플로린이었다. 만일 16세기 증여금을 거기에 덧붙이고, 프랑스 프랑으로 그것을 환전한 후에 받은 모든 금액을 계산해보면, 제네바가 네덜란드로부터 수령한 구호금 총액은 1,249,570프랑에 달한다.

프랑수아 투레티니가 얻어온 돈은, 요새화 축성 비용으로 충분한 금액이었다. 오란녜공 휘하에 있는 홀란드 건축기사가 론(Rhône) 강에서부터 생-레제르길(Saint-Léger) 사이까지 왕립 대형 보루 4개를 성벽[10]과 아울러 설계했다. 이 공사는 10년이 넘게 지속되었다. 론 강 옆에 세워진 첫번째 보루는, 관대한 기부자

---

(Livaerde)에서 발송되었다.

**9** 역자주: 리브르는 프랑스 화폐 단위로서, 프랑스에서는 영국 화폐에서의 파운드와 동일한 위치를 가지고 있다.

**10** 역자주: 저명한 프랑스어 사전인 로베르 사전에 따르면, 성곽 본체의 성문과 망루 사이 성벽을 뜻한다.

들을 기념하여 홀란드 보루라고 명명되어야만 했다. 그래서 네덜란드가 희사한 보조금의 기억을 영속화하기 위하여 다음과 같은 라틴어 명문을 붙이기로 공포하였다. 그 라틴어 명문은 다음과 같다.

> 나를 대적하는 자들을 대적하여
> 지극히 숭고한 관대함을 보여준
> 네덜란드 당국의 명령에 따라, 1663[11]

그러나 홀란드를 향한 제네바의 감사의 마음은, 무엇보다도 각 시민들의 마음속에 기록되었다. 이 감사는, 프랑수아 투레티니가 1662년 1월 4일에 네덜란드 연방정부에 보낸 담화문 속에 매우 유려하게 표현되어 있다. 투레티니는 다음과 같이 말한다.

> 제네바는 혜택을 베풀어주신 당신들 고관대작들에게 아무것도 드릴 것이 없음이 사실입니다. 제네바는 성채도 없고, 땅도 없고, 보상으로 당신들에게 제공할 수 있는 혜택도 없습니다. 다만 당신들께 표현할 전 국민의 마음 뿐입니다. 당신들이 보여주신 호의를 결코 잊지 않겠다고 다짐하며 감사로 가득찬 마음 뿐입니다.

사실 끝임없는 사보이의 공격을 두려워하여 제네바는 스스로 무장을 갖출 수

---

**11** "OPPUGNA OPPUGNANTES ME / EX MUNIFICENTIA CELCISSIMORUM / ORDINUM FOEDERATI BELGII 1663" 성채가 무너진 이후에 옛 성곽 자리에 새로 세워진 구획에서 홀란드 거리라고 불리우는 곳은, 현재 거주민들에게 네덜란드의 후한 인심을 상기시켜쥬다

밖에 없었다. 그러나 홀란드의 관대한 도움과 선행 덕분에, 거기에 더하여 시민들의 경쟁심과 헌신 덕분에 정부가 마을에 세워주게 된 보통 성벽만으로는, 주민 대부분이 보기에, 적을 확실하게 물리칠 수 있으리라는 보장이 없었다. 지나간 과거의 위험으로부터 기이하게 보호되고 여러 공격으로부터 기적적으로 구출된 제네바 공화국은, 제네바를 수호하는 사람들의 용기에 힘입은 면도 있으나 궁극적으로는 구원이 위로부터 온다는 것을 배우게 되었다. 그래서 시편 기자처럼, 신앙심이 투철했던 제네바 선조들은 다음과 같이 고백할 수 있었다. "전쟁을 위해 말을 준비하는데, 구원은 영존하시는 분으로부터 온다."[12] 옛날 제네바를 유지하고 활성화시킨 그러한 정신은, 법률가 렉트(Lect, 1558-1611)가 사보이의 사닥다리 기습 공격을 당한 조국 제네바의 절체절명의 위기에 대하여 알리라고 파견되어 간 베른(Berne)에서 발표했던 이 아름다운 말과 일맥상통한다. 제네바 공화국의 기적적인 구원에 대하여 이야기하면서 그는 다음과 같이 쓴다.

> 비로소 오늘날 우리는 고백하게 됩니다. 우리가 항상 잘 역경을 극복해왔다고는 하지만, 전지전능하신 하나님의 팔이 우리에게 비범하고 기적적인 은총을 베풀어 적들로 하여금 큰 공포와 혼란에 빠지게 하지 않았더라면, 불쌍한 제네바는 끝장이 나고야 말았을 것이라고요. 이 큰 구원을 베푸신 하나님께만 영광이 있을 것이요, 우리 후손들도 그가 나타내신 기적을 영원토록 기억할 것입니다.

바로 이것이야말로, 이 위기의 때를 겪은 후로 백성들에게 함양시켜줘야하는

---

**12** 역자주: 잠언 21:31의 옛날 표현.

정서라고 하겠다. "전쟁에 능하신 주님"을 인정하는 것이야말로 시대를 초월하는 일이기에, 현대 제네바도 그것을 기억하고 있는 것이다. 제네바가 그 사실을 잊어버리고 그것이 맞이할 수 있는 순경과 역경의 원인을 하나님 아닌 다른 곳에서 찾는다면, 우리는 제네바에게 스퐁(Spon)이 했던 다음과 같은 말을 해주고 싶다. 하나님께서는 크고 작은 나라에 다음과 같은 사실을 알게 하고자 흔히 운명적인 사건을 허락하신다. 그것은 바로 "나라들의 존속이나 상실을 좌우하는 것은 그들의 힘도 아니요 그들의 약함도 아니다. 그들은 하나님의 손 안에 있으며, 그들의 행복과 불행은 오직 그분으로부터만 온다."[13]

우리가 다음 장에서 특별히 살펴보게 될 것이지만, 1662년부터 1666년 사이에 프랑수아 투레티니는 외국 땅에서의 가장 영예로운 제의도 거절하면서 그의 학술적인 소명과 교회 사역만 충실하게 감당하는 것을 보게 될 것이다. 1668년에 투레티니는 트롱생(Tronchin) 교수 후임으로 생애 두 번째 제네바의 학장으로 임명되었다.

제네바 목사회 회의록에 따르면, 이 선거에 있어서 절대 다수의 지지를 얻었던 인물은 칼랑드리니(Calandrini)씨였으나, 그가 고사하였다.

> 여러 사람들이 그 후로 내정되었으나, 그들이 변명을 했고, 그 변명이 받아들여진 나머지 입장이 난처해진 목사회는, 그러한 변명에도 불구하고 표결에 부쳐서 경쟁자들 중 한 사람을 선택하자고 결의하였다. 이러한 방법이 채택되면서, 결국 다수표가 우리 형제 투레티니에게 주어지다보니, 반대를 무릅쓰고 선거를 강행한

---

[13] 제네바의 역사

것처럼 되어 약간의 분쟁을 감내할 수 밖에 없었지만, 그 직무는 투레티니를 위해 예비되었고 바로 그 사실이 시의회 의장에 의하여 절차대로 시의회 나리들에게 공포되었다. 이렇게 함으로써, 투레티니는 시의회의 인준을 받았고 심지어 선서까지 마쳤다.

일주일이 지난 후에, 투레티니는 목사회에게 다음과 같이 선포하였다.

시의회 앞에서 선서한 이상, 목사들의 모임에 순종할 것이며, 가능한한 최선을 다하여 그 직무를 수행함으로써 보답하려고 노력하겠습니다. 크고 작은 학교가 잘 인도되도록 부지런히 살필 것이고, 일반적으로는 목사회, 더 구체적으로는 교수들이 만족할 만큼 일을 잘 하도록 기도하면서 직무를 감당하겠습니다. 하지만 어떤 사건이 있어서 약속과 달리 재임 기간동안 그 업무를 수행하지 못한다면, 저를 파면하시라고 요청하는 바입니다."

그리고 그 일이 실제로 일어났다. 칼랑드리니씨가 리옹 교회로 몇 달간 임대되기로 하고 출발한지 약 1년 후에,[14] 이탈리아 이민 교회 일에 파묻혀 살다보니, 투레티니는 학장 자리에서 사퇴할 수 밖에 없게 되었다. 그래도 나리들은 그의 사표를 반려하고, 그가 학장 지위에서 물러나는 시기를 승진 이후까지로 늦추라고 결의하였고, 그 결정을 투레티니가 따랐기 때문에 감사하였다. 하지만 이 유예기간은 기약없이 길어질 것처럼 보였는데, 왜냐하면 1670년 2월 11일자 목사회 회의록을 보면 우리가 다음과 같은 사실을 읽을 수 있기 때문이다. "목사회가

---

**14** 1669년 3월 26일.

학장을 뽑기 위해서 소집되었는데, 사임을 요구한 우리 형제 투레티니씨가 찬사를 받아도 좋을만큼 일을 성심성의껏 잘 해냈기에 그의 노고에 감사해야 한다는 쪽으로 의견이 일치되지 않을 수 없었다."

  우리의 목사요 교수인 투레티니는 그가 제네바 교회와 아카데미에서 해낸 모든 섬김 가운데에서도, 당시 그가 귀하게 후원하고 있었던 이탈리아 회중을 잊지 않았다. 이 책 다른 곳에서도 언급하겠지만, 투레티니 가문은 외국인 양떼들을 위하는 삶을 살았다. 베네딕은 1612년에 그들의 목양자가 되었고, 미셸(Michel)은 1675년에 그들의 목사가 되었고, 쟝 알퐁스(Jean-Alphonse)는 1694년부터 그 교회당에서 설교해야만 했다. 조금 후인 1719년에는 사무엘(Samuel)이 그 자리를 차지했고 1745년에는 베네딕이 그렇게 했다. 이 이탈리아 이민교회는 우리가 이 책 앞부분에서 다루었던 기억이 있는 우리 신학자 주인공의 할아버지요 루카에서 온 바로 그 부유한 이민자, 프랑수아 투레티니 때에도 이미 있었던 그 이탈리아 이민교회와 동일한 곳이었다.

# 07

## 홀란드에서 부름 받은 프랑수아 투레티니
Appels de François Turrettini en Hollande

*Vie de François Turrettini*

제 7 장
# 홀란드에서 부름 받은 프랑수아 투레티니

프랑수아 투레티니는 해외에서 돌아와서, 헤이그(La Haye) 프랑스어권 교회의 목사직 청빙을 수락해달라는 요청을 받았다. 1662년 3월 4일 화요일 목사회 회의록에서, 우리는 다음과 같은 것을 읽을 수 있다.

그 날 오후 3시에 모였던 여러명의 형제들은, 홀란드 의회의원들의 편지와 함께, 1662년 1월 12일자에 헤이그에서 발송된 서프리슬란드 의회의원들의 편지도 읽었다. 그 편지들에 따르면, 투레티니가 제네바 공화국 업무로 홀란드에 체류하는 김에, 사임한 쟝 블롱델(Jean Blondel)씨의 후임으로 헤이그의 프랑스 교회 목사직을 수락해달라는 간청을 받았다고 한다. 그리고 제네바 목사회 역시도 이 요구에 동의달라는 간청을 받았다. 1662년 2월 15일에는, 투레티니가 한 차례 설교를 했었던 헤이그의 프랑스어권 교회 목사와 장로들에게도 같은 요청이 들어왔다."

같은해 2월 1일 수요일자로 네덜란드 연방정부에 의해서 결의된 사안을 보면, 투레티니 이전에 헤이그 교회에서 시무하던 쟝 블롱델이 아르미니우스주의자라는 선고를 받아서 교회를 사임할 수 밖에 없었다는 사실을 알 수 있다.

투레티니는 헤이그 교회에서 청빙이 들어올 무렵, 그의 홀란드 특사 업무를 마치고 복귀하던 차에 파리에 머물고 있었다. 그는 이 청빙을 거부하기로 결정하고는, 그의 제네바에 대한 애향심을 확인시켜주기 위하여 제네바 목사회에 편지를 써서 알리기를, 자신은 제네바 외에는 다른 곳에서 일할 의지가 없으며, 항상 조국을 위하여 섬기려는 정서를 잃어버릴 수 없다고 말했다.

제네바 목사회와 의회는, 투레티니의 청빙 거절에 찬성하면서, 최종 답변을 위해 투레티니가 돌아오기만을 기다리겠다고 결의하였다.

4월 22일자로 우리의 투레티니 목사는 철필을 들어서 헤이그 교회 지도자들에게 다음과 같은 편지를 보냈다.

> 신사 여러분, 제가 만약 그 마을에 있었더라면, 저는 틀림없이 당신들께서 영광스럽게도 저에게 써주신 그 편지에 즉시로 답했을 것입니다. 그러나 제가 조금 후에 돌아가는 것이 아니고, 원래 생각했던 것보다 오랫동안 파리에 머물어야 했기에, 이 직무를 이행하는 것이 더 늦어질 수도 있겠습니다. 저는 당신들께서 제게 그러한 영광을 허락해주심과, 당신들이 계속해서 반복적으로 간청함으로써 보여주셨던 그 환대의 증거, 그리고 당신들이 이전에 기꺼이 나에게 그 소명을 받아들이도록 요청하는 것을 기쁘게 생각한 그 점이 얼마나 감사한지 말로 다할 수 없습니다. 저의 전심을 다해 편지에 답하는 것도 바라고 있지만, 동시에 당신들에게 최선을 다하여 섬길 수 밖에 없도록 하는 감사와 호감의 증거를 그것을 통해 나타내기를 또한 바라고 있습니다. 제가 당신들게 가기에는 너무 큰 난관이 있으

므로, 저 외에 다른 인물에게 눈을 돌려주시기를 간청합니다. 고국에서 여러가지 일을 봐야하기 때문에, 제가 멀리 떠나기는 어려운 실정입니다. 그러나 다른 공적인 일들이 연결된다면, 이런 저런 고려사항들이 문제가 되지는 않습니다. 저는 조국을 섬겨야 하는 입장에 있고 그리고 저의 사임에 동의해줄 수 없다고 증거하는 사람들도 있음을 참작해주십시오. 저는 제 양심에 상처를 주지 않고 또한 모든 선량한 사람들의 힐난을 유발하지 않으며, 하나님께서 저에게 주신 소명도 떠나지 않은채로 당신들의 바람을 만족시킬 수 있는 타협안을 찾는 일에 실패하였습니다. 그래서 신사 여러분들, 만약 하나님이 그렇게 하기를 원하셨다면, 그리고 하나님께서 당신들의 계획을 용이하게 하기 위해 필요한 서곡을 저에게 주기를 원하셨다면, 저는 아주 기꺼이 그것을 받아들였을 것이고, 당신들의 도시와 당신들의 발전하고 있는 교회에서 애정을 담아 저에게 제공했던 그 자리를 차지하기를 기뻐했을 것입니다. 그리고 예를 들어 저의 작은 재능이 헤이그 교회의 덕 세우는 일에 기여한다면 저는 기뻤을 것입니다. 그러나 하나님의 섭리가 다른 방향으로 흘렀고, 또한 나를 불렀던 그 자리에 머무르지 않으면 안 되었기 때문에, 저는 이 명령에 순종할 수 밖에 없습니다…

투레티니로 하여금 이 자리를 받아드리도록 하기 위하여, 헤이그는 투레티니의 구미를 당기게 할 만한 제안을 했는데, 즉 헤이그 교회가 탁월한 청중들과의 만남이 있는 곳임을 상기시켰던 것이다. 왜냐하면 헤이그는 네덜란드 연방정부 국회가 모이는 장소이고 그 외 다양한 자치정부 의회들이 모이는 장소였기 때문이다.

투레티니가 헤이그 교회의 청빙을 받았던 그 때에, 레이든 교회(프랑스어 회중) 역시도 레이든 교회에서 일하는 이 소명이 하나님의 영광과 그리스도의 신비한 몸을 세우는 일에 얼마나 정당하고 중요한 것인지를 설득하면서 비슷한 서곡을 울렸다. 레이든 교회의 공동의회 회원 47인은 한 마음 한 뜻으로 투레티니를 청빙하려고 했다. 투레티니 청빙에 44명이 찬성표를 던졌는데, 이렇게 많이 찬성한 것은 전례가 없는 일이었다.

레이든 프랑스어 회중은 투레티니에게 다음과 같은 편지를 썼다. "우리 교회에는 수천명의 영혼들이 있습니다. 그 중에는 가난한 사람들도 있고, 별볼일 없는 사람도 있지만, 어둠에서 이끌어내서 그의 빛에 들어가게 하신 분의 아름다운 덕을 선전하는 일에 아주 열심있는 사람들도 있습니다. 그래서 우리는 하나님께서 당신에게 맡겨주신 그 거룩한 사역을 사용하셔서 지금까지 사람들을 그분께 인도하시기를 기뻐하셨던 것처럼, 이 아름다운 빛의 작은 광채를 이미 간직하고는 있지만 아직 더 하나님께 이끌림을 받아야 할 그 외 수많은 사람들도 위하여서, 당신과 같은 탁월하고 신실한 목회자가 절대적으로 필요하다는 것을 말씀드리는 바입니다."

레이든의 프랑스어 회중은 대학교를 가지고 있었다. 이 학교에서 우리 투레티니 교수는 히브리어와 신학 전반에 걸친 그의 풍부한 학식을 자랑할 기회가 주어질 것이었다. 그러나 투레티니는 홀란드 대표단이 제네바까지 와서 청빙을 했음에도 불구하고 이 성공의 길을 두 번씩이나 거절하였다.

레이든 교회는 세 번째로 청빙을 시도하면서 2월말에 그에 대한 칭송으로 가득찬 다음과 같은 편지를 작성하여 그에게 발송했지만, 투레티니는 그러한 요청을 한 귀로 흘릴 것이었다. 그 편지는 이렇게 말하고 있다.

지금까지, '소망이 더디 이루는 것은 마음을 상하게 한다'는 거룩한 잠언의 진리를 우리들은 몸소 깨닫게 되었습니다.[1] 우리가 반복해서 당신에게 하는 이 간청은 당신을 위해 우리 양떼를 먹이러 오라고 간청하는 것이기도 하지만, 그보다도 오히려 양의 큰 목자를 위한 것입니다. 그 큰 목자께서는, 그분의 어린양과 암양을 먹이라고 하는 것을 연속해서 세 번 다른 형태로 그분의 사도 중 하나에게[2] 물으면서 사랑의 확실한 증거를 요구하셨습니다. 만약 우리가 감히 이러한 유비를 적용할 수 있다면, 우리 역시도 세 번째로 우리 교회에 대한 당신의 진실한 애정의 증거를 우리에게 달라고 부탁하고 싶습니다. 또한 우리 교회가 당신이 목회하는 모습을 보고 싶어하며 특별한 열망으로 당신을 기다리고 있으니, 그 모습을 보여주기 위해 우리 교회에 오시라고 간청하고 싶습니다. 그렇게 함으로써, 거룩한 잠언에 표현된 모든 진리를 당신께서 성취하실 수 있을 것입니다. 우리 희망이 더디게 이루어짐으로써 우리를 애타게 한 후에, 당신이 우리에게 희망을 주는 일을 성취한다면 그것이말로 우리에게 *생명나무와도* 같을 것입니다. 반면 만약 당신에게 하나님께서 다른 해결책을 주심으로써 우리를 서운하게 하는 경우가 온다면, 하나님의 섭리의 비밀한 행위로 인하여 제네바시의 직무에 착념하게 되버린다면, 그럴 경우 우리의 희망은 절망으로 바뀔 것이지만, 이렇게 볼 때 적어도 우리는 당신을 청빙하기를 희망했던 우리 교회가 하나님께서 주시는 아름다운 은사를 받은 사람을 주목하는 안목이 있었다는 찬사를 받게 될 것입니다. 당신의 직무가 더욱 더 큰 복으로 축복받도록 하기 위하여, 당신의 나라와 마을과 교회를 완전한 번영으로 유지시키기 위하여, 그리고 예수 그리스도의 나라의 진보를 좋아하는 모든 사람들에게 오래전부터 위로와 기쁨을 주었던 그 영광이 머무르는 촛대를 최대한 자유롭게 유지시키기 위하여, 우리는 우리의 온 마음을 다

---

1   잠언 13:12
2   요한복음 21:16

해 당신이 오기를 간청합니다.

홀란드 목회자들이 그들의 편지 끄트머리에 언급한 제네바교회의 번영이야말로, 제네바 목사회와 시의회가 투레티니를 내주기를 거부한 구체적인 이유가 되었다. 그 당시 제네바 공교육은 옛날의 명성을 그대로 간직하면서 의부로부터 탁월한 제자들을 끌어들이고 있었고, 제네바 시민정부권과 교회권이 투레티니의 가장 유용하고 명석한 지원사격을 없애고 싶어하지 않았음이 쉽게 드러난다. 레이든의 각료들 역시도 글을 써서, 레이든 대학이 하나님을 더 잘 섬기도록 학생들을 훈련시키기 위해 외국학생들을 투레티니의 손에 맡길 것이며, 또한 제네바 젊은이들도 새삼 "제네바 학생들이 레이든 외국 학생들의 대부분을 이루고 있음을 보면서" 행복을 느낄 것이라고 설득하였으나 소용이 없었다.

투레티니는 그들의 제안을 단호하게 거절하였다. 게다가 투레티니는 홀란드에서의 일을 마치고 돌아오자마자 다시 고국을 떠나려고 하지 않았다는 것을 알 수 있었다. 고향에 돌아가기가 무섭게, 그는 여러가지 일을 떠맡았다.

그렇게 4년이 지난 후에, 레이든 대학에서 신학을 가르쳐달라는 요청이 투레티니에게 다시금 곱배기로 들어오기 시작했다. 이 때가 1666년 10월이었다. 투레티니 교수는 자신의 의견은 일절 밝히지 않고, 그저 목사회에 자신의 거취를 일임하겠다고 선포해버렸다.

> 우리는 이처럼 훌륭한 사람을 달라고 하는 것이 작은 일은 아니라는 내용의 초청장이 제네바 공화국으로 온 것을 잘 알고 있습니다. 그러나 우리는 또한 당신들이 우리 시민들 중 하나를 이와 같은 성질의 직종에 청빙한다는 것에 대해 매

우 유감스럽게 생각한다는 사실에 대해서도 인지하고 있습니다. 우리는 그 청빙이 유럽 여타지역보다 더 개혁파 전통에 부합한 곳에서 왔으며 또한 하나님의 대의명분에도 보다 더 부합하다고 생각하기 때문에, 당신들이 그로 하여금 그 초청을 수락하도록 부추기기를 바랍니다. 그 제안을 받아들인다면, 네덜란드와 제네바가 서로 더 편리하게 제자들을 양성할 기회가 생길 것이며, 특히 투레티니로부터 좋은 교육을 받는 것이 확연해질 수 있도록 교회의 일꾼들을 밀어부치는 것이 용의해질 것입니다. 이러하기에 우리는 당신께서 심사숙고하면서, 이 문제에 대한 우리의 관심이 투레티니의 결정을 축복할 명분이 있는 개혁교회 공통의 이해관계 때문이지, 단순히 홀란드 지방의 이해관계 때문이 아님을 고려해 주시기를 간청합니다….

1666년 10월 22일 회의 중에, 시의회는 홀란드와 서프리스란드와 네덜란드 연방정부 관계자들이 이 새로운 청빙에 관하여 쓴 편지를 읽었다. "선임 보좌관 앙드레 픽테는[3] 일어나서 다음과 같이 선포했다. 투레티니씨가 이 나라와 이 교회에서 평생 헌신 봉사하였고, 앞으로 그렇게 하도록 하는 것이 제네바의 변함없는 입장이니, 시의회가 국익에 맞는 지혜로운 결정을 내리기를 바란다고 말이다."

프랑수아 투레티니가 그 다음날 이러한 말들을 듣게 되면서, 상황은 종료되었다.

회의록 서기들이 말하기를, 어제 훌륭한 200인 시민회의가 결의한 바에 승복한다고 하면서,[4] 존경받는 투레티니는 레이든 아카데미의 이사진들이 제안한 직책에 관한 그의 심경을 제네바 최고통치자들에게 밝힌 후, 완곡하게 거절할 필

---

**3** 시의회 회의록, 제네바 고문서 도서관
**4** 10월 23일 회의록

요가 없다고 판단했다고 말했다. 그 다음에, 시민회의에 대한 그의 존중을 증언하기 위해, 그는 말하기를 홀란드 나리들이 그에게 제안한 것은 큰 영예였지만, 조국에 봉사하는 것이 우선이고 그래서 그러한 봉사를 멀리할 생각조차 전혀 하지 않았다고 시민회에게 말했다. 그리고 마치 불꽃처럼 행복한 기억으로 남아있는 그의 아버지가, 평생 제네바 아카데미와 교회를 섬기려고 결심했던 것처럼, 투레티니 역시도, 하나님께서 건강을 은혜로 허락하시고, 또 그의 봉사가 모든 선함과 신중함에 부응하면서 고관대작들의 마음에 합하게 하는 한, 평생 그의 아버지와 똑같이 하려는 마음을 가지고 있다고 선언하였다.

레이든 대학은 프랑수아 투레티니에게 홀란드 돈으로 2500플로린의 급료와 함께 여타 사례금을 주겠다고 제안했다. 투레티니는 구체적인 제안들을 접하고, 이 새로운 시작에 대한 소문을 들었을 때, 홀란드에 있는 어떤 친구에게 편지를 보내어 그 사실을 미리 알려주려고 했으나, 그렇게 하지 못했다. 네덜란드 연방 정부는 제네바 당국에게 그들의 의사를 표명했을 뿐만 아니라, 홀란드 대사 보렐(Borreel) 씨가 최고통치자 륄랭(Lullin)에게 편지를 써서 홀란드국의 소원을 이루어주기 위하여 가능한 모든 일을 해달라고 간청하기도 했다.

이 모든 것들이 합쳐져서 타오르던 불꽃은, 아래 답장을 홀란드로 보내도록 의견일치를 보았던 제네바 시민회의와 목사회의 철통같이 굳은 의지 앞에서 사그라들고야 말았다.

높으시고 능력 있으신 고관대작 여러분,
우리는 높으신 귀하들께서 우리에게, 레이든 대학 이사들이 레이든 대학교 신학 생들을 위한 목사요 교수로 프랑수아 투레티니를 보내달라고 하는 소원을 품고 그 소원을 허락해 달라고 요구하기 위하여 편지를 보내주신 것을 읽고, 그에 대해서 영광스럽게 생각합니다. 그래서 우리는 높으신 귀하들께서, 우리가 당신들의 호감에 대한 감사의 증거를 당신들께 드릴 수 있기를 온 맘을 다해 바라고 있다는 것을 알아주시기를 간청합니다만, 그래도 높으신 귀하들께서 우리 제네바 아카데미도 생각해주셨으면 좋겠습니다. 현재 외국의 다양한 아카데미들이 황폐화되었고 우리 제네바에도 수많은 학생들이 있기에, 우리에게도 투레티니의 봉사가 필수적인 상황이며, 이 일에 의사결정권을 가지고 있는 목사회의 자존심을 크게 해치지 않고서야, 투레티니의 봉사를 빼앗아가는 것은 불가능할 것임을 양해해주십시오. 우리는 또한 우리 도시의 제네바인들 뿐만 아니라, 외국인들, 그리고 곳곳에 넘쳐나는 준비된 사람들을 위하여, 높으신 귀하들께서 투레티니로 하여금 이탈리아 교회 목회자로 이곳에 있으면서 큰 열매를 맺고 덕을 세우도록 하여주시기를 간청합니다. 그렇지 않으면 주변 국가의 많은 교회들이 그러했듯이, 제네바 역시도 그 상실로 인하여 그 주요한 위로가 결여되는 지경에 이를 것입니다.

이 편지는 네덜란드 고관들께서 제네바 최고통치자들이 투레티니를 지키려는 갈망이 있음을 이해해줬으면 한다고 하면서 끝을 맺는다.

투레티니가 레이든 대학에서 온 영광스러운 자리 제안을 거절했을 때, 레이든 대학은 부정적인 대답에 불쾌해하기는커녕, 투레티니에게 내정된 자리가 어떤 자리인지에 관해서 다시 생각해보라고 부탁하면서, 그에게 여전히 대단한 신임을 가지고 있으며 그의 판단에 대해 신뢰를 갖고 있음을 표시하였다. 투레티니는 르 므와옌느(Le Moyne)에게, 당신이 레이든 교수가 될 것이라고 알려주었다.

역사가 고티에는 우리가 방금 이야기했던 청빙에 대해 언급하면서 다음과 같이 말한다.

투레티니는 홀란드에 체류하는 동안, 여러 차례의 설교를 덕을 세울만큼 훌륭하게 해냈고, 그리하여 보편적으로 그를 인정하는 분위기가 된 나머지, 레이든의 프랑스어권 벨기에 교회와, 헤이그의 프랑스인 교회가, 다들 투레티니의 사역을 자신들에게 허락해달라고 열렬하게 간청하게 되었다. 하지만 투레티니는 이런 저런 부름을 꾸준히 거절했는데, 왜냐하면 제네바 교회를 섬기는 일과 제네바 아카데미에 일에 매어있어서 그만둘 수가 없었기 때문이다. 홀란드 국회와 서프리슬란드 국회와 네덜란드 연방정부의 관료들은 헤이그의 교회를 위하여 자신들의 입장을 강하게 고수하는 편지를 제네바 공화국에게 쓰는 동시에, 투레티니의 장점에 대해서 그들이 가졌던 높은 평가를 나타내었지만, 제네바인들은 투레티니가 없을 경우 제네바 교회와 제네바 아카데미에 큰 공백이 생길 수도 있기에 자신들이 그를 붙잡아두고 싶어하는 것을 나쁘게 생각하지 말아달라고 그들에게 간청하였다….

투레티니가 홀란드에서 얻었던 명성은 대단했고, 홀란드의 교회들은 그를 붙잡는 것 외에는 아무것도 원하지 않았다. 우리는 그 당시 어떤 편지에서 다음과 같은 내용을 읽을 수 있다. "만약 제네바에 그토록 매어있지 않았더라면, 그는 플랑드르의 바람대로 가버릴 것이다." 하지만 라인강 건너편에서는, 사람들이 상황을 오판하였다. 한 친구 입장에서는 다음과 같은 축하를 그에게 보낼만한 가치가 있다고 생각되었으나, 정작 투레티니는 이 모든 제안들을 항상 거부하였다.

"나는 당신이 사랑을 받고 소중하게 여겨졌으며 존경을 받았던 친애하는 조국과 그리고 당신이 누릴 것이 유력했던 모든 이점들을 버리고 싶은 생각이 들었다고는 생각하지 않습니다. 내가 외람되게 말하지만, 당신이 세상에서 가장 소중한 것을 소유하고 있다는 그 모든 사실로 인해 기뻐하는 것 외에는 그들의 고관대작들이 아무것도 당신에게 줄 것이 없다고 보는 것이 훨씬 나을 것입니다. 하나님이 당신을 잘 보존해주시고, 당신의 사람들이 당신을 간직하도록 해주시기를 바랍니다."

투레티니는 청빙을 받는 모든 기간 동안, 그의 고유한 장점인 완벽한 겸손과 자기부인을 보여주었다. 1666년 10월 19일 금요일에 그는 목사회 앞에서, 레이든 대학 이사들이 보낸 편지를 공개하였다. 그 편지는 제네바의 특별 승인을 요청하면서, 그 승인이 있을 경우 투레티니가 받을 조건들에 대해서 말하기 위한 편지였다. 투레티니는 이러한 집요한 추구 때문에도 놀랐지만, 최고통치자들에게 요구했다는 사실에도 놀랐다. 이에 더하여 이 편지는, 이러한 일들의 저변을 탐색하면서, 또한 그에 더하여 교회의 덕을 세우기 위하여 이 사역들을 계속하고 싶다는 바람을 표현함과 동시에, 목사회의 큰 애정에 호의적인 감정을 느끼고 일의 추이를 시의회에 일임하겠다고 덧붙였다.

투레티니에게는, 겸손이라는 감정에다가 조국에 대한 진지한 애착심이 합쳐져 있었다.

투레티니는 하나님으로부터 받은 은사를 자기 조국을 위하여 바치고 싶어하는 부류의 사람이었다. 리옹에서의 직책을 고통스럽게 받아들이면서 잠시동안만 그곳에 머물렀던 그였다. 제네바에서 돌아오라는 신호가 오기까지만 홀란드에 머물기를 허락했던 투레티니는, 외국에서 애타게 찾을 때만 잠시 출장을 갔다가, 먼 곳에서 그의 평판을 알아보는 순간에라도 그의 연구의 열매를 고국땅에 가져오기 위하여, 타지에서 그에게 제안했던 영예를 거절하고 그의 친애하는 교회와 고향 마을 아카데미에게 빛을 비춰주기 위하여 금세 복귀하였다.

인도에는 어떤 큰 나무가 있는데, 그 나뭇가지와 잎사귀들이 비옥한 환경과 너무도 뜨거운 태양 아래 빠르게 자라기로 유명하다. 그 나뭇가지들은 금세 무한히 자라는 것이 그 의무처럼 보일 정도로 크게 자란다. 그러나 잎들과 꽃들이 달리자마자 그 나무는 성장을 멈추고, 생명을 주는 땅으로 향하여 죽을 정도로 힘을 다하여 자양분을 찾고 갈구한다. 우리는 투레티니를 이러한 나무에 비교할 수 있다. 이미 그가 젊은 시절에 외국에 건너가더라도 다시 돌아와서 조국에 말뚝을 박고 죽을때까지 조국을 섬기려고 했던 것이야말로 이 나무에 비견될만하다.

08

# 프랑수아 투레티니와 스위스 일치신조를 둘러싼 갈등
François Turrettini et les luttes du Consensus

*Vie de François Turrettini*

## 제8장
# 프랑수아 투레티니와 스위스 일치신조를 둘러싼 갈등

프랑수아 투레티니는 도르트대회의 결의사안들을 고수하며, 예정과 은혜에 관한 논의가 일어날 때에 스위스에서 확립된 일치신조(Formula Consensus Helvetica)를 교회들로 하여금 채택하게 하기 위하여 힘껏 일했다. 우리의 신학자 투레티니가 반대자들을 심하게 정죄하는 일에 특별한 열심을 보였다는 그 사실이 다름아닌 진리에 대한 사랑 때문일 뿐이었음을 나타내는 일에 이 장을 할애할 것임을 일단 짚고 넘어가는 것이 중요하겠다.

우선적으로, 일치신조와 관련하여 최종적으로 생겨났던 위기 이전에 제네바 교회의 사역자들을 뒤흔든 이 신학논쟁의 전말에 대해서 말해보도록 하겠다. 칼뱅주의자들과 아르미니우스주의자들 사이에서 일어났던 논쟁은, 하나님의 택정의 양상과, 은혜의 신인협력 정도, 그리고 구속효과의 범위에 관한 논의에 그 근간을 두고 있었다. 아르미니우스주의자들에 의하면, 하나님께서는 회심하기를 거부한 사람들은 정죄하에 두시고, 믿는 자들은 선택하신다고 한다. 그리스도는 모든 사람을 위하여 죽으셨지, 택함받은 사람들만을 위해서 죽으신 것은 아니었다고 했다. 사람이 구원하는 믿음을 그 스스로 부여할 수는 없다. 모든 선행은 그리스도 안에서 하나님의 은혜에 그 공로가 돌려져야만 하지만, 은혜의 신인협력 여부는 불가항력적이지 않으며, 복종의 상태를 유지하기 위해 인간의 힘이 계속해서 필수적임을 증명하지 않고서야 신인협력을 확신할 수 없다.

이 논쟁 속으로 들어가기에 앞서서, 우리는 소뮈르에서 나온 반대 원칙들로 인하여 생긴 은총에 관한 질문을 다루는 정통주의에 관해 살펴보겠다. 제네바 교회가 끊임없이 아담 원죄의 전가를 부정하는 것에 반대하고, 보편은혜의 교리에 꾸준히 반대하고 있었음을 인식해야만 한다. 그 사실은 목사회의 진술서를 읽으면 충분히 확실해지고, 때때로 목사회가 프랑스에서 모락모락 피어오르기 시작한 새로운 교리들 때문에 멈춰서게 되는 것을 보는 것으로도 충분히 확실해질 것이다.

칼뱅 이후, 칼뱅이 썼던 글과 그의 설교, 그리고 그가 손질해놓은 교회 규범들에 기초하여 정통주의 교리가 굳게 세워지게 되었다. 그리고 개혁자 칼뱅의 영예로운 후계자라고 불릴 수 있는 테오도르 드 베즈(Théodore De Bèze), 랑베르 다노(Lambert Daneau), 앙토니 라 파예(Anthony la Faye)는 그들의 작품들이 그러하였듯 신학교 교단에서도 지속적으로 그들의 스승들과 동일한 원칙들을 전파하였다. 그리고 그들을 따랐던 쟝 디오다티(Jean Diodati)와 테오도르 트롱셍(Théodore Tronchin)은, 아담 원죄의 전가를 부정하는 것을 반대하며 보편은혜의 교리를 배격하는 1618년 도르트 대회야말로 제네바 교회의 신념이라는 것을 소리높여 선포하면서 도르트의 판결을 수용하였다. 결론부터 말하자면, 소뮈르 학파의 의견이 아직 나타나지 않았을 때에 아르미니우스파에 맞서서 논쟁했던 것처럼, 제네바 목회자들은 아르미니우스파와 소뮈르 학파가 공통으로 믿는 가설이 있다고 보고 1635년 이 새로운 학파를 정죄하였다. 소뮈르의 신학 교수 모세 아미로(Moïse Amyraut)의 시대로부터 아르미니우스의 사상을 포함한 예정론을 설파한 작품이 출간되었고, 제네바 목사회는 아미로의 정통성에 대한 확연한 증거를 찾지 못하였다.

목사회 회의록에 보면,[1] 모세 아미로의 책 『예정에 관하여』(*de la Prédestination*)가 출간되었을 때 그 책에 정통적이지 않은 교리가 다수 있기 때문에 그 책을 승인할 수 없다는 입장을 목사회가 보였고, 그래서 목사회는 슈판하임에게 그에 대한 글을 의뢰하면서, 다음과 같이 말하였다.

> 언급한 그 슈판하임을 통하여, 아미로의 책이 제네바에서 다양하게 읽혀지고 있다는 것을 알게 해주고 또 아미로의 작품이 목사회에게 보고가 되게 함으로써, 목사회로 하여금 건전한 교리를 반대하는 의견이 있음을 발견하도록 해주며, 그리고 그것이 커다란 악과 문제들을 야기할 수 있다는 것을 알게 해주면서, 너무 늦기 전에 악에 대한 교정수단을 제공해주기를 하나님의 이름으로 기도하고 간청하는 목소리가 소뮈르 신학원과 프랑스 교회 내에 있다는 점과 또한 목사회의 요청 때문에만 그 일을 해야하는 것이 아니고 교회의 평안과 안식을 주기 위해서라도 그렇게 해야한다는 점을 알리도록 한다.

---

**1** 목사회 회의록, 1635년 11월 13일.

그리고 이년 후,[2] 회의록은 다음과 같이 언급한다. 블루아(Blois)의 사역자 비니에(Vignier)씨가 테스타르(Testard)씨의 『은혜의 속성』(*de la nature de la grâce*)이라는 책을 읽고 그가 받은 감화를 정당화하기 위하여 목사회에 글을 썼는데, 알렝송(Alençon) 국가 대회에 보내진 편지에서, 목사회는 그에게 "이와 같이 새롭게 말하는 방식이 위험한 결과를 초래한다"고 말하면서, "옛날 방식으로 단순하게 진리를 가르치고 제시하는 방식"에 세심하게 유념해줄 것을 요청했다.

모뤼스(Morus) 씨가 무엇보다도 소뮈르의 원리에 대하여 많은 호감을 가지고 있다고 의심을 받고 있다는 사실이 알려지면서 그를 성스러운 사역자로 받아들이는 것에 대하여 의문이 제기되었을 때, 목사회는 모든 의심의 그림자를 제거하기 위하여 신학논제를 작성하여 그가 명확하게 답변하도록 하자고 결의하였고, 그 일은 실제로 이루어졌다.

1645년, 로잔(Lausanne) 목사들은 제네바 동료들에게, 제네바에서 설교되거나 가르쳐지는 교리 속에 그 어떤 새로운 것에도 "연루되지 않도록 하는 일"에 주의를 기울여달라고 요청하였고, 이에 그 때 사르토리스(Sartoris)씨가 목사회의 이름으로 대답하기를, 그들은 새로운 의견의 위험한 결과와는 거리가 멀고, 또 주님의 불을 순전하게 유지하고 있다는 사실 외에는 전혀 관심이 없다고 말했다.

그 후 1년 뒤에, 모뤼스의 설교들이 싫어버림을 당하게 되면서,[3] 목사회는 논쟁이 된 부분들에 관하여 모뤼스로 하여금 그가 제네바 교회에서 받아들여지고 출간된 신앙고백조항들대로 순전히 그리고 단순히 믿고 있다는 것을 선언하도

---

2 동일한 회의록, 1637년 4월 14일.
3 동일한 회의록, 1646년 1월 16일.

록 할 수 밖에 없었다.

모뤼스에게 들이댔던 잣대에 대하여 이상하게 여기지 않았던 투레티니는, 뒤틀린 비정통으로부터 악의적이고 신랄한 비판을 당하게 되었다. 이리하여 제네바에서 바젤의 신학 교수 루돌프 베스타인(Rodolphe Westein)에게 이러한 내용의 통지가 전달되었다. "당신께 확실히 알리고자 하는 것은, 바로 엄숙하며 공적인 화해 이후에도 투레티니가 약속을 어기고 여전히 모뤼스씨에게 대하여 전쟁 중이라는 사실 때문에 모뤼스씨가 큰 상처를 입었다는 것입니다." 투레티니에게는, 진리에 대한 사랑이 개인적인 모든 감정보다 먼저였다는 사실이 얼마나 다행한 일이었는지!

이듬해에[4] 목사회는, 사역 지망생에게 통상적인 신앙고백을 요구하는 것 이외에도, 하나님말씀과 프랑스 교회의 신앙고백에 반대되는 그 어떤 것도 가르치지 말며 새로운 교리를 버릴 것을 명백하게 서약하도록 요구하기로 결의하였다.

투레티니는 그 조항을 공표하도록 그의 동료들을 강하게 밀어부쳤다.

우리는 이와 같은 것의 예들을 많이 들 수 있겠다. 1649년 6월 1일 회기 중에, 일을 종결짓기 위하여 목사회는, 다시금 난제에 종지부를 찍고 모뤼스씨에 대하여 제기된 논란들에 종지부를 찍기 위하여, 참 교리를 긍정하고 거짓들을 배격하는 입장을 담은 신학논제를 작성하여 모뤼스에게 보여주었더니, 이 신학자는 약간 주저한 후에 그것에 서명하였다.

마찬가지로 이어서 8월 17일에 목사회는, 이교 혐의를 받은 스투프(Stouppe)씨로 하여금 신학논제에 서명하도록 강요하였다.

---

**4**  동일한 회의록, 1647년 8월 6일.

그 후 수년간 제네바에서는, 언제나 은혜라는 주제에 관련하여 아르미니우스파와 칼뱅파 사이에 논쟁이 끊이지 않았다. 1659년에 목사회는 이러한 문제에 있어서 전부터 받았던 정통 원리를 따르도록 강요하는 새로운 규칙을 제정하였다.

1669년이 되자 그 의문이 재차 제기되면서 매우 격렬한 마찰을 야기시키게 되었는데, 그 일에 있어서 투레티니는 적극적으로 행동하였다. 그 전말은 다음과 같다.

같은 해 6월 11일에, 젊은 프랑스인 샤를르 모리스(Charles Maurice)가 거룩한 사역 후보생으로 등장했다. 사람들이 모리스로 하여금, 보편은혜론과 아담 원죄의 전가를 부정하는 등의 새로운 교리에 대하여 결코 아무것도 가르치지 않도록 하라면서 그에게 권면하였는데, 그것은 이 새로운 교리에 대해서 뜻을 같이하던 목회자들에게는 만족을 주지 못했다. 메스트레자와 트롱생은 그들의 의견을 자유롭게 설교할 자유를 허가해달라고 요구하기 위하여 소민회에 출두하였다.

프랑수아 투레티니는 이러한 행보를 상당히 못마땅하게 여겼고, 그리하여 6월 25일에 항의하러 목사회에 갔다. 조금 후에 시민회는, 교회에서든 학교에서든 목사들과 교수들이 처음에 받았던 그대로의 은혜 교리를 설교하고 가르쳐야만 하며 이 명령에 저촉되는 비정통 신학자들에게는 형벌을 내릴 수 있다고 결의하였다.

투레티니와 트롱생 사이에 분쟁이 뒤이어 일어났다. 투레티니는 "그 규례들을 포고했던 선친들의 지혜가 적어도 우리만큼은 되기 때문에, 우리들은 거기에서 탈선할 수 없다"고 선포하였고, 반면 트롱생은 투레티니에게, 그것이야말로 교황주의자와 적그리스도의 주장이며, 사람들이 그 주장을 항상 따르게 되면, 개혁이란 있을 수 없다는 말로 응수하였다. 투레티니는 목사회의 회원들 전부가 그에 서명하였고 그 규례에 복종하기로 하였으므로 뒤로 돌아갈 수는 없다고 간단하게 첨언하였다. 트롱생은 이를 못마땅하게 여겨서 다음과 같이 적었다. "이 점에 있어서 나는 아무것도 약속하지 않았고, 그것을 약속할 경우에라도, 아직 전하지 않은 설교에 대해서는 그것을 지킬 것이라고 약속할 수 없다. 하나님의 말씀에 반대되는 교리를 가르치겠다는 약속을 하거나 혹은 말씀에 부합하는 것을 정죄하겠다고 하는 것만큼이나 모순되고 양립할 수 없는 것을 내가 약속한다면, 내가 내 말을 지킬 수 있겠는가?"

격렬한 논쟁 뒤에 소강상태가 이어졌고, 시민회는 8월4일에 토론을 금지한다는 조항을 넣었으며, 처벌을 없앴고, 휴식상태가 이어졌다. 그 달 말에, 1649년 논제에 아직까지 서명하지 않았던 목사들은 서명을 했고, 싸움은 진정된 것처럼 보였다.

한 사건이 싸움에 불씨를 당겼다. 정년보장 교수였던 드 비스(de Wyss)씨의 죽음으로 인해 철학 교수직이 공석이 되면서, 소뮈르 학교에서 이 학문을 가르쳤던 슈에(Chouet)가 제네바의 철학 교수직을 맡기 위하여 나타났고, 그리하여 교수로 임명을 받았다. 철학 교수로서 슈에는 목사집단에 입회되었고,[5] 당시 학장이었던 프랑수아 투레티니는 그로 하여금 규례에 서명할 것을 요구하였다.

슈에는 투레티니에게 다음과 같이 대답하였다. "선생님, 저는 목사회를 존중하지만, 저는 이와 같은 것에 동의하지 않는 조건하에 왔기에 저를 예외로 해주시길 바랍니다. 저는 저의 소명에 관련된 조항을 준수하지만 그 신학논제들에 서명하고 싶지는 않습니다. 저는 철학자이며 이러한 것들에 관심을 둘 필요가 없습니다. 이런 저런 의견을 놓고 제가 결정을 내릴만큼 이 점에 대하여 공부를

---

**5** 가베렐(Gaberel), 『제네바 교회사』(*Histoire de l'église de Genève*), 제III권, 136쪽.

하지도 않았습니다. 게다가 저는 보편 은혜론과 아담 죄의 전가를 부정하는 주장을 받아들이지 않는다고 양심적으로 주장할 수 있습니다. 저는 그것들을 버리지도 않고 혹은 그것들에 반대하지도 않습니다만, 그렇다고 그것들을 기존 것들 대신에 신봉하려고 공부한 적도 없습니다. 소뮈르에 대해 결론내렸던 조항을 목사회가 준수해주시기를 바랍니다. 600km씩이나 여행하게 해놓고는, 기존 서면으로 받았던 조건을 준수하지 않고 제네바 아카데미에서 나를 축출해버리는 것은 합리적이지 않습니다."

이상이 슈에가 투레티니에게 한 대답이었다.

목사회는 이 새로운 철학 교수가 구체적인 신학논제에 서명하는 것은 면제해 주었지만, 신학 내용들이 다루어지는 경우가 있을테니, 그가 가르치는 것과 관련된 서류 밑에 교회의 오랜 전통대로 그의 이름을 기입하라고 부탁하였다. 슈에는 그렇게 했다.

국가의 권위에 의하여 비호를 받지 않을 경우 칼뱅주의 교리를 따르는 것이 흔들릴 수 있다고 느꼈던 정통파는, 프랑수아 투레티니의 주선으로 200인회에 그 안건을 상정하였다. 투레티니는 1659년 기존 규칙을 재확인하면서 각 목회자들에게 서명을 요구하는 조항을 넣었고, 이를 위반하는 이들에게 대한 형벌 조항이 실효성을 발휘하도록 하였다.

1671년에 다시금 난리가 났다. 제네바 국적의 리옹 교회 목회자 뮈사르(Mussard)씨는, 모든 외국 사역자들을 추방하라는 어명 때문에 프랑스를 떠날 수 밖에 없어서 제네바로 철수하였다. 위정자들은 그를 채용할 수 있게 된 것에 기쁨을 표시했지만, 그를 실제로 채용하려면 1669년 결의사항에 의거하여 반(反)소뮈르 조항에 그가 서명해야만 했다. 그 조항은 뮈사르씨에게 알려져야만 했고, 뮈사르씨는 서명하기를 거부했지만 제네바 나리들이 그에게 호의를 보여준 것에 대하여 감사를 표시하였다. 뮈사르는 더 이상 일자리를 찾지 않았고, 몇 년간 제네바에 머물다가 나중에 런던에 있는 프랑스 교회를 섬기게 되었다.

편지로 이미 제네바의 정통파를 지지했던 스위스 교회의 목사 양반들은, 200인회의 결의사항과 규례를 뒤엎으려고 하는 시도들이 있음을 새삼 인지하는 상황에 이르자, 열심으로 가득한 편지들을 그들의 위정자들의 편지들과 동봉하여 제네바 위정자들에게 보내어, 제네바가 건전한 교리를 유지할 것을 요구했다. 그들은 제네바 교회가 틈을 주지 말라고 부탁하면서, 항상 가장 순수한 정통의 보루였던 이 제네바 교회가 자신을 잘 지켜서, 부주의함으로 인해 어떠한 변질과 분리의 문을 여는 오점도 남기지 않기를 바란다고 기도했다. 그들은 제네바 사역자들을 강하게 부추겨, 그들로 하여금 교리에 있어서 선조들의 열심을 따라가도록 하였다.

그리하여 스위스에서는 새로운 공식 신조를 작성하자는 말이 나오기 시작했다. 그리고 바젤(Bâle)의 신학 교수요 개혁교회 회장(antistès)이었던 누가 게른너(Luc. Gernler)는, 취리히의 신학자 요한 하인리히 하이데거(Johann Henri Heidegger)와 협력하여, 이 일에 수장 노릇을 했다. 아르미니우스주의가 고향에서 퍼져가는 것에 두려움을 느끼는 동시에 성경을 해석하는데 있어서의 자유에는 제한이 있어야만 한다는 것을 잘 인지했던 프랑수아 투레티니는, 스위스 신앙고백을 종교개혁 교회의 모든 목사들과 사역자들과 교수들에게 서명을 받아야만 하는 공식 신조로 환원시키기에 이르기까지 스위스 형제들과함께 노력하였다. 일은 일사천리로 진행되어, 곧 베른, 취리히, 바젤, 샤프하우젠(Schaffouse)이라는 4개의 주(칸톤)가 바덴에서 모여, 새로운 교리의 진행을 막기 위해 그 유명한 스위스 일치신조를 작성하라는 명령을 내리기에 이른다.

이 네 주(칸톤)은 1675년에 그것을 비준하였고, 근교에 있는 글라루스(Glaris), 아펜젤(Appenzell), 그라우뷘덴(Grisons), 빌(Bienne) 등의 도시가 그 뒤를 따랐다. 뇌샤텔(Neuchâtel)은 1676년에 그것을 채택하였다.

이 본문을 담은 문서는 최소 26개의 조항으로 되어 있기에, 그 전체를 인용하기에는 너무 광범위하다. 동의, 일치, 연합, 연대라는 뜻의 라틴어 제목이 붙은 이 신조는, 은혜와 예정에 관한 논의상황을 염두에 두고 작성되었으며, 사실상 그러한 주제에 대한 도르트 대회의 결의사항을 함축한 것이었다.

그 신조는, 성경 영감문제와 하나님의 은혜 행위의 범위에 관한 문제들, 그리고 아담 죄의 영향과 그 구속 방법에 대하여서 정통 교리를 왜곡시키는 경향이 있는 그런 의견들과는 정반대되는 것이었다.

그 신조는, 교회에 그때까지 알려지지 않았던 전혀 새로운 이 교의가, 공적으로나 사적으로나 설교와 가르침에 침입하지 않도록 방어하며, 하나님의 말씀과 스위스 신조와 그 외 스위스 교회를 특징짓는 책들 및 도르트 신경을 의심하게 하는 혹은 그에 반대하게 하는 온갖 신앙의 도에서부터 보호하며, 그리고 끝으로 성경에서 증명 및 확립되지 않는 모든 교의로부터 보호하려는 목적을 가지고 있었다. 그리고 그 신조 본문 중에는 히브리어 모음부호 문제를 취급하는 조항도 있었다.

스위스 일치신조는 특히 유대교에서 받은 히브리어 구약성경이 자음만큼이나 모음도 참되다고 선언하였다. 모음에 따라서 자음을 이해하든지, 혹은 최소한 그 가치를 알아주든지 해야 한다고 하였다. 구약성경은 또한 그 모든 내용뿐만 아니라 표현법까지도 하나님의 영감을 받았기에, 신약성경과 더불어 신앙과 행위의 고유하고 불변하는 법칙이어야만 한다는 것이다.

스위스 일치신조의 최종본이 나오자, 프랑스에서는 칼뱅파들이 너무 크게 경직되어 있다는 비판이 제기되었다. 정통주의 입장을 번복하지 않았던 클로드(Claude)는 투레티니에게 다음과 같은 편지를 썼다.[6]

우리의 스위스 개신교회의 형제 여러분들에게, 받아들이기를 원하는 사안들과 버리기 원하는 것들을 결정해서 스위스 일치신조를 만들어 달라고, 만들어서 스위스 신앙고백에 덧붙이자고, 한참 전부터 혹자들이 요청했고 여전히 더욱 간절히 요청하고 있기에, 법사가 잘될 것이라고 사람들은 말합니다. 매우 존귀한 우리 스위스 형제들의 지혜가 이 모든 것을 잠잠하게 만들기를 사람들은 희망하며, 이 중요한 일을 서둘러 하지 않기를 희망합니다. 이 점에 있어서 결정을 내리기 전에 먼저 심사숙고하기를 바랍니다." 또한, "우리 스위스 형제 여러분들이, 사람들이 말하듯, 끔찍한 일격을 가하고 싶어한다고 우리는 생각할 수밖에 없습니다만, 사실 그들은 사랑과 겸손과 슬기로움을 갖추었으며, 지혜롭고 양식이 있기에, 목사들과 박사들이 학교 문제에 대해서 어떠한 의견 차이도 갖지 않아야 한다고 요구해버리면, 새로 일치신조를 만들어서 항상 따라야만 하고, 신앙 형태를 항상 바꾸게 될 것이라는 사실에 대해서도 무지하지 않을 것이라고 믿습니다." 편지를 마치며, 클로드는 투레티니가 관용을 베풀라고 요구했다. "만약 우리가 다른 사람들을 이렇게 사랑하지 않는다면, 우리는 예수 그리스도의 정신을 상실하는 것이며, 사도의 증거대로 소리나는 구리와 울리는 쨍과리일 뿐입니다.

---

**6**  파리에서 1675년 1월 23일자로 보낸 서명이 들어간 편지. 투레티니 가문 고문서실에 있다.

사랑이 선하기는 하지만, 정의와 진리의 의견 역시도 그에 못하지 않은 것이다. 사실들을 진리의 영역으로 끌어오는 것과 아르미니우스파의 행동을 꾸짖는 것은 마땅한 일이다. 그 당시 제네바 교회를 흔들었던 어려움과 어지러움은, 실은 비정통의 도발의 결과였다. 칼뱅주의자들은 그들의 대적의 행보가 눈에 띨때마다 항의를 하지는 않으면서, 초반에 많은 조심성을 보여주었다. 신조에 서명을 해야 했음에도 불구하고, 아르미니우스파 사역자들은 강단에서든 교단에서든 그다지 정직하지 않은 방식으로 끊임없이 그들의 의견을 주입하려고 노력했다. 그들은 말하기를, 목사회의 명령들은 현학적이며 쓸모없는 형식일 뿐이라고 했고, 그들을 받아들일 때 그 점에 대해서 무언가를 약속했다 할지라도 그들에게 그것을 지킬 의무는 없었다. 아르미니우스파 교수들이 제네바 학생들을 포섭하려고 끊임없이 노력하는 것을 보고서 스위스 주(칸톤)들이 제네바 목사들에게 그 점에 대해서 불만을 토로할 정도였다. 그 언급한 신학자들이 그들의 학생들이 자신들의 의견에 호감을 갖도록 이끌어가는 방식으로, 혹은 처음부터 그것을 증거하지는 않다가 그 생각을 넣어주는 방식으로 학생들간에 큰 차이가 생기도록 했다. 투레티니 역시도 클로드에게 매우 자세한 편지를 쓰기 위해서 펜을 들었는데, 그 편지에서 그는 칼뱅파의 결백을 어렵지 않게 밝혀냈다.

그는 말하기를,

> 당신이 우리에게 듣기 전까지는, 우리의 행동에 관하여 당신에게 주어졌던 진실하지 못한 정보를 따르지 않고 판단을 유보했더라면 좋았을 것이라고 우리는 바랬습니다. 이것이 표현을 바꾸는 것에 대한 문제고 우리를 보다 호의적인 태도로 다뤘다고 한다면 우리는 납득할 수 있었을 것입니다. 당신이 일어났던 모든 일에

대해서 더 잘 알고, 그리고 우리의 목사회가 그렇게 할 수 밖에 없었던 바른 동기에 대해서 더 잘 알고, 그래서 당신이 우리의 목사회에게 던지고 싶어했던 비난을 면하게 해주기를 바랍니다. 또 우리가 당신의 마음 속에 사주하고 싶어했던 그 정도의 수준이 아니라는 사실을 용이하게 알아주기를 바랍니다. 그것이 우리를 괴롭혔던 이들이 그들의 계획대로 되지 않았을 때 그들이 가졌던 불쾌감을 감출 수 없어서 우리 사이에 분열을 퍼트리는 것으로 만족하지 않고 저지른 소행이라는 것을 우리는 잘 압니다. 하지만 우리가 사랑으로 인해 침묵하고 있을 때, 그들은 여전히 보다 멀리 소음을 퍼트리기 위해서 목사회와 그 개개인들의 명예를 훼손해가며 매우 추악하게도 백방으로 편지를 썼으며, 되어진 모든 일들을 전복시키려는 희망을 가지고, 온갖 종류의 존경을 받는 그런 이들의 모임에 침투하기 위하여 애를 썼습니다. 의심의 여지없이, 당신으로 하여금 그들의 대의명분에 관심을 가지게 하고 그들을 위하여 말하도록 하는 데에는 이보다 더 적합한 방법이 없다고 생각을 했기에, 이러한 심산으로 그들은 당신들로 하여금 우리에게 편지를 쓰도록 간청한 것입니다. 모든 교회에서 그처럼 찬사를 받는 당신 이름의 명성은, 우리 심중에 크게 받은 인상에 따르면, 그들에게는 유리하게 하는 것이고 우리에게는 불리하게 하는 것이 되어버리고 말았습니다. 하지만 그들의 이러한 주장 속으로 말려들어가기에는, 당신은 너무나도 의롭고 너무나도 합리적이며, 그리고 당신의 마음 속에 그들이 던졌던 화두를 불길한 인상을 가지고 들었더라면, 의심의 여지없이 우리의 대의명분의 정당성에 대하여 우리가 설복된 것처럼 당신도 동일한 은혜를 따랐을 것입니다..... 몇 년 전에 보편 은혜론을 놓고 우리 사이에서 일어났던 일 가운데서 어떤 이들의 격동시킴으로 인해 우리가 당했던 그 고통으로 인한 불쾌함에 대해서는 당신에게 언급할 필요조차도 없습니다. 이곳 외에 다른 곳에서 그 일에 대하여 말하는 것을 들었던 모든 선한 영혼들과, 또 우리의 작은 소알(Tsohar)에서 번영과 마음에 평강을 누리고 있는 모든 선한 영혼들을 실족하게 했다면,[7] 그것이야말로 마른 눈으로는 차마 볼 수 없고 또 심령에 불편함이 없이는 차마 볼 수 없는 무질서라고 보입니다. 그러나 우리는, 우리가 그 사건이 일어나는데에 아무 원인도 제공하지 않았기에, 우리가 그 규제 하에서 항상 깊은 평강을 경험하고 살았는데도 새로운 주장을 소개하려는 속셈으로 제네바에서 행해지는 규제를 따르려고 하지 않는 그러한 사람들에게만 잘못을 탓할 수 있다는 그러한 사실에 의하여 위로를 받습니다. 또한 평화와 온유로 우리 형제들에게 대해서는 할 수 있는 모든 조치를 취하여 그들로 하여금 도를 넘지 않도록 유도하며, 지금껏 그들이 그 주장을 속으로만 삭여왔듯이 앞으로도 그것을 내놓지 말아야 한다고 하면서 우리는 그들을 멈추게 하기를 조금도 소홀히 하지 않았습니다.

1677년 4월 30일 취리히 나리들이 제네바 목사들에게 일치신조를 채택해달라는 부탁을 하기 위하여 편지를 썼다. 이 규제를 심의하는 일에 12회기를 보냈던 목사회는, 그것에 서명하게 되었음을 1678년 2월 22일에 시의회에 알렸다. 최고통치자들은 처음 세 개의 조항에 대해서는 비판적인 의견을 가지고 있었으나, 마침내는 1679년 1월 3일에 일치신조를 받아들이게 되었다.

두 진영으로 갈라서서 날마다 매우 날선 논쟁들을 하던 신학자들은, 1년 뒤인 1680년 7월 16일이 되자 상호간에 타협을 하기로 결정을 내렸다. 그 후로 트롱셍과 메스트레자는 그들 스스로 보편 은혜의 교리를 암시하고 있는 첫번째 명제들을 거부하기로 했다. 한편 투레티니는 호전적인 정서를 조장했던 여러 다른 제안들을 허용하지 않고, 이 문제를 취급함에 있어서 트롱셍과 메스트레자가 보편

---

[7] 역자주: 창세기 19:22-23에 나오는, 롯이 소돔을 떠나 도피했던 작은 성의 이름.

은혜에 관한 성경 저자의 의도를 확인하는 것으로 만족해야 한다고 권면하였다.

우리의 호기심을 자극하는 것은, 31년후 프랑수아 투레티니의 아들이요 트롱셍의 업적을 계승하던 장 알퐁스가, 정통의 기치의 용감한 수호자였던 그의 아버지가 예정과 은혜에 관한 열띤 논쟁의 시대에 적극적으로 활동함으로써 만든, 그리고 또 그에 대한 서명을 요구했던, 바로 그 스위스 일치신조를 폐지해야만 한다고 주장했다는 것이다. 사실 장 알퐁스는, 베네딕과 프랑수아의 아름다운 삶에 영감을 주었던 칼뱅주의 원칙들에 충실하기는커녕, 새로운 신학에 동조하며 항상 사상의 자유를 향하는 경향이 있어서, 1706년 사역자들이 일치신조에 서명하는 것을 철회시켜야 한다는 의견을 대 시민회의에 피력하였고, 그럼으로써 교리혁명에 큰 공헌을 하였다.

방금 상고했던 이 교리논쟁에 대해서 회고해볼때, 당시 시민권력과 교회의 연합을 감안하면서 또 신학적인 관점에서 논쟁이 일어났던 이 주제가 극히 중요하여 최우선적인 중요성이 있었음을 감안해본다면, 우리는 그때 그 시절에 원리원칙들을 수호하기 위해 칼뱅주의자들이 실력행사를 한 것이 그저 자연스러운 일임을 알게 될 것이다. 이 격렬한 논쟁들에 대해서 퓌오(Puaux)씨는 다음과 같이 옳게 기록하고 있다.[8]

그것은 정말 너그럽지 못한 것일까? 하나님의 권위 대신 사람의 권위를 놓고 싶어한다는 뜻일까? 제네바 마을의 특이한 헌법은 종교 문제에 시민권력의 개입

---

**8**  F. 퓌오(Puaux), 『프랑스 종교개혁사』(*Histoire de la Réformation française*), 제7권 303쪽.

을 필연적으로 가져오게 되어있었다. 오늘날 우리 눈에는 아쉬운 이러한 개입이, 그 당시로서는 매우 정당한 것으로 보였다. 하지만 교단이 새로운 회원을 받아들이기 전에 질문을 던지고 검증을 요구하는 것은 교단의 권리이며 또한 의무이다. 어떻게 모뤼스 같은 사람이 양심상 그에게 솔직한 신앙고백을 요구하였던 목사회를 탓할 수 있겠는가? 만약 목사회와 신념을 공유할 수 없다면 도대체 왜 이 자리를 추구할까? 뮈사르(Mussard)처럼, 신조에 서명을 전혀 하고 싶어하지 않았고, 교회가 정죄한 교리를 믿는다고 증거하면서도 한가지로 남아있고 싶어하여 강단에 서는 것을 금지당했던 사람이, 그 일에 대하여 어떻게 불평할 수 있겠는가? 기독교의 관용은, 가장 극단적인 의견에 대해 교회 강단이 흔하게 열리고, 칼뱅주의와 아르미니우스주의가, 그리고 신자와 이성주의자들이, 한 교단 내에 모이는 그러한 무관심이 아닌 것이다. 관용이란, 마치 순수이성과도 같아서, 분명한 입장과 정직한 상황을 요구한다. 게다가 17세기 제네바가 관대하지 않은 것도 아니었다. 개신교의 구제금은, 요청하는 가톨릭 교도들에게 얼마든지 열려있었다. 하지만 제네바는 종교개혁자들의 소중한 적립금은 건드리지 않고 간직하기를 원했다. 제네바는 잘했고, 그 노력은 숭고했고 영광스러웠다.

## 09

# 투레티니의 논문과 글들
Turrettini, ses thèses et ses écrits

*Vie de François Turrettini*

## 제9장
# 투레티니의 논문과 글들

프랑수아 투레티니의 신학적인 평판은, 대부분 그의 매우 박식하고 깊이있는 수많은 라틴어 논문에 힘입은 것이었다. 그의 논문들은 다음과 같다.

도덕적이고 정치적인 행복에 관하여(*De felicitate morali et politicâ*). 4절판,[1] 1644년
믿음과 종교의 진리성 및 필수성에 관하여(*De fidei et religionis veritate et necessitate*). 4절판, 1657.
교황의 영역에 관한 논문(*Dissertationes de circulo pontificio*). 4절판, 1660.
로마 교회로부터 우리가 분리되어야 할 필요성에 관한 8개의 논문(*Dissertationes*

---

1 역자주: 종이를 두 번 접어서, 한 종이에 8면이 인쇄되도록 하는 인쇄법.

*VIII de necessariâ secessione nostrâ ab ecclesiâ romanâ*). 4절판, 1661.[2]

죄에 대한 하나님의 섭리를 다루는 논문(*Dissertations de providentiâ Dei circa pecatum*). 4절판, 1663.

생명책에 대한 논문(*Dissertatio de libro vitae*). 4절판, 1667.

선행의 필요성에 대한 논문(*Dissertatio de bonorum operum necessitate*). 4절판, 1673년

하늘에서 증거하는 세 분에 관한 논문(*Dissertatio de tribus testibus coelestibus*). 4절판, 1674.

성령과 물과 피에 관한 논문(*Dissertatio de spiritu, aquâ et sanguine*). 4절판, 1676.

사도들에게 준 천국 열쇠에 관한 논문(*Dissertatio de clavibus regni Dei, apostolis traditis*). 4절판, 1677.

이론-실천 신학의 난제들(*Δυσνόητα, theologica theoretico-practica*). 4절판, 1674.

이 논문들의 대부분은 소키누스주의자들과 로마 가톨릭에 대항하여 작성되었다.[3] 이 석학 투레티니 교수에게 지도를 받은, 그가 키웠던 젊은 신학자들의

---

2 프랑수아 투레티니의 아버지 베네딕은, 복음을 아는 사람이라면 로마 교회에서 나와야만 할 필요가 있다는 것을 드러내는 이탈리아어 논고를 썼다. 이 작품은 게랭(Guérin)이라는 사람에 의해 1646년 프랑스어로 번역되었다.

3 역자주: 파우스투스 소키누스(Faustus Socinus, 1539-1604)는, 삼위일체론을 비롯한 기독교 주요 교리를 부정했던 이탈리아의 신학자였으며, 그의 신학노선을 따르는 이들을 소키누스주의자라고 부른다.

이름은, 각주에 나열해놓았다.[4]

1687년은 투레티니가 죽던 해인 동시에, 그가 논박신학강요의 개정판을 시작하려고 했던 해이며, 또 『로마 가톨릭 교회로부터 분리의 필요성』논문을 개정하고, 그 외 소논문들을 모아 『10개의 소논문』(*Miscellanearum disputationum decadem*)이라는 제목으로 그 증보판을 출간한 해이기도 했다. 그 모든 논문들에서 그의 깊은 박식함을 엿볼 수 있으며, 동시에 그것들은 교리적으로도 완벽한 논고들이었다. 투레티니는 진리에 대한 열정적인 사랑을 가졌으며, 그의 가장 큰 바람은 교회에 스며드는 경향이 있는 펠라기우스주의와 소키누스주의와 아리우스주의의 오류를 조금도 용납하지 않고 과할 정도로 맞서서 싸우는 것이었다.[5] 그래도 이러한 것들과는 구별되는 이 고상한 신학이라는 학문의 곁에서

---

[4] 투레티니에게 배운 학생들의 이름은 대략 다음과 같다.
뇌샤텔 출신: 다비드 지라르(David Girard de Neuchatâtel)
제네바 출신: 멜기세덱 피노(Melchisédec Pinault), 쟝 드 투른느(Jean de Tournes), 사무엘 비올리에(Samuel Viollier), 베네딕 픽테(Bénédict Pictet), 가브리엘 드몽투(Gabriel Demonthoux), 야곱 사라생(Jacob Sarasin)과 베네딕 칼랑드리니(Bénédict Calandrini).
로잔 출신: 쟝 조르주 뮐레(Jean George Muller).
취리히 출신: 요한 야곱 게스너(Jean Jacob Gesner)와 빌헬름 호프마이스터(Guillaume Hofmeister).
베른 출신: 요한 가스파르드 젤마터(Jean Gaspard Seelmatter) 그리고 임마누엘 부르스템베르거(Emmanuel Wurstemberger).
스위스 셍갈렌(Saint-Gall) 출신: 요한-야곱 쉐러(Jean-Jacques Scherrer)
프랑스 세벤느(Cévennes) 출신: 스데반 뒤마(Etienne Dumas)
프랑스 프리바(Privas) 출신: 르네 라 샤리에르(René la Charrière)

[5] 역자주: 아리우스는 예수 그리스도의 영원한 신성을 부인하다가 주후325년 니케아 공의회에서 정죄받은 인물이며, 펠라기우스(Pelagius)는 인간의 자유의지와 노력을 지나치게 강조하다가, 하나님의 은혜를 강조한 아우구스티누스(Augustinus)에 의하여 논박을 당한 초대교회의 신학자였다.

그는 겸손하게 멈출 줄 알았으며, 하나님의 신비에 직면했을 때 그 신비를 파헤치려고 노력하지 않고 그저 그것을 흠모하는 것으로 만족하면서 고개를 숙일줄도 알았다. 왜냐하면, 투레티니 자신도 말하듯이, 사람의 빈약한 지성으로 파악하기가 불가능한 것들을 찾으려고 노력하는 것은 적합하지 않기 때문이었다.

위에 살펴본 것처럼, 투레티니는 전3권으로 된 『논박신학강요』(*Institutionum theologicae elenchticae*, partes tres, 1679-1685)[6]라는 매우 박식한 작품을 완성하였다.[7]

젊은이들을 대상으로 논쟁점들을 설명하는 내용으로만 되어있는 이 책은, 신학적으로 탁월한 논고였다. 이 작품의 제1권은 여러 다른 단체 사이에서 논쟁이 되었던 주요 질문들을, 설득력 있는 논증들의 도움을 받으며 알아보도록 해준다. 제2권은 율법, 은혜언약, 그리스도의 위격, 그의 신분, 그의 직분과 다양한 은택에 대해서 다룬다. 마지막 제3권에서는, 교회론과 성례론을 다룬다.

제3권이 출간된 점을 염두에 두고, 마치 그것을 알기라도 한 것처럼 홀란드에서 때맞추어 출판된 『문인소식지』(*la république des lettres*)는 다음과 같이 언급하고 있다.

---

6　역자주: 이 책의 일부가 『변증신학강요』라는 제목으로 부흥과개혁사에서 역간되었다. 프란키스쿠스 투레티누스, 『변증신학강요 1』, 박문재, 한병수 역 (서울: 부흥과개혁사, 2017).

7　다음과 같은 행정기록(1679년)을 읽어볼 수 있다. 고귀한 투레티니씨는 시민회 의장에 직접 와서 4절판으로 인쇄되고, 검은색 소가죽 장정(裝幀)으로 제본되고, 책면에 금색을 입힌 라틴어 논박신학강요 견본을 제출해달라는 요구를 받았다. 유창한 변론이 담겨있는 논박신학강요 1권은, 제네바 최고지도자에게서 인성을 받았다.

이 작품의 제1권은 1679년에 인쇄되었다. 제2권은 그보다 3년후에 나왔고, 그리고 마지막 제3권은 1685년에 인쇄되었다. 그것이야말로 가장 필요한 것이었고, 또 이보다 더한 양질의 신학수업도 아주 드물기에, 우리로서는 투레티니씨가 우리에게 그것을 완벽하게 주는 일을 성공했으면 하고 조바심을 가지고 학수고대했던 바로 그 책이었다. 이 대단한 명성을 얻은 이는, 바로 제네바의 교수였다. 그는 소키누스주의자들에 반대하여 예수 그리스도의 속죄론(satisfaction)을 다룸으로써 정통 교리를 효과적으로 입증하였다. 그리고 그는 곧 개신교도들이 로마 교단을 탈퇴해야만 한다는 것을 보여주는 작품을 다시 인쇄하게 될 것이다. 얼마 전에 출간된 그 책도 동일한 질문을 다룬다고 할 수 있는데,[8] 왜냐하면 선행하는 두 권의 책에서 성경, 하나님, 복음, 예수 그리스도와 그 외 공통된 분야들을 취급한 이래로, 3권에서 그는 마르지 않는 논쟁의 근원을 다루기 때문이다. 그 책은 각각의 논쟁에 대해서 주목할만한 중요한 점이 각각 있다고 말하고, 그 이유를 매우 명쾌하고 힘있게 옹호한다. 그 다음에 그 책은 성례문제로 넘어가고 그리고는 사람의 마지막에 대한 4개의 공통분야, 즉 죽음과 심판, 지옥과 천국을 다루면서 작품을 결론짓는다.

투레티니는 또한 『개신교의 끔찍함을 드러내기 위해 아네시 참사원이 쓴 글에 대하여 답변함』(*Réponse à l'écrit d'un chanoine d'Annecy, pour rendre odieux le protestantisme*)이라는 제목의 논쟁서를 작성하여 가톨릭의 중상모략으로부터 개혁교회를 보호하였다. 자고로 흠이 없는 좋은 논증이어야 이러한 옹호발언을 할 수 있는 법이다.

---

**8** 역자주: 제3권을 말함.

루카의 주교가 루카 교구 출신 집안들에게 편지로 말하기를, 그들 조상들의 풍습을 따라 가톨릭으로 돌아오라고 권하였고, 이에 목사회는 우리의 신학자 투레티니에게 이 편지에 대한 답변을 쓰도록 의뢰하였다. 제네바에 있는 이탈리아인들에게 보낸 스피놀라(Spinola)의 이 편지는 아주 잘 알려져 있다. 그 편지는 1679년 5월19일자로 되어 있고, 1680년 사무엘 드 투른느(Samuel de Tournes) 출판사에서 나온 투레티니의 이 답신은 상당한 호평을 받았다. 이 답변의 머릿말에는 다음과 같은 인용구가 적혀있다.[9] "너희 안에 있는 소망에 관한 이유를 묻는 자들에게는 대답할 것을 항상 예비하되 온유와 두려움으로 하고."

종교개혁과 가족들을 박해하고 그 영지에서 쫓아냄으로써 없어진 일부 시민들을 보면서, 루카 공화국이 철저하게 쓰디쓴 후회를 했다는 사실을 이탈리아 이민자들에게 보내는 루카 주교의 편지 속에서 깊이 간파할 수 있다.[10]

그리고 가톨릭의 불관용으로 인해 희생된 귀족들의 대부분이 망명했던 곳인 제네바에 대해서 말하면서, 스피놀라는 다음과 같이 쓰고 있다.

> 당신들이 있는 도시에게 생각해주기를 바라는 것은, 진리란 다른 곳에서보다도 더 제네바에서 빛이 난다고, 진리의 섬광 때문에 그렇다고 하면서 가톨릭 교회가 있는 다양한 장소로부터 망명자들을 그곳에 끌어들이지 말았으면 하는 것입니다. 오히려 그들을 제네바로 인도하는 것은 사실 개인적이고 특별한 이해관계

---

**9**    베드로전서 3장 (역자주: 15절).

**10**   이 편지는 아래 나오는 사람들에게 헌정되었다. 하나님의 긍휼로 인하여 생 마르탱 오 몽(Saint Martin aux Monts)의 성 로마 교회의 직분을 받은 쥴르(Jules)와, 루카의 주교요 백작인 스피놀라 추기경, 우리 주께 매우 소중한, 원래 루카 출신으로서 현재 제네바에 머물고 있는 사람들에게.

때문인데, 그들이 저질렀던 잘못에 대한 형벌을 회피하기 위함이거나, 혹은 그들이 찾아 헤매는 이득을 얻을 수 없었던 나머지 절망에 등을 떠밀렸기 때문입니다. 그리하여 어둠에서 빛으로 옮기는 것과 진리를 인지하는 것으로 되돌아가는 것을 위해, 당신들의 진정한 안녕을 바라는 우리들의 순수한 욕망과 당신들의 인격에 대한 특별한 존중이, 우리들로 하여금 우리 마음에서 우러나온 애정어린 초청을 당신들에게 하도록 했습니다. 그리고 이 문제에 관해서 우리들은 당신들을 섬기기 위해 우리가 할 수 있는 모든 혼신의 힘을 다할 것입니다. 우리가 요청하는 이 긴박한 일에 동의해주시고, 이것을 잘 간직해 주십시오. 하나님이 우리들을 통해 당신들을 부르시는 것이며, 그것에 영원 혹은 행복 혹은 비참함이 전적으로 달려있으므로, 당신들은 이 부름을 심각하게 고려해보든지, 아니면 무시하든지 둘 중 하나를 해야만 할 것입니다. 우리가 바라는 것은 바로, 처음 것을 기뻐하는 자리로 되돌아오라는 것입니다. 우리는 당신들에게 대한 진실한 사랑을 가지고 있기에 애통하고 극히 고통스러워 하는 한 가지가 있습니다. 그것은 바로, 현재 당신들의 현주소가, 두 번째 것의 영원한 고통을 감내할 능력이 결여된 채 내던져짐을 당한 상태임을 보기 때문입니다. 그래서 여러분들, 나는 당신들에게 합리적인 영혼의 참된 양식이요 참되고 유일한 양식인 진리를 받아들이고 하나님께 자신을 드리는 것보다 더 영광스러운 일을 할 길은 아무것도 없다는 사실을 여러분들에게 확신시키는 것으로 결론을 가름합니다.[11] 여러분들에게 모든 선한 진리가 충만하기를 기원합니다.

---

**11** 이 편지는 다음과 같이 끝을 맺는다. 1679년 5월 19일 루카에서. 만약 당신들이 나를 목회자답게 기억해주고 싶은 마음이 있다면: 스피놀라 추기경이요, 루카의 주교인 쥴르(Jules)

그의 답변의 첫 부분에서 프랑수아 투레티니는, 스피놀라 추기경이 루카 망명자들에게 보낸 연설문에서 나타낸 나름대로의 정직성 정도로는 스피놀라의 목적을 달성하도록 이끌기에 충분하지 않다는 사실을 확실하게 하였다. 오히려 정반대로 제네바를 피난처로 삼고 그것을 새로운 조국으로 삼았던 집안들에게 스피놀라가 요구한 것이야말로, 그들의 양심에 상처를 입히는 것이며 또 사람들에게 엄청난 불행으로 남을 하늘의 진노를 촉발하는 일이 아닐 수 없었다. 그 집안들은 그 주교가 그들의 영혼의 신임을 얻기 위해 사용했던 부드러운 제안들을 맛볼 수 없었다. 그것은 그들의 믿음을 흔들기는커녕, 더욱 견고해지도록 할 뿐이었다.

전에 망명자들의 조상들이 어떻게 루카에서 빠져나왔는지를 보여주고 또 엄청난 희생을 감수하면서 그들이 떠날 수 밖에 없도록 강요했던 그 이유들을 검토하면서, 투레티니는 다음과 같이 쓴다.

> 그들이 평소처럼 조국에 머무를 동안에는, 모든 시급한 고려사항들이 날마다 그들을 몹시 괴롭히고 그들의 영혼에 가시노릇을 심하게 하였다. 그들의 양심에 안식을 주고 그들의 믿음을 보장해주고 그들의 삶을 위험에서 벗어나도록 하고 그들의 자녀들을 우상숭배로부터 벗어나게 하며 그들 자신도 하나님이 정하신 바대로 하나님을 섬기는 상태에 처하며 그들의 영혼을 하나님의 손 안에 놓아둠으로써, 평온함과 구원의 확신을 누리도록 할 수 있는 그런 타개책을 찾겠다는 강력한 동기가 충족되지 못했기 때문에 그런 일이 일어난 것이다. 그 가문들은 사회의 모든 이해관계들을 발 밑에 내려놓아야만 했고, 그들의 땅에 대한 모든 집착과 이전에 있던 그들의 삶의 모든 일들을 끊어야만 했었다. 하나님의 음성에 그 가문들은 하나님의 음성을 따라야만 했다, 성 바울이 외치듯이 말이다. "그리

스도와 벨리알이 어찌 조화되며, 빛과 어두움이 어찌 사귀며, 의와 불법이 어찌 함께 하며 하나님의 성전과 우상이 어찌 일치가 되리요?-그러므로 너희는 그들 중에서 나와서 따로 있으라."[12] 그리고 성 요한도 말한다. "내 백성아, 바벨론에서 나와 그의 죄에 참여하지 말고 그가 받을 재앙들을 받지 말라."[13]

투레티니가 다음 대답에서 주목한 것처럼, 이 떠남에 얼마나 많은 축복이 걸려있었는가! 이 망명자들의 애석함을 달래기 위하여, 하나님께서 그 어떤 소중한 혜택인들 아끼셨겠는가! 그들은 양심을 상하게 하는 행동을 저지르도록 하는 제약을 더 이상 느끼지 않는다는 사실에서 말로 다 표현할 수 없는 위로를 얻었다. 그 이후로 그들은 성경을 자유롭게 읽을 수 있었고 경건모임으로 모일 수 있었다. 그들은 새로운 예배의식 속에서, 영혼에 적합한 유일한 자양분 즉 진리를 맛보았다. 이전에 로마 교회에 있을 때에 그들이 들었던 설교란, 근사한 전설과 거짓 생각과 순전히 사람의 전통에 불과했고,

> 우리의 기억을 문자 그대로 분석해보면, 영혼을 보존하기는커녕 오히려 항상 주리고 무력하게 하는, 빈약하고 종종 독이 들어있는 음식이 제공되어 죽음을 가져올 수 있는 지경에 이르렀었다. 모든 것이 사람들이 이해하지 못하는 언어로 말해지는 평상시의 예전에서, 사람들은 형식만을 볼 뿐이었고, 덕을 세우는 것도 없고 영혼에도 참으로 쓸모없는 말만 들었다.

---

**12**  고린도후서 5장 6절 (역자주: 여기서는 원서가 잘못되었다. 이 구절은 실제로는 고린도후서 6장 14-17절에서 인용되었다.)

**13**  요한계시록 18장 (역자주: 4절)

하지만 만약 망명자들이, 그들을 비추며 그들로 하여금 지상의 순례길에서 보다 거룩한 삶을 영위하도록 하는 빛을 종교개혁신앙에서 발견했다면, 그들이 하나님의 말씀에 기록된 것처럼 보다 덕스러운 삶을 영위하면서 참된 경건의 규칙을 지킬 수 있었다면, 그리고 망명자들이 그들의 새로운 영적 상태에서 가장 부드러운 위로를 맛보았다면, 그것은 바로 구주께서 그들에게 주신 선한 죽음이라는 방편으로 말미암은 것이었다. 이것이 바로 투레티니가 그의 답신에서 강조한 바였다. 옛날에 오류의 멍에 아래 사로잡힌 가난한 영혼들이, 그 어떠한 구원의 확신도 주지 않는 교리를 받아들임으로써, 지옥에 대한 두려움으로 인해 끝없이 고통당하는 상태 속에 남겨지거나 혹은 연옥의 불에 대한 이해로 인하여 겁을 먹거나 둘 중 하나였던 것과 대조적으로, 성경은 그들에게 기쁨으로 죽음을 맞이하도록 하고, 확신 가운데서 죽음을 기다릴 준비를 하도록 했다. "하나님의 말씀은,[14] 그들의 영혼이 위로를 받기 위해 도움을 청했던 그 유일한 구세주야말로 그들을 위해 하나님의 주권적 공의를 충족시키는 분이시기에, 그들에게는 결코 정죄함이 없다는 사실을 알게 했으며, 그분의 피야말로 그들의 모든 죄를 씻어주어 그분의 공로에 힘입어 그들이 그분의 보좌 앞에 완전히 정결한 상태로 서도록 한 것이라는 사실을 그들에게 설득시켰다."

이 글의 이어지는 부분에서, 투레티니는 가톨릭과 개신교를 비교하면서, 후자가 전자보다 우월하다는 예를 많이 보여주고 있다. 그리고 이어서 그는 종교개혁을 받아들이고 루카에서 차라리 망명을 나오는 편이 더 낫다고 판단하게 했던 그 종교개혁 신앙의 제반 이점들을 16세기 망명자들의 후손들이 계승하고, 하나

---

**14**  답신, 56쪽.

님의 은혜로 그들이 빠져나왔던 그 무저갱 속으로 다시 빠져들어가지 않도록 해야 한다고 첨언했다. 이어서 이 문제를 보다 더 깊이 꿰뚫으면서, 필자인 투레티니는 개신교를 정죄하는 것은 우리 모두가 알다시피 불가능하다는 입장을 고수하였고, 만약 개신교를 혐오하는 사람들이 존재한다면, 그것은 바로 평소에 개신교를 흑색선전하던 시각에서만 그 모습을 끔찍하게 바라보았기 때문일 것이라고 주장하였다.

그리고 나서 그는 우리 개신교 신앙을 대적하는 모든 거짓 주장의 근거를 일일히 검토한다. 그는 가톨릭 교도들이 종교개혁주의자들을 대적하면서 인용했던 그 교부들이, 오히려 로마의 교리에 맞서 싸우고 있음을 보여주면서, 그 증인으로 성 아우구스티누스(Augustinus)와 성 히에로니무스(Jérôme)와 성 크리소스톰과(Chrysostôme) 성 그레고리(Grégoire)를 소환한다. 투레티니는 이 증인들의 많은 구절들을 회상하면서 그들은 로마 가톨릭 교회의 모든 주장들을 증명하는 것과는 거리가 멀다는 사실을 명백하게 보여준다.

신학 지식으로 가득한 이 부분 이후의 지면에서, 투레티니는 스피놀라 추기경의 불충함에 대한 불만을 강하게 토로한다. 사실 스피놀라라는 이 인간은 개신교 신앙을 깎아내리기 위해, 개신교인들이야말로 "자신들의 잔혹한 열정을 만족시키기 위해 참된 모친을 버리는 것도 불사할 정도로 많은 악을 행하는데에 열심이었던 사람들과도 같으므로, 그들의 절대 다수는 종국에는 비참하게 되고 하늘의 명백한 심판을 받게 될 것"이라고 하면서, 처음으로 개신교 신앙을 가르쳤던 선생들에 대한 추억을 부정적으로 왜곡시켰다.

로마 교회가 만들어 낸 거짓 송사들과 각개전투를 하면서 청산유수로 개신교 변호를 한 후에, 투레티니는 기독교인들이 그들의 스승인 예수님의 본을 따라

이같은 종류의 모욕을 받는 것에 대해서 서로간에 기꺼이 마음을 달래주어야 한다는 사실을 상기한다. 왜냐하면 교회사를 보면 언제나 사탄은 가장 잔인한 범죄를 선량한 사람들에게 가하기를 기뻐해왔기 때문이다. 시기심으로 가득찬 로마가 칼뱅의 도시에 똑같은 중상모략들과 비방을 가하는 것은 안 되는 일이고, 이탈리아 출신 가족들에게 적대적인 행동을 할 수는 없는 것이다. 그런데 스피놀라는 그와는 상반되게도, 루카가 최정예 시민들을 잃게 됨을 애석해한다고 하면서 루카 공화국을 위해 그들이 다시 돌아오길 원한다는 적반하장 발언을 모순적이고 악의적인 근거에서 했던 것이다. 투레티니는 혼신의 힘을 다하여 스피놀라 주교의 부름을 대적하고 항의하면서, 오히려 이탈리아에 머무르는 루카 사람들이 로마의 멍에를 끊어버려야 한다고 호소하였다.

> 이러한 해법은 어려운 것이 사실입니다. 또한 그곳으로 돌아가는 것도 불가능합니다. 끝없는 싸움 없이는 그것을 이룰 수가 없습니다. 하지만 구원 문제가 달렸을 때는, 지나치게 거칠게 보인다고 해서 안될 것이라도 있겠습니까. 이러한 모든 집착을 끊어내야만 합니다. 그러므로 이 원대한 계획이 마침내 이루어질 수 있도록 하기 위해, 힘과 용기로 무장하십시오. 적의 힘과 폭력 때문에 놀라는 것과 마찬가지로 만약 당신의 약함이 당신을 놀라게 한다면, 당신들은 무저갱 가운데서도 길을 내실 수 있는 지극히 선하시고 전능하시고 지극히 지혜로우신 하나님 앞에서 행해야 한다는 사실을 기억해야 합니다. 그리고 어려움이 어떠하든지 간에, 참으로 그를 경외하는 사람들을 버리지 마십시오. 당신들은 세상의 끌림과 매력을 대적하시고, 소심한 자들에게 벼락을 치는 저주의 공포와 당신에게 불행을 가져다주는 협박을 대적하며, 그리고 하나님께서 하나님께 복종하는 사람들에게 달콤한 약속으로 주신 이 땅에서 고통을 겪도록 할 일들을 대적하십시오. "너희

는 거기서 나와서 따로 있으라 내가 너희를 영접하리라."[15] "만약 내 복음을 따른다는 이유로 사람들이 너희를 너희 집에서 쫓아낸다면, 나는 너희를 내 품 안에 살게 하리라. 만약 그들이 너희의 재산을 빼앗아간다면, 내 은혜로 너희를 부요하게 하리라. 만약 그들이 너희를 조국에서 쫓아낸다면, 나는 내 나라에 너희를 영접하리라. 만약 그들이 세상에서 너희가 가진 가장 귀한 모든 것들을 없애버린다면, 하늘의 더욱 영광스러운 모든 것을 너희 몫으로 줄 것이다. 왜냐하면 나는 너희의 하나님이 되기를 원하며 너희들도 나와 함께 영원히 행복하도록 해주고 싶기 때문이다."

이상은 투레티니가 루카 주교에게 보낸 답장에 대한 간략한 분석이었다. 옛날부터 교리 때문에 외국으로 도주하려고 싶어했으나 제압을 당했던 이탈리아 망명자들에 대한 이러한 세부사항들을 읽으면서, 우리는 제네바가 로마와 선을 그음으로써 종교개혁이 자유롭게 설교되도록 했던 바로 그 날을 생각하며 기뻐하기를 멈출 수 없다.

어둠의 제국인 교황의 도시는 현재 일반 백성들의 손아귀와, 성경의 빛이 그곳에 스며들어 유익한 광선이 비추도록 허용하는 빛나고 관대한 정부의 손아귀 안에 있다. 그리고 이 작은 시작에 복을 주시는 하나님께서는, 그의 은혜로 이탈리아 반도 대부분을 이미 빛나게 하셨던 것처럼, 언젠가 오늘날의 바벨론 위에 태양을 비추실 것이며, 그의 말씀을 중심한 완전한 일치 속에서 이탈리아의 모든 아이를 모으실 것이다. 가장 정교한 정치보다도 더 강한 그 복음이야말로, 해결할 수 없다고 알려진 문제들을 해결할 것이다.

---

**15** 고린도후서 6장.

# 10
## 설교자 투레티니, 그의 설교들
Turrettini orateur, ses sermons

*Vie de François Turrettini*

## 제10장
# 설교자 투레티니, 그의 설교들

투레티니의 시대는, 뛰어난 설교자들이 넘쳐나던 시대였다. 이 탁월한 설교자들은 달변가들이었지만, 세밀한 비평을 당하게 될 경우 그 말의 매력을 상실하는 그런 달변이어서, 세밀한 비평을 극복해낼 정도는 못되었다. 16세기와 17세기의 제네바에 상당히 많이 있었던 설교자들을 발견하고 확인하는 것은 흥미로운 일이지만, 그들의 설교 중에서 인쇄된 것은 얼마나 적은지 모른다.

게다가 여전히 종교개혁과 인접해있던 시대 속에서 교회가 들어나면서 과중한 임무를 맡게 되었던 목회자들은, 인내심을 가지고 설교 문제를 연구하고 문학에 많은 시간을 쏟기보다는, 끊임없는 위협이었던 가톨릭 신앙에 반대하는 전투를 대비하여 확고한 회심을 촉진시키는 것이 더 유익하다고 보고 그것을 더 많이 원했다는 사실을 알 수 있다.

16세기와 17세기의 상반기 설교들은, 신학적인 박식함이 상당히 깊이있게 드러났을 뿐만 아니라, 가톨릭의 신앙에 반대하며 개신교에 호의적인 입장을 열정적으로 변호하는 흥미로운 성경 본문 주석으로 구성되어 있었다. 각 설교들에는 달변이 결여되지 않았으나, 균형이 맞지 않게, 신자 자신들이 필요로 했던 조언과 충고보다 달변이 더 많은 자리를 차지한다는 결점은 지니고 있었다.

그리하여 옛날 방법으로 다져진 길을 버리고, 교리의 영역에 좀 더 엄격하게 머물러 있으면서도 영혼의 덕 세움과 도덕에 보다 확고하게 천착하기 위하여, 설교에 주목할 만한 변화를 가져왔던 이 새로운 학파가 등장하였는데, 프랑수아 투레티니는 이 새로운 학파에 속하였다.

투레티니는 프랑스어와 이탈리아어를 공히 편안하게 사용하며 설교자로서 큰 성공을 거두었다. 그가 강단에서 설교하기 시작하자마자, 모든 신자들은 그의 아버지 베네딕이 그의 속에서 되살아났다고 느꼈다. 또한 사람들은 그의 설교를 듣기 위해서 큰 열심을 보여주었다. 예배를 드리려고 할 때마다, 상당한 수의 무리들이 그가 설교하는 교회에 들어왔다. 강한 힘과 부드러움이 듣기 좋게 섞인 그의 달변은, 주의집중과 존중을 동시에 요구했다. 그의 목소리의 매력만큼이나 그의 인격의 존귀함에 감탄했던 청중들은, 그의 말을 한 마디도 놓치지 않았다. 그의 언어는 매우 섬세해서, 사람들이 매우 순수한 그의 말에 충격을 받았다. 뽐내듯이 그 시대의 과장된 문체를 갖추고 싶어했던 그의 동시대인들은, 그의 표현들을 우유와 과즙에 비견하곤 했다. 목회자들과 교수들은 그것에 경외심을 가졌고, 질투하기는커녕 그의 대가됨을 알아보았다.

그의 설교에는 대단한 사상만큼이나, 같은 생각을 다각도로 표현하는 풍성함이 있었고, 나앙한만큼이나 독창력이 겸비된 전개를 하면서, 그렇게 건전한 감명을 받은 한 무리의 청중을 잉태시켰다.

그의 교리적 탁월성은 모든 이들의 마음을 감화시켰다. 그는 진리가 아닌 것은 설교하지 않았고, 설교 중에 복음의 좋은 씨앗에 오류와 개인적인 의견들이라는 가라지를 섞는 수많은 신학자들을 본받지 않았으며, 모든 순수함과 모든 장엄함으로 하나님의 말씀을 그의 양떼에게 제시했다.

우리는 투레티니의 탁월한 설교들을 감안해서 그가 리옹에서 했던 선행을 보다 높게 평가하였다. 마찬가지로 우리는 그가 웅변가로서 홀란드에서 얼마만큼 인정을 받았는지에 대해서도 살펴보았다. 외국 교회들과 그의 동료 시민들에 의하여 주어졌던 이 증언들이야말로 그의 재능을 드러내주며, 그의 설교문들이 내용으로나 형식으로나 공개적으로 내놓을만한 가치가 있다는 것을 보여준다.

투레티니가 두 권의 설교집을 출판하기로 결정한 것은 친구들의 열화같은 요구 때문이었다. 그 중 하나는 1683년에 나왔고, 또 다른 하나는 1686년에 나왔다. 투레티니는, 그의 겸허함으로 인해, 대중들의 판단에 직면하는 것을 두려워하는 것처럼 보였고, 귀로 듣는 것보다 더 까다로운 눈총을 받는 것을 무서워하여, 불을 뿜는 입담 속에서는 눈에 띄지 않을 수 있었던 그의 부족함이 지면상에서 보다 더 확실하게 보이겠거니 하고 오인했다. 하지만 다방면에서 온 반복적인 요구는, 그로 하여금 그러한 오해들을 극복하도록 했다.

두 번째 설교집의 출판으로 말할 것 같으면, 그것은 처음 설교집이 받았던 환대보다 더한 자발적인 환대를 받는 결과를 내었기에, 투레티니는 첫 설교집과 유사한 성공을 예감하였다.

그의 설교집을 세상에 내놓으면서 투레티니는, 외적으로는 대적들에 의하여 박해를 받고 내부적으로는 분란에 의하여 혼란스러워진 교회에 생명을 일깨워

줄 생각을 했다. 하기는, 저자는 그 책의 출판 목적을 그의 서론에서 발췌한 다음 문단에서 우리에게 설명해주고 있다.

> 항구에 있는 사람들처럼, 고통 속에 있는 다른 사람들을 보는 사람들은, 그들의 비명소리만 들어도 그들을 격려하기를 마다하지 않는다. 만약 손으로 그들을 도울 수 없다면, 그들이 새로운 힘을 얻어 거센 파도를 거슬러 마침내 항구에 행복하게 도착할 수 있도록 말이다. 우리가 아무리 찬양해도 지나치지 않는 그 도우심을 통하여 하나님의 섭리로 오늘까지 우리를 보존하고 있는 그 안식의 처소에서 그들을 뒤흔드는 광풍에 노출된 우리의 불쌍한 형제들을 보면서, 우리가 그들을 안전한 곳으로 피신시키기 위하여 손을 내밀 수 없다면, 최소한 그들의 신앙이 상실되지 않고 절망의 파도 속에 파묻히기는 커녕 그들의 선장되신 하나님의 무한한 선하심과 그의 권능을 의지함으로 말미암아, 그들이 조금도 잃어버리는 것이 없이 그들의 모든 고통이 마친 후에 구원으로 인도하는 그 항구에 도달할 것이라는 것을 확신하도록 하기 위해, 말씀과 권면을 통하여 이 슬픈 상태에 있는 그들을 굳세게 해주는 것이 당연하다. 나의 희미한 빛이 이런 상황 속에서 그들에게 조금이라도 도움이 될 수 있다면 나는 행복하게 여길 것이며, 그것이야말로 내 평생 하나님께 사례할 충분한 이유가 될 것이다.

프랑수아 투레티니는 이 강력하고 예리한 설교들을 통하여 그의 청중들에게 매우 깊은 감화를 주었다. 이에 관해 다음과 같은 일화가 회자되고 있다.[1]

---

1 가베렐 목사, 『제네바 교회사』 제2권,

하루는 투레티니가 교구 심방 중에 낭트칙령(l'édit de Nantes, 프랑스 종교개혁 내전 이후 반포된 개신교 관용령인데, 절대왕정을 이끌었던 루이14세가 이를 취소시키고 개신교인들에게 가톨릭으로의 개종을 강요하였다, 역주)의 폐기라는 시련이 길어지는 것에 관해서, 또 프랑스 전제군주가 여러해 전부터 죄악 중에 있는 것을 용납하시는 하나님 심판의 비밀에 대한 다양한 불평을 들었다. 그 다음 일요일에 프랑수아 투레티니는, 하나님께서는 영원하시기 때문에 참으신다는 내용의 본문을 놓고 설교했고, 그의 청중들은 다음과 같은 말을 기억하게 되었다. "하나님의 공의는 양털로 된 발처럼 부드럽게 걷다가, 그 공의가 죄인들에게 닿으면, 철로 된 손으로 죄인을 붙잡는다."

투레티니의 이러한 연설문은, 그 시대에도 그랬지만, 매우 참신한 표현으로서 여기 저기에 씨처럼 흩뿌려졌다. 우리가 보다 더 많은 부분을 인용하려고 하는, 하나님 말씀의 빈곤에 관한 그의 설교도 마찬가지였다. 그곳에서 그는 종교개혁에 대해 말하면서, 박해를 가함으로써 성스러운 책들을 없애버렸던 그 사람들에게 다음과 같이 말했다.

전에는 매우 풍성하던 그 하늘 양식이 결핍한 것을 보면서 한숨 짓고 흐느끼는 수천의 선한 영혼들을 당신은 대변하라. 그들 자신과 그들의 어린 것들을 위해 생명의 양식을 찾아 헤매는 그들을...

"호렙의 떨기나무 속에서 모세에게 나타나셨던 하나님"(Dieu à Moïse dans le Buisson d'Horeb)이라는 설교에 대해서 좀 더 말해보도록 하겠다. 그는 다음과 같이 말한다.

하나님께서는 모세에게 말씀하실 때, 모세의 이름을 한 번 부르는 것에 만족하지 않으시고, 그의 주의를 보다 더 강하게 환기시키고 그에게 명령한 말을 순종하도록 하기 위하여, 두 번 반복해서 부르셨다. 모세 역시도 귀를 기울이지 않고 있다가, 무심코 '내가 여기 있나이다' 하고 대답하였다.

앞으로 나올 보다 더 긴 인용문에서 보시겠지만, 프랑수아 투레티니에게는 우리가 소리높여 말해왔던 달변에다가 교리적 탁월성이 더해졌다. 투레티니는 열심있는 정통주의자로서, 선행이 단순히 열매일 뿐만 아니라 믿음의 필수불가결한 열매임을 성공적으로 보여주었다. 즉, 도덕이란 믿음과 긴밀하게 연결되어, 사람이 스스로 아무것도 할 수 없고 은혜로 구원받기를 기다리도록 하는 것이다. 하지만 동시에 선행은 믿음의 자연스러운 결과이다.

각설하고, 이제 투레티니에게 보다 길게 발언권을 주도록 하겠다. 투레티니는 예수님에 대하여 다음과 같이 말한다.

깊은 낮춤의 상태 속에서,[2] 훌륭한 영광의 섬광이 빛나는 것을 보지 않고서는 배길 수가 없다. 예수께서 마굿간 동물들 가운데에서 태어났을지라도, 천군 천사가 하늘에서 그 위대함을 선포하고 또 한 천사는 그 소식을 땅으로 가져온다. 처음에 지복한 동정녀가 구유에 뉘인 아이를 보러 오는 목자들만을 맞이하였을지라도, 뒤이어서 그녀는 하나님의 아이에게 경의를 표하러 온 동방의 박사들을 보게 된다. 그는 가난하여 그의 머리를 둘 곳도 없을지라도, 그는 우주의 주재처럼 모

---

[2] 신자의 행복, 마태복음 2장 6절 설교 (역자주: 사실 이 설교는 마태복음 11장 6절을 본문으로 한다.)

든 것을 좌지우지한다. 그가 인성을 가졌으므로 곤하여 배고프고 목이 마를지라도, 그의 신성으로 말미암아 수천명의 사람들을 배불리 먹이는 것을 본다. 또 그의 복종의 증거로서 가이사에게 세금을 지불하기를 원할 때에라도, 그의 권위를 나타내는 표시로 물고기로부터 그 세금을 얻어서 지불하도록 했다. 그가 가장 낮은 천민처럼 율법에 복종한다고 할지라도, 모든 피조물 위에 세워진 그의 제국을 보게하며, 바람과 파도를 꾸짖어 가장 귀먹고 모든 요소가 마비된 사람조차도 그를 존경하도록 만드는 것이다. 사람들에게는 복종한다 할지라도, 귀신에게는 명령을 내린다. 군병들에게 잡힘을 당했을지라도, '내가 그이다'라는 말 한마디로 그들 모두를 뒤로 물러가도록 하여 자신을 보호할 수 있음을 잘 보도록 해주었다. 그의 영광을 시기하였던 유대인들의 공회에서 사형선고를 받았다고 할지라도, 그는 빌라도에게서와 유다의 양심에서와 백부장에게서 무죄선언을 받았다. 그가 두 강도 사이에서 불행한 범죄자처럼 십자가에 못박혔을 때, 바로 그 때가 그 강도 중 하나를 회심시키고 그 강도에게 낙원을 약속하면서 그가 불굴의 은혜라는 지고한 힘을 떨친 때였다. 마지막으로, 그가 종들이 당하는 고난을 당하고 수치스런 나무 위에서 목숨을 잃어야만 했을 때, 그 상황에서 일어난 일들, 즉 태양이 가리워지고, 땅이 흔들리고, 바위들이 갈라지고, 무덤이 열리고, 성소 휘장이 위에서부터 아래로 찢어졌던 이 놀라운 일들이야말로, 그의 위엄을 가시적으로 증거하는 것이었을 뿐만 아니라, 참으로 경악스러운 범죄로 점철되어 있는 본성의 끔찍함을 명백하게 증거하는 것이 아니었겠는가. 그리하여 예수 그리스도에게서 보았던 육체적 약함의 증거들로 인하여 실족할 상황에서라도, 믿음은 위로와 기쁨거리를 끄집어낸다. 그 육신은 단순히 요셉과 마리아의 아들로 보일 뿐이지만, 우리의 본성이라는 경멸할만한 수건을 뒤집어썼다고 할찌라도 믿음은 그를 하나님의 영원한 아들로 관조한다. 그 육신은 단순히 종의 모양을 덧입은 한 남자만을 발견할 뿐이지만, 믿음은 그를 우주의 주재이시며 사람과 천사 위에

왕노릇하시는 영원히 찬송을 받으실 하나님으로 여겨 경배한다.

그리고 하나님 말씀의 빈곤에 관한 설교에서 그는 말하기를,

여러분 형제들이여, 하나님 말씀의 빈곤이야말로 하나님께서 옛날 이스라엘에게 했던 무시무시한 협박을 의미하는 것이요, 악한 운명을 집약적으로 함축하는 것입니다. 오늘날 그것을 적용할 일이 없었더라면 좋았을 것이며, 우리들의 경건이 신실하고 열심이 있어서 비슷한 형벌을 염려할 이유가 전혀 없을 정도였다면 좋았을 것입니다. 기독교인들이 이 가공할만한 혹독한 기근을 경험하지 않았더라면 좋았을 것이며, 하나님께서 교회에서 제시한 그의 말씀이라는 하늘의 빵에서 양분을 취하고 그것을 포식했다면 좋았을 것입니다. 오호 통재라! 우리는 지난 세기 동안에 악한 예들만을 너무 많이 보았고, 아주 고통스러운 결과만을 너무 많이 보았습니다. 오늘날까지 하나님께서 우리를 그의 호의라는 기적으로 말미암아 위험한 재앙으로부터 지켜주셨던 것을 나는 잘 알고 있습니다. 하나님은 우리로 하여금 재앙을 느끼게 하기는 커녕, 우리가 먹고 영양을 취하며 포식할 거리인 이 살려주는 빵을 우리에게 항상 매우 풍족하게 공급해주셨습니다. 오늘날에 이르기까지 하나님께서는 우리 장막 중에서 이토록 많은 양을 모을 수 있는 사람이 없을 정도로 대단히 많은 양의 하늘의 만나를 우리 문 앞에 내려주셨습니다. 하나님께서는 우리에게 은혜의 샘을 열어주셨고, 우리 믿음을 북돋아주기 위하여 그곳에서부터 영생의 물이 솟아나와 흐르도록 하셨습니다. 매일같이 하나님께서는 그의 집의 진수성찬과 그의 성전의 신성한 것들로 채워진 신비한 식탁을 우리 눈 앞에 차려주셨고 또 차려주시고 있습니다. 만약 하나님의 영광과 우리의 위로에 대해서 알지 못한다면, 우리들이야말로 모든 사람 중에서 가장 배은망덕한 사람들일 것입니다. 그렇습니다. 나의 형제들이여, 우리 주님처럼 우리에

게 호의를 베푼 사람은 이 세상에 아무도 없으며 또한 이 하나님의 말씀을 이처럼 풍부한 중에서 자유롭게 전달할 사람도 주님 외에는 없을 것이라고 나는 감히 말합니다. 하지만 애석하게도, 우리 모든 형제들이 이와 같은 유익을 누리고, 우리처럼 이 커다란 행복을 즐긴다고 말할 수가 없습니다. 우리가 그들에게서 보는 슬픈 상황은, 현실이 정반대라는 증거들만을 많이 보여주며, 그들이 실질적으로 맞닥드린 이 무시무시한 위협의 괴로움을 재난들 속에서 경험한다는 사실들만 보아도, 현실이 정반대라는 것을 우리에게 알게 합니다. 또한 그들이 모든 악함으로 가득차 있다는 것을 우리는 직시해야만 합니다. 박해라는 폭력은 그들에게 오래전부터 그 사실을 느끼게 해주었으며, 또한 날마다 슬픈 실례들을 보지 않았더라면 그 사실을 수고로이 설득했어야 할 만큼, 크고 쓰라린 문제를 그들에게 느끼게 해주었다는 사실을 잘 알고 있습니다. 그 슬픈 실례들이란, 그들의 재산과, 그들의 육체와, 그들의 가족과 그들이 보다 소중하게 여겼던 모든 것들에 있어서 그들을 괴롭히는 것을 말합니다. 실제로 그들의 일자리와, 그들의 직무와, 그들의 밥벌이 수단과, 자녀들을 양육하는 수단이 없어졌고, 그들은 치욕과 모욕을 당하고, 인정사정 없이 밤낮으로 잔혹하게 그리고 참을 수 없을 정도로 그들을 괴롭히는 군인들의 숙박을 제공하느라 진을 빼고 있습니다. 그들은 감옥과 독방으로 끌려가고, 쇠사슬로 결박되고, 비참 속에 그리고 눈물 중에, 태어날 수도 없고 살 수도 없고 평화롭게 죽지도 못하는 중에 그들의 날들을 지내다가, 마침내는 최후의 근심 중에 퇴로마저도 차단된 채로 처하게 되었습니다. 그러나 이 악들이 아무리 끔찍하다 하더라도, 그들을 가장 괴롭힌 것은 그런 것이 아니었습니다. 하나님 말씀의 잔혹한 기근이야말로 바로 그들을 가장 괴롭힌 것이었습니다.

이제는 믿음의 인내라는 주제로 넘어가도록 하겠다.[3]

마귀는, 속임수를 사용하여 양심을 잠재우고 빠져나오기 어려운 함정 속에 신자를 항상 묶어놓으려고 한다. 그는 영혼들을 속이기 위하여 보통 두 가지의 위험한 망상을 동원하는데, 이에 대하여 확실하게 짚고 넘어가는 것이 중요할 것이다. 첫째, 우리가 구원받는 것이 행함으로써가 아닌 믿음으로써라는 이유를 들어, 죄인으로 하여금 마음 속으로만 믿음을 가지고 있게 하고, 입술로 신앙고백을 하지 않아도 된다고 믿게 함으로써, 그가 구원받을 수 없도록 하는 것이다. 수많은 사람들이, 마음과 입술이 따로 놀더라도 하나님께 만족을 드릴 수 있다는 상상을 하며, 그들의 죄 중에서 잠을 자고, 거짓 교회와의 교제 속에 붙잡혀 있는 이유는, 바로 이러한 원리에 기인한 것이다. 그들은 다음과 같이 말한다 : "내 입술로 신앙을 부인하도록 강요당한 후에, 이제 나는 사실 신앙에 반대되는 것을 고백하기로 약속하고 서명하였으나, 그래도 그것은 입술일 뿐이고 또 내 손이 그 일을 한 것 뿐이지, 내 마음은 그것과 관계가 전혀 없다. 나는 내 신앙을 항상 간직해왔고, 앞으로도 영원히 그것을 간직하길 바란다. 만약 내 육체가 우상의 전에 들어가도록 강요를 당하고, 외적으로는 하나님을 순전하게 섬기는 것과 반대되는 행동을 하도록 강요를 당하더라도, 내 영혼은 그로부터 면제를 받을 것이며, 나의 하나님을 영과 진리로 경배하기를 멈추지 않을 것이다. 그것이 바로 나로 하여금, 내 마음을 보시는 하나님께서 나를 불쌍히 여기셔서 나의 죄를 용서하실 것을 기대하도록 하는 것이다." 하지만 이와 같은 생각으로 자만하는 것은 헛된 일이다. 뭐라고? 하나님이 범죄에 참여하는 것을 참으실 수 있으시며, 그가 인류 전체에게 모든 인류가 하나님의 손으로 만든 작품임을 인정하라고 요구하지 않으신다는 말

---

[3] 히브리서 10장 23절 설교

인가? 구주 예수께서 그의 피로 인해 우리의 육체를 속량했고, 우리의 영혼도 마찬가지로 속량하여 성령의 전으로 삼았기 때문에, 우리가 그를 영화롭게 하고 서로의 안에 거하는 것이 정당하지 않겠는가? "마음으로 믿어 의에 이른다"고 말하는 사람은, 또한 "입으로 시인하여 구원에 이른다"고도 또한 말할 수 있지 않겠는가? 믿음이 우리를 구원하기에 충분하다고 나에게 말하지 마시오. 나는 하나님 앞에서 우리를 의롭게 하는 것은 믿음 뿐이며 우리가 그 어떤 행위로 그것에 기여할 필요가 없다는 것을 고백한다. 왜냐하면 의롭다함을 받는 것과 예수 그리스도의 매우 완벽한 의를 적용받는 것은 믿음으로만 가능하기 때문이며, 믿음이야말로 우리 칭의의 유일한 근본이기 때문이다. 하지만 이 믿음이 진짜 믿음이려면, 살아있으며 사랑으로 역사하는 믿음이어야만 하며, 행함과 고백을 분리하는 것이 되어서는 결코 안된다. 그렇지 않다면 죽은 믿음이다. 마음의 생명에 입술의 호흡이 수반되어야만 하고, 그 호흡이 없다면 곧 숨이 막히게 되듯이, 우리 영적 생명의 원리요 그리스도와의 연합이라는 유익을 선사하는 그 믿음 역시도 참된 신앙고백이라는 숨결과 합해져야만 한다. 그렇지 않은 상태로 조금만 머물더라도, 이내 질식해버릴 위험이 있지 않을까 두렵다. 그리고 "내가 밖에서 어떤 모습을 취하든, 하나님께서는 내 마음을 보시고, 또한 내가 그분을 경배하고 내 영혼의 순전함으로 그를 섬기는 것도 아신다"고 말하지도 마시오. 당신이 그 어떤 저항에 직면했다고 해서, 그처럼 반대되는 행위를 해도 되겠는가? 세상의 두려움이 당신으로 하여금 하나님께 대한 의롭고 정당한 의무를 다하기를 거부하도록 한다는 이유 때문에 말이다. 당신이 하는 일이 바로 세상의 영광을 하나님의 영광보다 더 좋아하는 것임을 모르는가? 그것이야말로, 우리 주님께서 주님을 믿는 것을 선하게 여기면서도 회당에서 추방을 당할까봐 감히 그를 시인하지 못했던 유대인들의 그러한 원리들을 나무라신 것과 같지 않은가.

그의 친구 아브레네테(Abrénéthée)는 이 설교들이 출판되는 것을 몹시 보고 싶어했다. 그리하여 그는 투레티니에게 다음과 같은 편지를 썼다.

> 이제 이처럼 까다로운 문제에 대해서는,[4] 착하고 부드러운, 평강과 침묵과 망각의 손에 당신을 맡기고, 나는 보다 더 즐거운 쪽으로 화제를 바꾸려고 합니다. 나는 당신이 마음만 먹는다면 준비될 이 작은 설교집을 출판하라고 당신에게 권유하는 모든 친구와 전심으로 함께한다는 사실을 당신에게 말합니다. 당신의 생각이나 언어에는 비판받을 것이 없다고 생각합니다. 특히 당신께서 어떤 목양투의 표현들을 잘 다듬는 일에 주의를 기울인다면, 당신은 이제 까다로운 사람들의 비평을 두려워할 것이 없고, 오히려 그들 스스로가 참되게 설교하는 것이 무엇인지를 배울 것이라는 바람을 가져도 되겠습니다. 사람들은 당신께서 한술 더 뜰 것 없이, 이대로 진행하기를 바랄 것입니다.[5]

요약컨대, 이 인용한 부분들만 보아도, 프랑수아 투레티니가 얼마나 용기있고, 유식하고 통찰력있는 설교자였는지가 충분히 드러난다. 약간 길고, 쓸모없는 반복들과 장황한 구문들이 있다는 단점이 있기는 하지만, 크게 볼 때 본질적인 특질들이 충분히 그런 단점을 만회해준다. 그의 독창성은, 때때로는 이상하지만, 좋게 말하자면 그 대부분이, 우리 시대에는 완전히 사어가 되어버린 그 시대의 문체에서 기인한 것이다.

---

**4** 교리논쟁
**5** 1675년 10월 12일, 카일라르(Cailar)에서 보낸 편지. (역자주: 카일라르는 프랑스 님부의 도시이다.)

하지만 그 형태나 표현들이 옷을 갈아입듯이 변하여, 시대에 필요한 탈바꿈을 겪을지라도, 또 연설의 시기가 더 이상 현재와 같지 않다 하더라도, 복음의 진리 만큼은 영원히 남는 것이다. 프랑수아 투레티니의 강론에서 고어로 표현되어 우리에게 제시된 그 탁월한 교리야말로, 기독교의 참된 가르침인 것이다. 그것은 또한 하나님의 말씀으로부터 직접적으로 흘러나오는 것이다. 그 교리가 오늘날의 모든 설교자를 살아 움직이도록 하는 것이야말로 여전히 바람직한 사항이다. 사역자라면, 성경 말씀을 순수하고 전체적으로 다루는 것 외에 그 어떤 다른 것도 설교해서는 안 된다. 비록 현대의 국가 교회들이 종교개혁자들의 원리들을 발로 밟으면서 신앙과 불신의 괴상한 연합을 마음 속에 용인했지만, 그래도 신실하고 일관성있는 경건은, 성령의 살리시는 생기 하에, 앞으로 도래할 비국교도 교회에 심겨 번성하게 되었던 것이다.

# 11

## 투레티니의 행적과 그의 서신교환
Suite des travaux de Turrettini

## 제11장
# 투레티니의 행적과 그의 서신교환

목사요, 시민이요, 작가라는 다양한 측면에서 투레티니를 연구하면서, 우리는 필수적으로 앞으로 우리가 실타래를 풀어나가야 할 전기상의 특정 세부사항 중 일부를 따로 남겨놓아, 이 특별한 장에 할애해야만 했다. 투레티니는 상당히 늦게 결혼을 했는데, 1661년 프랑스 프로방스 출신의 엘리사벳 드 마스 쇼베(Elisabeth de Masse Chauvet)와 결혼하였다. 그녀는 유명한 수학자요 네덜란드 오란녜공의 궁내 대신이었던 폴로(Pollot)의 질녀였고, 그 폴로에게 철학자 데카르트는 몇 개의 편지를 보내기도 했었다.[1] 이 결혼이 남긴 것은 바로, 1671년 8월 달에 세상에 태어난 아들 쟝-알퐁스 투레티니(Jean-Alphonse Turrettini)였다.

---

1    쿠쟁(Cousin), 『데카르트의 편지』(Correspondance de Descartes)를 보라.

1676년에 그의 동료 몇 사람과 함께 합동하여, 시민회에 아래와 같은 상황 때문에 제네바로 망명한 헝가리 사역자들을 소개시킨 것은 다름 아닌 프랑수아 투레티니였다. 일부는 개혁파이며 일부는 루터파인, 총 30명 정도 되는 이 불쌍한 사역자들에게, 황제는 갤리선 노예 복역형을 내렸다. 이탈리아 나폴리에서 구금되어 있었던 이 존엄한 신앙 고백자들의 불행은, 신앙심 깊은 영혼들의 사랑을 불러일으켰다. 1675년 10월달에 제네바 정부가 1200 에퀴에 달하는 모금을 해내라는 명령을 하기로 결정하였다는 내용이 시민회 회의록에 나온다. 여타 개신교 국가들이 또한 그 일을 도왔다. 얼마 후에 그들은, 시칠리아 바다를 항해하고 있었던 라위테르(Michiel Adriaanszoon De Ruyter, 1607-1676) 제독에 의하여 그들의 잡힌자들이 구출된 것에 대해 행복해했다. 그들 중 4명이 1676년 6월달에 최고 통치자들에게 사례하기 위하여 제네바에 왔다. 그들은 투레티니와 트롱셍 및 메스트레자와 동행하여 시의회가 개최한 공청회에 왔고, 그 외국인 중 한 명이 동료들에게 모든 감사를 표하면서 매우 감동적인 라틴어 담화문을 발표하였다.

투레티니는 학교 일과 교회 일에 몰두했으며, 가장 작은 일까지도 관여하였다.[2]

1676년 8월 11일 금요일에 그는 제네바 아카데미 히브리어 교수로 임명되었다. 그의 교육을 특징지어주는 모든 장점에 대해 우리가 알고 있는데, 그 중 하나

---

[2] 우리가 보았듯이, 1672년 3월 30일 토요일에 투레티니는 다니엘 푸에레리(Daniel Puereri)를 대신하여 교장으로 J. J. 사르토리스(Sartoris)를 임명해달라고 목사회 대표로 요구하기 위하여 시민회에 출석하였다. 1673년 1월 27일 월요일에 우리는 회의록에 기록된 대로, "이탈리아 교회의 청빙을 받은 존경받는 미셸 투레티니 목사가 교회 직제에 따라 설교할 수 있도록 해달라고 청원하기 위해 그가 최고통치자들에게 간 것"을 볼 수 있게 된다. "프랑수아 투레티니씨와 함께 동식에 있게 된 것이야말로 만족스러운 일이었다"고 한다.

가 바로 학문과 방법의 일치를 도모했다는 점이었다. 또한 그의 수업의 바로 이러한 면이 외국에서 좋은 평판을 얻었다. 예를 들어, 베일(Pierre Bayle, 1647-1706)은 자기 조카 중 두 명에게, 제네바에 체류하는 동안 투레티니의 탁월한 히브리어 수업을 수강할 수 있는 행운을 놓치지 말고 활용하라는 내용의 편지를 썼다.[3]

1680년, 우리는 투레티니가 목사회의 위임을 받아 선거 때에 시민회에 출석하여 다양한 권면을 했음을 보게 된다.[4]

> 다른 이들 사이에서의 추천이나 특별한 이해관계는 고려하지 말며, 하나님께서 우리에게 매우 풍성한 포도주를 주셨기에 그것을 남용하는 것을 막되, 특히 선거 시에 그렇게 하도록 신경을 많이 쓰십시오. 정의의 눈으로 살펴 눈 앞에서 벌어지는 상품의 독점을 개선하십시오, 그렇지 않으면 백성들을 울리는 높은 가격이 나오고야 맙니다. 사법부의 고관대작들로 하여금 상대편에게 지불을 강요하는 것이 문제가 되었을 때, 그들로 하여금 너무 엄격하게 그것을 하지 않도록 유도하십시오. 세세한 온갖 종류의 상품 가격이 높아지는 것을 신중성을 가지고 막으십시오.

이년 후 그맘때쯤, 투레티니는 메스트레자씨를 대체하기 위한 선거에 쓴소리를 하는 임무를 재차 맡았다.[5] 소민회와 더 큰 규모의 시민회에 그가 특별히 요구했던 것은, 가벼운 설교 혹은 으레 그렇듯이 사소한 것에 대한 설교가 아니라,

---

3 역자주: 프랑스 철학자로서, 『비평 사전』이라는 책의 저자.
4 제네바 소민회 회의록, 10월 29일 금요일 회기.
5 제네바 소민회 회의록, 1682년 10월 27일 금요일 회기.

드물고 중요한 것들을 위한 설교, 곧 위증자들을 매우 엄격하게 벌주는 것에 대한 설교가 필요하다는 것이었다. 그는 이 문제에 있어서 규칙적으로 그리고 방해받는 것이 없이 직권을 수행할 수 있는 사람들을 고용해야만 할 막대한 필요성이 있으며, 설교가 정당한 방법과 하나님의 정하심에 따른 수단으로 이용되어야 한다고 하면서도, 설교권을 남용할 경우 꾸짖고 벌을 주어야만 한다고 했다.

그의 쓴소리 속에서 우리는, 프랑수아 투레티니가 타고난 날카로움의 끈을 늦추면서도 시민회에 충격을 줄 방법을 찾았음을 볼 수 있다. 그는 어느날 그의 동료들에게, 사실은 그가 뒤푸르(Dufour)씨와 함께 200인회 앞에 출두하였을 때, 의회의원들이 그의 권면 중에서 두 가지 흠을 잡아냈다고 털어놓았다. 첫째, 콘스탄티누스(Constantin) 황제가 목사들은 교회 내적 감독(*episcopus ad intra*)들의 자격을 가지며, 황제 스스로는 교회 외적 감독(*episcopus ad extra*)의 자격이 있다고 말한 것을 첫 번째 흠으로 지적했고 (유세비우스,『콘스탄티누스 황제의 생애』제4권, 24장에 나온다고 그가 확인하였음), 또한 목사들에게 지식과 말씀의 열쇠뿐만 아니라, 권징과 그것의 시행이라는 열쇠까지도 돌리면서, 설교권과 성례집행권과 함께 그것들이 교회에 귀속된다고 주장한 것을 흠으로 지적하였다.

투레티니는 이 문제에 있어서 혹시 자신이 정통이 아닌 무언가를 말했는지 여부를 검토해 달라고 목사회에 부탁했다. 그의 동료들은, 그가 했던 모든 것이 정통이라는 사실을 확증하였다. 이때로부터 투레티니의 건강이 악화되기 시작했다. 그는 그의 근면한 생활을 포기하지는 않았지만, 필요할 때에는 그의 임무 범위를 축소해야만 했다. 사실 그 후로 그의 이름이 다시는 공적인 기록에 자주 등장하지 않게 된다. 그렇지만 그의 육체의 약함이 그의 외부 일들을 제한시켰다고 하더라도, 그의 생각의 활동은 그 강도가 전혀 줄어들지 않았다. 그의 편지와 글의 날짜들이 그것을 증명한다.

건강에 큰 타격을 입은 투레티니는, 정확히 이 무렵에 그의 글의 일부를 취리히 정부에 헌정하면서 편지 한 통을 동봉하여 그곳에 도달하도록 했다. 우리가 기꺼이 인용하고자 하는 아래의 편지는 취리히의 최고통치자에게 보낸 것이다.

귀하,[6]

취리히 마을과 주(칸톤)를 부지런히 통치하시는 탁월하신 각하들께, 제 할아버지의 인격 덕분에 그리고 제가 행복한 기억으로 간직하고 있는 고인이 되신 아버지 덕분에 각하들이 우리 가문에 베풀어주었던 영광스러운 환대로 인해, 그리고 다양한 만남들에서 재차 느꼈던 호의적인 증언으로 인해, 제가 항상 간직하고 있던 심심한 감사를 표현해드리기 위해, 저는 제가 다시 빛을 보도록 만든 이 작은 작품을 기꺼이 증정할 자유를 가졌습니다. 귀하, 저는 저의 매우 겸손한 존경을 이 기회에 귀하께 돌려드리는 것을 놓치고 싶지 않았습니다. 취리히국의 수장이신 각하께 간청하는 것은, 제가 큰 겸손으로 드리는 이 책을 받아주셔서, 제가 할 수 있는 모든 존경심을 담아 드리는 이 작은 선물을 탁월하신 각하들께서도 좋은 마음으로 받아주시도록 간청하는 것이며, 감히 이 책을 헌정하는 저의 자유를 받아들이도록 해주시기를 간청하는 것입니다. 저는 직접 그분들께 그것을 드리러 갈 수 있기를 간절히 바랐습니다만, 저에게 맡겨진 임무와 저의 약한 건강 때문에 그렇게 하지 못하게 되었습니다. 그래서 저는 저의 조카이며 목사인 픽테씨에게 저의 부족함을 보충해달라는 부탁을 했으니, 작고하신 그의 아버지의 이름과 그에 대한 기억이 항상 유일한 천거서임을 제가 알고 있는만큼이나 그 역시도 또한 더

---

**6**   1682년 3월 제네바에서

욱 기꺼이 받아주시기를 소원합니다. 그러면서도 저는 각하께서 은혜를 베풀어 주시기를 감히 요구합니다. 그래서 그가 각하께서 저를 총애해달라고 부탁드린 대로 각하께서 저를 계속해서 총애해 주시고, 또 저처럼 더욱 많은 존경과 순종으로써 당신의 번영을 그처럼 열렬히 바라는 사람이 없다는 사실을 알아주시기를 감히 요구합니다. 탁월하신 각하의 매우 겸손하고 복종적인 종, 투레티니로부터.

투레티니는 그 시대의 괄목할만한 사람들 및 존경받는 목사들과의 서신교환을 지속하였는데, 그 목회자들은 찬란한 명성을 가진 것은 아니지만 그렇다고 탁월한 사람들보다 전혀 부족하지도 않은 이들이었다.

투레티니가 관계를 맺고 지냈던 학자중에는, 다양한 편지들을 투레티니에게 보냈던 알렉상드르 모뤼스(Alexandre Morus)도 있었다. 우리가 알다시피, 여행을 많이 했던 이 모뤼스 교수의 파란만장한 인생은, 그가 여러 자리를 차지하면서 그곳에서 제시한 정통적이지 않은 의견들로 인해 책망을 불러일으키게 되었고, 그의 불쾌한 유머는 그로 하여금 항상 부당한 박해를 받는 양 착각하도록 했다.

투레티니와 거리가 생기도록 했던 교리적 상이함에도 불구하고, 모뤼스는 투레티니에게 대한 탄복과 애착을 지속적으로 가득히 간직하고 있는 것처럼 보였다. 모뤼스는 그에게 다음과 같이 썼다.[7]

만약 당신께서 다른 곳에서 나에 대한 구체적인 소식들을 듣게 될 것이라는 사실에 대해 내가 무지하다면, 여기서 나의 이야기를 모두 당신께 털어놓겠습니다.

---

7 미델부그르(Middelbourg), 1649년 9월 23일.

당신께서는 여전히 그 문제에 편벽되이 하지 않을 것임을 믿어 의심하지 않으며, 또 당신께서 나는 위로를 받고 있는 반면 당신께서는 불쾌한 주제 중 하나로 여기는 그 매일 커져가는 주제들에 대해서 언급하지 않을 것이라고 믿습니다. 나는 당신을 내가 맡고있는 이 선한 직무로 돌아오도록 하기 위해, 당신께서 필요로 하지도 않는 좋은 자리로 당신을 인도하려고 나의 펜으로 애를 썼던 것을 알아주기를 더욱 바랍니다. 나는 당신에 대하여, 내가 세상 사람들에게 대해 가진 것과 같은 경애와 사랑을 가지고 있으며, 내 마음 속에 당신의 장점을 간직하고 있듯이 당신의 이름이 내 입에 항상 있음을 당신은 의심해서는 안됩니다. 적어도 나에게는, 당신의 사역의 열매, 그리고 관정과 관사에서 막 비추기 시작했던 당신의 빛의 열매의 처음 소식을 알렸다는 점이 이점으로 작용하리니, 어느 날 좀 더 가까이에서 그 빛들이 빛나는 것을 본 사람들은 실망하지 않을 것입니다. 당신에게 나는 라틴어로 편지를 쓸 것입니다만, 나는 내가 무한히 존경하는 당신의 어머니께서, 내가 당신에 대해 사랑을 가진 것을 보시고, 또한 하나님께서 계속해서 그 은혜의 부요함과 그리고 당신들로 인하여 그녀에게 소중하게 보장되어 있는 그 축복이라는 부드러운 열매로 어머님과 당신의 자매들과 당신의 모든 거룩한 가족들을 복 주시기를 내가 하나님께 기도하며, 참으로 겸손한 존경심을 가지고 당신을 섬기는 것을, 완전한 애착을 가지고 봤으면 좋겠습니다.

또 다른 편지에서, 모뤼스는 다음과 같은 표현을 하고 있다.

매우 경애하는 형제님에게,

당신이 정말로 그랬다는 것이 사실이라면, 나는 당신이 만든 것처럼 보이는 이 그림자를 양해하기가 어렵습니다. 당신은 나에 대하여 그렇지 않지만, 나는 당신에게 대해 최고의 평가를 하고 있다고 단언합니다. 또한 당신이 침묵한다고 해서,

내가 당신의 애정을 전혀 의심하지 않습니다. 당신의 주장에 대하여 내가 당신에게 변명을 하지 않는 것이 하나님을 기쁘시게 하는 일일 것입니다. 그러나 하나님께서 우리에게 가하신 그 일격, 즉 세상의 최고한 방백이라도 그로부터 물러가도록 만드는 그 일격이, 유감스럽게도 나에게는 너무나도 정당한 방어수단을 제공하였습니다. 그야말로 모든 기능들을 한 동안 멈추도록 하는 정당한 방위였습니다. 게다가 나는 당신이 내 모든 편지를 받았는지도 모르겠고, 옛날에 세워졌던 이 확실한 부표들이 더 이상 유효하지 않은 것이 아닌가 두렵습니다. 우리가 당면한 상실로 인해 나는 선한 사르토리스씨의 모든 교회와 함께 울었습니다. 그 돌아가신 분에 대한 기억과 그의 가족은 나에게 항상 소중하게 다가올 것입니다… 당신도 선생님의 죽음에 대해서 듣지 않았을까 싶습니다. 살마시우스(Saumaise) 부인이 리베씨를 청빙하려고 했었으니까요. 리베씨는 생전에 나에게 부고문을 써 달라고 강하게 요구했었고, 그의 작품들을 그 부고문 아래에 써놓기를 원했습니다. 그러나 인쇄자로 말미암은 것도 아니요 시인으로 말미암은 것도 아닌, 잘못된 것들이 너무 많았고, 누구인지는 내가 몰라도 악의를 품은 사람들도 있어서, 죽은 사람은 존중해야만 할텐데도 불구하고 "그들이 왕성할 것이다"(florebunt)라는 표현 대신, "그들이 정력적일 것이다"(vigebunt)라는 표현을 써버렸습니다. 당신은 내가 얼마나 심란했는지 나에 대해서 전혀 모르실 것입니다…[8]

마지막으로, 파리에서 썼다고 날짜가 적혀있는 다음 편지의 일부를 발췌하겠다.

나는 우리의 목사회로 말미암아 당신에게 카푸친 수도원 신사, 즉 브르타뉴 지방

---

**8** 미델부르그, 1651년 3월 1일.

의 매우 고귀한 가문 출신이며 당신이 알고 있는 그 이유 때문에 우리 가운데 받아들일 수는 없었던, 드플로크(de Plauk)라는 나리를 돌봐달라고 부탁할 의무를 부여받았습니다. 당신이 그를 책임질까봐 두려워한 나머지, 우리는 그에게 여행할 기회를 만들어주었으며, 그가 일을 마친 후에 지나가는 길에 만나러 가야만 하는 생 앙드레 몽브룅(St. An dre Mombrun)씨 편으로 당신에게 보낸 이 편지는, 바로 그를 천거함으로써 호의를 보였던 로항(Rohan) 공작 부인의 편지입니다. 내가 보기에 그것은 약할 뿐만 아니라 빛을 별로 받지 못한 양심에서 쓴 편지였지만, 그래도 좋은 의도를 가지고 쓴 것이었습니다….[9]

투레티니는 프랑스 남부 발랑스(Valence)의 목회자인 오멜(Homel)와도 서신 교환을 했다. 오멜은 프랑스 동남부 그르노블(Grenoble) 의회 소속 변호사의 장자였다. 우수한 교육을 받은 후에, 그는 깊은 경건성과 함께 교리 문제에 있어서는 확고부동했던 열심있는 교회 사역자가 되었다. 단호한 정통주의자요, 굽힐 줄 모르는 치리 감독관이었던 그는, 루됭(Loudun)에서 열린 프랑스 개신교회 총회에 참여하는 영예를 누렸을 정도로 자기 지방에서 굉장히 인정을 받고 있었다. 길고 어려운 논쟁들 속에서 로마 가톨릭 사제들의 적개심에 불안감을 가지고 있었던 그는, 진리의 깃발을 용감하게 수호했다. 노아이으(Noailles)와 생뤼트(Saint-Ruth)가 비바레(Vivarais)에 들어가서 개신교들과 치열한 전투를 싸웠을 때,[10] 오멜은 피난처를 찾아 세벤느(Cèvennes) 지방으로 갔으나 그곳에서 농

---

[9] 파리, 1668년 3월 6일.
[10] 역자주: 노아이으 대공(Duc de Noailles), 그리고 샤를르 샬모 드 셍뤼트(Charles Charlmot de Saint-Ruth, 1650-1691)라는 루이 14세의 기병대장을 말한다. 비바레는 프랑스 남부의 도시 이름이다.

부들에 의하여 체포되어 오브나스(Aubenas)감옥에 투옥되었다. 그리고 그는 님므(Nimme) 상급 재판소에서 바퀴 형틀 사형을 선고받고 순교의 고귀한 죽임을 당했다.

다음은 오멜이 발랑스에서 목사직을 수행하고 있을 때에 투레티니에게 보낸 편지이다.

매우 존경하는 형제님에게,[11]

저는 당신이 최근에 들 라 샤리에르씨(de la Charrière)로 하여금 저에게 써보내도록 한 편지를 받는 영예를 누렸습니다. 저에게 그것을 친절하게 써주셨으니 잘 하셨습니다. 그래서 당신에게 무한히 우정의 표시를 할 수밖에 없습니다. 그리고 저는 당신의 평가에 걸맞는 사람이 되기 위하여, 당신이 나를 추켜세워준 그런 좋은 성품을 갖기를 원했습니다. 참으로 부족하지만, 저는 충성과 봉사를 통하여 저의 부족함을 채우려고 노력할 것입니다. 제가 형제님 당신께 확언할 수 있는 것은, 제가 오래전부터 당신에 대한 특별한 존경심을 가지고 있다는 사실입니다. 당신의 평판은 너무나도 영광스럽게 확립되어 있다보니, 예루살렘에서 완전히 이방인으로 산다면 몰라도 그렇지 않고서야 그것에 대해 말하는 것을 들을 수밖에 없을 정도로 그것은 멀리 퍼졌습니다. 당신의 박식한 글들은 당신을 도처에 알리기에 충분하기에, 나로서는 당신을 보기를, 하나님께서 어둡고 부패한 세기를 밝히기 원하여 배치하신 가장 아름다운 빛 중 하나요, 또 듣도 보도 못한 엉뚱한 이야기를 하는 이들을(소뮈르 동정론자들을 말한다, 역주) 혼내주는 헤라클레스요 철퇴라고 보고 있습니다. 당신은 교회를 세우기 위하여 한손에는 흙손을 잡

---

11  발렌스(Valence), 1674년 4월 16일.

았고, 그리고 그것을 파괴하려는 적들을 무찌르기 위해서는 검을 잡았습니다. 우리 모두는 이스라엘의 병거와 마병이었던 그 사람을 오랫동안 우리가 간직한 만큼이나 매우 뜨거운 마음으로 하나님께 기도해야만 합니다. 옛날에 당신의 동네에 살고 있던 이들 중에서 아미로씨의 통치를 확장시키려는 의견을 가진 이들의 이야기가 들렸었는데, 당신의 정성 즉 엉뚱한 사람들의 귀 가려움증을 없애주려는 당신의 주의깊음으로 인해 새로이 갱신된 규칙들이 나를 매우 즐겁게 하였습니다. 또한 나는 그것이야말로 각 지방 많은 사람들의 신념이라는 것을 단언할 수 있습니다. 아마도 프랑스 왕국에서 가장 숫자가 많은 도피네(Dauphiné) 지역 총회에서도 나는, 반대의견을 가진 사람 혹은 중도적인 입장을 가진 사람들을 두 세 명 밖에 보지 못했습니다.

다음으로 우리는, 셍트(Saintes) 교회의 목회자인 메를라(Merlat)의 편지를 인용할 것이다. 마찬가지로 교수였던 메를라는, 1634년 3월에 미람보(Mirambeau) 근처에 있는 니윌 르 비루이(Nieul le Virouil)에서 태어났다. 그는 소뮈르에서 철학과 신학을 공부하였고, 1656년부터 1657년까지는 제네바에서 공부를 계속하며 겨울을 보냈다. 그 후에 그는 홀란드와 잉글랜드를 방문하러 갔다. 영불해역 건너편에서 배우던 중에, 셍트 교회에 자리가 비었음을 알고서, 그는 조국으로 다시 돌아가서 목회 자리를 두고 겨루었고 결국 그것을 얻어냈다. 그는 20년동안 그 자리에 있다가, 그곳 주교의 박해로 인하여 추방당해서 제네바로 후퇴했고, 그 다음에는 로잔에 가서 목회자요 주해가의 자리를 맡게 되었다. 메를라는 그의 완벽하고 해박한 라틴어 지식을 증명하는 수많은 글을 남겼다. 바로 이것이 그의 편지다.

예수 그리스도 안에서 매우 존경하는 아버지요 형제님에게

나는 하나님께서 당신의 아카데미와 당신의 공화국을 긍휼히 여기셔서, 당신이 걸릴까 우려되던 그 위험한 병으로부터 당신을 구해주신 것으로 인하여 전심으로 하나님을 찬양합니다. 당신의 깊이있는 지식과 당신의 탁월한 빛은 우리에게, 할 수만 있다면 이 땅 위에 당신이 영원했으면 하고 바랄 거리를 줄 것입니다만, 당신의 교리의 순수함과 일관성이-그로 인해 새로운 것들과 금세기의 호기심들에 대해서는 반대 입장을 견지했던-통상적인 범위를 넘어서 보존되었으면 좋겠으며, 범상치 않은 모습을 보이려는 그 모든 욕구가 당신의 학교에 스며드는 것을 피하며 당신의 마음에 있는 그 작품을 완성할 때까지, 우리는 그 순수함과 일관성이 유지되도록 매우 간곡하게 하나님께 기도를 드릴 수 밖에 없습니다. 부탁하건대 이 거룩한 일에 열심을 내십시오! 반론들은 당신을 전혀 물러서게 할 수 없으며, 사람들의 여러 의견들 또한 당신을 휘청거리게 할 수 없습니다. 당신의 교회가 당신에게 이처럼 위대한 본을 보였고, 당신 이전에는 칼뱅과 파렐(Farel, 칼뱅을 제네바로 불러온 종교개혁자, 역주)파가, 반역자들로 하여금 거룩한 권징의 규례에 따르도록 하기 위해, 많은 수고를 했습니다. 그들의 굳셈에 하나님께서 주셨던 그 성공은, 당신으로 하여금 흔들릴 수 없도록 했습니다. 또한 건전한 교리를 이미 가지고 있는 것으로 보이는 사람들 중에서는, 선한 질서를 확립하기 위하여 진력하는 것 이상으로 건전한 교리를 위해 하늘의 도우심을 바랄 일만 남았습니다. 하지만 나는 미네르바의 돼지와 아테나의 올빼미 이야기를 살펴보고 싶지는 않습니다.[12] 저는 저의 자유로움에 대해 당신에게 용서를 구

---

**12** 역자주: 즉, 당신같이 지혜로운 사람을 가르칠 생각은 없다는 뜻. 미네르바는 로마 신화에서 지혜의 여신이고, 아테나는 그리스 신화에서 지혜의 여신인데, 돼지가 미네르바를 가르치고, 올빼미가 아테나를 가르친다는 것은 우스운 일이라는 암시를 주는 것이다. 따라서 한국식으로 표현하면 "공자 앞에서 문자 쓰는

합니다. 또한 저는 당신께서 저의 돌출행위를 항상 우리 어머니처럼 여겼던 당신의 교회에 대한 크고 열렬한 애정의 결과처럼 여겨주시길 바랍니다. 저는 하나님의 보다 더 유익한 복이 퍼져나갈 수 있도록 쉬지 않고 기도하고 있습니다. 나를 주목하고 있는 사람에 대해 말하자면, 그들의 소신이 나에게 전달되기 몇 달 전 그 집단에 있는 내 친구들 중 몇 명에게 내 의견을 드러냄으로써 내가 전혀 기대하지 않았을 뿐만 아니라 멀어졌다고 생각하고 있었던 그 소뮈르 사람들이, 나를 영화롭게 했다고 나는 당신에게 말할 것입니다. 의심할 여지없이 숫자는 많았으나 내가 가장 싫어했던 바로 그들이, 나의 거절 이후에도 여전히 나를 밀어부치고 압박하여, 당신들 중에 있는 내 형제들 중 여러명으로 하여금 나를 유혹하려 했습니다. 그리고 나는 내가 하나님을 대적하고 있지는 않은가 하는 두려움과, 내 건강의 약함 때문에, 극도의 고통속에 있다는 것을 고백합니다. 내 조국도, 내 양떼도, 내 가족도, 심지어는 쌩트 교회마저도 나를 붙들어주지 못하지만, 내 친구 모두는 흔들리는 내 건강을 고려해주고 있는 것으로 보인다는 사실과, 나의 양심이 내가 처한 상황을 받아들임으로 말미암아 짐을 벗었다는 사실, 그리고 신학 교수라는 직임을 가까운 미래에 포기해야 하겠다는 사실을 나는 지금 망설임 없이 승복할 수 밖에 없는 상황에 처해있기 때문입니다. 수고와 위험을 감수하지 않아도 될 직업, 즉 하나님께서 기뻐하신다면 내가 간직하고 싶고 또 오랫동안 섬길 수도 있는 그 자리를 놓지 않을 수 없도록 만든 것은, 바로 양심의 어떤 격언 때문이었습니다. 그것은 무엇보다도, 내 가족에게는 슬픔이요 나를 불러주는 사람에게는 유익없는 상실이었을 사실, 즉 내가 쓸모없는 사람이 된 이 이상한 상황을 받아들이기 위함이었습니다. 선생님 보소서, 내가 아주 넘겨졌다고 생각하지 않는 이 시점에서, 나를 불러주신 하나님께서 나를 강하게 해주실 것이라는

---

격"이라고 할 수 있다.

사실로 인해 사람들이 나에게 희망을 불어넣으려고 하는데, 그것이야말로 나의 유일한 변론입니다…. 만약에 당신이 나에게 다른 길을 열어주기 위해 이 주제에 관해 나에게 편지를 쓸 약간의 여가시간을 낼 수 있다면, 나는 매우 기쁘게 당신의 의견을 받아들이겠습니다. 그렇지만 나는 당신의 소중한 건강의 보존과 증진을 위해 하나님께 간절히 기도합니다. 모든 애정과 존경을 담아, 당신의 매우 겸손하고 순종적인 종,

메를라.

클로드(Claude) 역시도 투레티니와 서신교환을 하는 사이였고,[13] 이 두 사람은 서로를 높이 평가하는 사이였다. 이 프랑스 신학자 클로드는, 그의 제네바 친구 투레티니의 내면의 장점에 대한 진정성있는 감탄을 금할 수 없었다. 사실 개신교인들에 투레티니는, 아르노(Arnauld)와 니콜(Nicole)과 보수에(Bossuet)보다 지극히 더 능력있는 인물로 여겨졌다.[14] 그래서 베일은 그에 대해서 이렇게 말하고 있다.

사람들이 이렇게 볼지는 나도 모르겠습니다만, 더욱 힘있으면서도 더욱 섬세하고, 더욱 선택적이면서도 더욱 풍부하고, 더욱 정확한 중에서도 더욱 통찰력있고,

---

**13**  클로드는 1619년 아제누아 지방 소베타(Sauvetat, Agenois)에서 태어났고, 1687년 헤이그(la Haye)에서 죽었다.

**14**  역자주: 이들은 당대 저명한 프랑스의 가톨릭 신학자들이다. Antoine Arnauld(1612-1694), Pierre Nicole(1625-1695), Jacques-Benigne Lignel Bossuet(1627-1704). 특히 아르노와 니콜은, 저명한 수학자 파스칼(Pascal)의 사상에도 영향을 주었던, 로마 가톨릭의 테두리 내에서 하나님의 은혜와 신비체험을 강조하는 얀센주의 운동에 참여하였다.

더욱 견고한 판단력을 가지고 있으면서도 더욱 두뇌의 민첩함을 가지고 있고, 보다 정확한 방법을 가지고 있으면서도 보다 편안한 어조를 가지고 있고, 언어에 있어서는 보다 고결하면서도 사상에 있어서는 보다 고양되어 있고, 보다 더 위대하고 장엄하면서도 보다 더 큰 겸손과 소박함을 겸비하고 있습니다.[15]

투레티니는 또한 학자이면서 탁월한 설교자인 다이에(Daillé)의 편지를 받았다. 다이에는 뒤플레시스-모르네(Duplessis- Mornay)라는 지역 영주 손자의 가정교사 노릇을 했었는데, 그의 태도의 우아함과 존엄성으로 말미암아 그 영주의 집에서 인정을 받았다. 발자크(Honoré de Balzac, 1799-1850, 프랑스의 소설가, 역주)는 다이에를 높이 평가하면서, 그가 로마 가톨릭 교도가 아니라는 것을 유감스럽게 여겼다.[16] 부드럽고 쉬운 달변을 담고 있었던 그의 설교들은, 그 형식의 아름다움에 있어서 괄목할만했고, 그 설교들로 인해 그를 흠모하는 이들이 많이 생겨났다.

그의 편지 중 하나에서, 다이에씨는 프랑수아 투레티니에게 샤렝통(Charenton)에서 우등생시험을 통과했던 루이 트롱셍에 대해 언급하면서 다음과 같이 쓴다.[17]

이 젊은이는 화려한 재능을 가지고 있고, 또 그의 나이에 비해서 깊은 학문 기초

---

**15**  1687년 11월호 『문인소식지』(*Republique des lettres*), 새소식란.
**16**  다이에는 1594년 1월 6일 샤텔르로(Chatellerault)에서 태어나서, 1670년 4월 15일 파리에서 죽었다.
**17**  트롱셍은 은혜에 대한 논쟁에 있어서, 미래에 투레티니의 대적이 되었다.

지식을 가지고 있다. 그는 신참을 위한 견습설교를 건너뛴채, 바로 설교를 하게 되었으나, 그의 작품은 예술적으로 완벽했고, 목소리와 기억력과 여유있음을 겸비했으며, 그리고 발음에 있어서 사람들이 요구할 수 있는 모든 것을 갖추었다. 그래서 그의 설교는 감탄을 불러일으킴과 동시에, 이 젊은이에게 가장 큰 소망을 걸도록 했다….

투레티니는 또한 쟝 디오다티와 슈판하임과 테오도르 트롱셍 밑에서 공부했기에 제네바에서 외국인 취급을 전혀 받지 않았던 인물인 앙시옹(David Ancillion)과의 서신 교환을 유지했다. 이 서신교환에서 투레티니는, 후에 그가 특별 은혜에 관해 고백했던 교리원칙을 설명하고 있다. 디오다티와 슈판하임과 테오도르 트롱셍이라는 세 명의 교수들은 이 특별 은혜론을 가르쳤던 반면, 소뮈르 아카데미의 세 사람, 즉 아미로와 카펠과 라 플라스는, 보편 은혜론의 주창자가 되기를 자처하였다. 앙시옹은 1641년 모(Meaux)의 목회자로 일했고, 그 후인 1653년에는 메츠(Metz)의 목회자로 일했다. 낭트 칙령의 폐기 때에 그는 독일로 건너가서 프랑크푸르트(Francfort)와 하나우(Hanau)와 베를린(Berlin)을 전전하다가 모든 망명자 집단에 대한 회한을 표현하면서 75세때 세상을 떠났다. 그는 평생을 공부하며 보냈다. 그의 담화들을 모아놓은 글모음집은 그의 학문사상의 고결성을 보여준다. 우리는 그가 저술한 중요한 신학적 작품들을 몇몇 가지고 있는데, 그 중에서는 모든 전통적인 것들을 철저하게 살피는 데에서 조금도 부족하지 않은 논문이 하나 들어있고, 또 루터, 츠빙글리(Zwingli), 칼뱅, 그리고 베즈 예찬집이 하나 들어있다.

뒤에 나오는 편지는 토마스 고티에(Thomas Gautier)의 것이다.[18] 그는 1661년 신학을 공부하러 제네바에 갔다. 그 공부가 끝나자, 그는 페네스트렐르(Fenestrelles)의 목사로 지명되었다. 그곳에서 그는 가톨릭 사제에 의하여 박해 받는 상황에 머지 않아 처하게 된다. 그르노블(Grenoble)의회에 의해 부당한 고소를 당하고 정죄를 당한 그는, 불공정한 처우로 인해 많은 괴로움을 당했다. 그는 나중에 디에(Die)의 임지에 부임하여, 낭트 칙령이 폐기되기까지 사역을 했다. 낭트 칙령의 폐기 때에 그는 추방되어 마부르그(Marbourg)로 피신하였고, 1687년에는 프랑스인 교회의 신학 교수와 사역자로 임명되었다. 그는 매우 높은 평가를 받는 신학 작품을 남기고는 71세때에 세상을 떠났다. 그는 투레티니에게 다음과 같은 편지를 썼다.

소중한 형제님 귀하.[19]

이러한 흐름이 시작된 이래로 당신께서 나를 영광스럽게 했던 그 편지에 관해서, 나는 다음과 같이 명확한 답변을 드리도록 하겠습니다. 1. 우리는 교황의 멍에 아래에서 벗어나 우리들을 회복시키기 위해 새로운 노력을 하기로 굳게 결심했습니다. 나는 최근에 홀란드 가제트 (Gazette de Hollande, 네덜란드의 신문 혹은 잡지, 역주)에서, 프랑스왕이 국가소득의 3분의 1을 가톨릭 신앙으로 개종할 사람들을 위해 따로 구별해놓았다고 읽었습니다. 그리고 요즘 궁정 사람들은, 우리의 신앙으로 인해 우리에게 그 어떤 것도 공급해주고 싶지 않다고 당당하게 말함

---

**18** 고티에는 1638년 도피네(Dauphine)지방 빌라레(Villaret)에서 태어났고, 1701년 마부르그(Marbourg)에서 죽었다.
**19** 1677년 1월 29일 파리에서 쓴 편지.

니다. 2. 나는 당신이나 혹은 당신만큼 현명하고 능력있는 사람이, 계몽된 사람에게 대답하기 위하여 만든 그 서류의 매우 강한 모든 대목들을 삭제하거나 완화시켜 주었으면 합니다. 그러나 당신이나 당신과 닮은 사람이 이 일을 맡고 싶어하지 않을 때에는, 어떤 다른 사람에게 그 일을 수임하는 것이 절대적으로 필요합니다. 3. 나는 대적이 골짜기에서 했던 파괴로 인해 지금 당신만큼이나 매우 고통스럽습니다…나는 생제르맹(Saint-Germain)에 당신이 보낸 그 사람을 지난 주에 만났습니다. 그는 드 퐁폰느(De Pompone)씨와 함께 당신의 모든 일들을 거의 다 처리했다고 나에게 말했습니다. 그래서 아주 작은 몇몇 어려움만이 남아있을 뿐인데, 그 어려움들이 프랑스왕과 당신이 공유하고 있는 그 마을들에 영향을 주고 있다고도 말했습니다.[20] 그러나 당신이 보낸 그 사람은 이내 그것의 끝을 보기를 바란다고도 말했습니다. 그후로 그가 말했던 그 일이 어떻게 되었는지에 대해서는 나는 모릅니다….

투레티니는 또한 매우 탁월한 한 사람과 편지를 주고 받을 수 있는 이점을 가지고 있었으니, 이 사람은 바로 루앙(Rouen) 출신의 르무안느(Lemoyne)이다.[21] 이 르무안느 목사는 세당(Sedan)에서 뒤 물랭(Dumoulin)의 지도하에 신학을 공부하였다. 그 후에 그는 네덜란드 레이든 대학으로 유학을 가서, 동양언어들과 성경 고고학 연구에 매진하였다. 1650년에 고국으로 돌아간 그는, 게포스(Gefosse) 교회의 목사직을 맡았으나, 그곳에서 조금밖에 머무르지 못했다. 루앙 치리회는 그가 큰 미덕을 가지고 있음을 알고서, 그를 청빙하였다. 그의 장점

---

20  역자주: 즉 제네바와 프랑스의 접경지역.
21  르무안느는 1624년 10월에 캉(Caen)에서 태어났고, 1689년 4월에 네덜란드 레이든에서 죽었다.

은 박해로부터의 보호책이 되기는 커녕, 그와는 정반대로 가톨릭의 증오만을 불러일으켰다. 그는 개신교로 개종한 시의회의원의 딸을 영국에 망명시켰다는 죄목으로 투옥되었다. 르무안느(Le Moyne)는 1675년 7월 10일에 캉(Caen)에서 모인 노르망디 대회의 부총회장을 역임하였다. 조국에서 수 많은 일들을 성취한 후에, 그는 왕의 동의 하에 레이든 대학의 교수 자리를 수락함으로써 프랑스를 떠났다. 이 자리에 오기 전에, 그는 옥스포드에 박사 모자를 가지러 갔다. 그는 1677년에 레이든에서 교수 취임 강연을 했고, 몇 달 후에는 그 대학의 학장(recteur)으로 임명되었고, 그곳에서 그는 학자로서 그리고 그리스도인으로서 매우 좋은 평판을 남겼고, 많은 애석해함을 받으며 죽었다.

투레티니는 여전히 그 시대의 수많은 학자들과 함께 편지 교제를 계속하였다. 데마레(Desmarets, 라틴어로는 마레시우스라고도 함, 역주), 루시에(Roussier), 레이(Rey), 다비드 비스(David Wyss), 파퐁(Papon), 그리고 그 외 수많은 사람들이 바로 그들이다.

마지막으로, 이제부터 우리는 투레티니가 받았던 편지들에서 취급된 내용들을 다시금 인용하도록 하겠다.

> 존경하는 친구이자 형제님에게
> 나는 당신의 편지를 받고서야, 보편은혜론으로 진리를 혼란스럽게 하려는 박사들에 반대하여 세운 1649년의 선한 규례가, 뮈사르(Mussard)씨를 청빙하는 일로 말미암아 혹시 어겨질까 두려운 마음이 당신에게 들었다는 사실을 알게 되었습니다. 한 몸을 이루어야 할 형제간의 대립으로 인해 얼마나 많은 위해가 가해졌

는지에 대해서는 알고 싶지 않기 때문에, 이 점에 대해서는 유감스럽습니다. 나는 의견을 개진할 능력도 없고 그저 당신의 의견을 받아들일 뿐인데, 그런 저의 의견을 듣기 원한다고 하심으로써 당신께서는 저에게 너무 큰 영예를 주셨습니다. 그리고 이와 같은 문제에 있어서는 나는 당신을 나의 선생님으로 높이 평가합니다. 비록 이것이 내 능력으로는 감당할 수 없는 일이지만, 저는 당신의 명령에 착념함으로써 당신과의 옛 관계를 아직 잊지 않고 있으며, 제 평생에 그것을 잊지 않을 것이기에, 당신에게 순종할 수 밖에 없습니다. 제가 보기에는 뮈사르씨의 청빙이나 그를 받아들임에 대해서, 그가 먼저 1649년 조항에 서명하기를 거절하지 않는 이상, 아직 반대해서는 안된다고 생각합니다. 왜냐하면 저는 뮈사르씨가 그 조항에 서명하지 않겠다고 선언할지도 모른다는 당신의 편지만 가지고는, 아직 명백히 볼 수가 없기 때문입니다. 만약 누군가가 그에게 서명을 요구했는데 그가 그것에 난색을 표한다면, 더 이상 그에 대해 제가 할 말은 없습니다. 그러나 스위스 종교개혁 주(칸톤, Canton)들에 위치한 교회들에게 비밀리에 긴급 편지를 띄워서 참여를 요구한다면, 형제들은 필요에 따라 서로서로 권하여 모여야만 할 것입니다. 저는 종교개혁 주(칸톤) 교회들 내 장로의 회가 필요할 경우 당신을 후원하기로 결정했음을 자신있게 말씀드릴 수 있습니다. 당신에게 우리의 도움이 필요하다면, 우리가 그 일에 기꺼이 관심을 가질 것임을 의심하지 마십시오. 저는 우리 학장에게 이 문제를 일임했습니다. 그는 완전히 당신 편입니다. 종교개혁 주(칸톤) 교회의 주요 인사들은, 제네바 아카데미의 강단에 보편은혜의 교리가 스며드는 것을 용납하기를 원치 않는다는 언사를 했음을 제가 당신께 확인시켜 드릴 수 있습니다. 저는 당신이 이 편지를 나에게 썼다고는 밝히지 않은채 그저 제네바에서 온 편지를 가지고 있다고만 학장에게 알렸습니다. 학장 역시도 제네바에서 온 편지를 약간 가지고 있다고 했으며, 이브네르(Hybner)씨 역시도 그것을 약간 가지고 있다고 합니다. 그러므로 이 일은 이미 그들이 직면한 일입니다. 제네바 최고통치자 중 한 사람이 우리 동네에 왔지만, 아무도 그 문제에 대해 알고 싶어하지 않았다는 사실을 저는 알게 되었습니다.

당신의 손에 입맞추며, 당신의 매우 복종하는 종으로 남을 다비드 비스 올림

1671년 가을의 제6일에


존경하는 친우님께

당신의 두 편지에 대한 답변으로 쓰는 이 편지를 통하여 당신에게 알릴 것이 있습니다. 프리슬란드의 몽(Mons de Frison)이 나를 천거함으로써 당신을 기쁘게 했지만, 저는 아직 그를 보지 못했다는 사실입니다. 그곳에서부터 그가 지금쯤 도착을 했는지는 제가 모르겠습니다. 그를 위로하기 위하여 내가 할 수 있는 일은 모두 다 하겠습니다. 또한 당신도 관심을 가지고 계시며, 우리의 취리히 형제들이 반드시 만들고야 말 그 [스위스 일치]신조를 우리는 아직 보지 못했습니다. 부디 제가, 당신께서 9월 29일자로 저에게 보내신 답장 및 10월 20일자로 저에게 보내신 답장에서 표명한 노선을 따를 수 있도록 해주십시오. 바로 이것이 교훈의 본이기 때문입니다.[22] 만약 그들이 자신의 상실됨을 인정할 수만 있다면, 제가 믿기로는 더 이상 그들에게 호소할 필요도 없습니다. *왜냐하면 그들은 더 이상 구원을 쟁취해낼 근거조차 없다는 사실을 스스로 알게 될 것이기 때문입니다.* 바로 이것이 교훈의 본입니다. 총회에 참여한 모든 사람들에게도 권면을 하여 그들이 생명의 길로 들어서도록 해야 한다는 것을 나는 고백합니다. *책망받을 일이 있다는 것을 깨달을 때에야, 생명의 길로 들어설 수 있기 때문입니다.* 이제 우리의 이 노선으로 말미암아 사역자들은, 총회 안에 많은 책망할 것이 있음을 발견하게 되므로, 총회의 모든 이들에게 약속의 말씀을 가지고 믿도록 어떻게 권면해야 할지

---

**22**   역자주: 디모데후서 1장 13절의 간접인용으로 보인다.

의 문제가 그들에게 남은 과제라고 하겠습니다. 예수 그리스도가 택한 백성들을 위해 죽은 것이 아니라고 생각하는 이들이, 자신의 구원에 대해 확신하는 것은 큰 오산입니다. 그리스도가 모든 사람을 위해 죽었다는 가정을 믿도록 약속의 말씀을 자기 논지를 위해 사용함으로써 총회의 모든 사람들을 실제적으로 동요시키는 것으로 보이는 사역자들도 마찬가지입니다. 그들이 믿는 것과는 달리, 그들이 주장하는 것으로는 구원을 받을 수 없을 것입니다. 저는 그들이 결코 믿지 않을 것이라고 확신합니다. 그리스도가 그들을 위해서 죽었다는 것을 전제하지 않는다면, 사역자라도 그들에게 믿도록 *권면*할 수가 없고, 구원을 약속할 수도 없습니다. 믿는다면 구원을 받을 것이라고 사역자가 그들에게 단순하게 말했을 때에는 어려움이 그다지 크지 않지만, 사역자가 그들에게 *권면*하되 재차 *부지런히* 권면하고, 구원을 약속하되 또한 부지런히 하였을 때에는 문제가 다릅니다. 보편은혜론자들은 그리스도가 그들을 위하여 죽었다는 것 때문에 그들이 그렇게 말할 수 있다고 하지만, 그것이야말로 그들을 평계할 수 없도록 만드는 것입니다. 우리들의 입장에서는 그들처럼 말할 수 없습니다. 그리스도의 죽으심은 받아들이지만 그가 우리를 위해서 죽었다는 사실을 받아들이지 않는 것이야말로, 우리로 하여금 정죄를 받을 수 밖에 없도록 만드는 이유라는 사실이 마지막 날이 밝혀질 것입니다. 제가 당신께 은밀히 말씀드리건대, 트롱셍씨는 이 문제에 있어서 나와 협의하고 싶어하지 않는 것으로 보입니다. 왜냐하면 그는 1674년 7월 4일에 내가 그에게 답장한 서한에 대하여 응답을 하지 않고 있기 때문입니다.

당신을 존경하는 형제요 당신의 겸손한 종으로 남기를 원하는 D. 비스로부터.
1674년 10월 31일


1672년 8월 3일 루앙(Rouen)
당신께서 피나르(Pinard)씨 편으로 나에게 보내는 수고를 감수했던 그 편지는,

당신께서 저에게 그것을 써주는 영예를 주신 지 몇 달이 지나서야 저에게 도착했습니다. 앞서 언급한 피나르씨는 여기를 지나가지 않았고 파리에서 얼마간의 시간을 보낸 후에 곧장 자기 집으로 돌아갔고 그리고 거기서부터 부탁받은 편지를 나에게 보냈습니다. 당신은 제가 답변하려고 의도했던 것들에 관하여 많은 말씀을 해주셨고, 당신의 마지막 편지가 나에게 왔을 때 저에게는 그것이 마치 내 손에 펜과도 같아서 당신께 말씀을 드리도록 했다고 말씀드릴 수 있습니다. 당신의 편지들은 기쁨을 주기도 했지만, 동시에 당신의 최고한 목사회가 정한 규칙들을 따르기가 어렵다는 것을 그 편지들로 인해 알게 되었고, 또 그 편지들로 인해서 당신의 교회와 학교에 난처한 알력들이 항상 있었음을 알게 되었을 때 그로 인해 약간의 두려움을 느끼기도 했음을 저는 당신에게 고백합니다. 저는 그 문제에 대해서는 제가 보기에 상당히 온건해 보이는 슈에(Chouet)씨에게 말해보겠습니다. 제가 그를 설득하려고 하는 부분은 다름이 아니라, 어디에서나 명령이 지켜져야 한다는 점과, 평화를 유지하기 위해서 세워진 해결책들을 도입하는 일을 방해하면 위험한 결과가 초래될 수 밖에 없다는 점입니다. 저는 또한 그에게 당신의 명령들이야말로 우리의 스위스와 홀란드 형제들을 더욱 공고하게 연합시키는 것임을 그에게 나타냄으로써, 지금이야말로 교회적으로나 세속적으로나 그것을 어기지 않고, 권력다툼을 하지 않으며, 당신이 처한 이 곤란한 상황에 평소보다 덜 선한 것을 원한다는 입장은 배제시키는, 그러한 신중성을 발휘할 때라고 말할 것입니다. 그가 그런 조언을 받아들일지는 잘 모르겠지만, 제가 알기로는 그는 정직한 사람이라서, 만약 그가 옳은 일을 하지 않을 경우라도 분별력과 빛이 결여되어서 그런 것은 아닐 것입니다. 슈에가 떠난 이후, 나의 가장 친한 친구의 부인 중 한 명이, 슈에가 자신의 철학을 완성시켰던 곳인 캉(Caen)으로부터 그녀의 아들을 데리고 왔습니다. 그런데 2주만 빨리 왔어도, 저는 그에게 슈에와 함께 제네바로 가라고 조언했을 것입니다만, 그렇다고 제가 슈에에게 그 학생을 기숙사에 넣거나 혹은 함께 살게 해달라고까지 부탁할 것이라고는 장담하지 못하겠습니다. 이 젊은 아들의 어머니가 그것에 대해서 슈에씨에게 말했고, 슈에는 그 부인에게 아주 정직한 태도로 대답했습니다. 그렇지만 그 젊은이가 제네바에 있게 될 경우, 당신께서 그가 머물 기숙사를 지시해주시거나 혹은 당신이 보시기에 더 좋은 방향으로 잘 이용할 수 있도록 조만간에 그 젊은이에게 좋은 조언을 해주실 것을 이 자리를 빌어 부탁드립니다. 당신과 서면으로 교환한 대화에 대해서는, 그 문제의 신사에게는 아무것도 알리지 않았습니다. 그의 부인이 가진 재산 때문에 소송을 제기 당한 후 그는 파리에 있었는데, 그것은 두 달전의 일이었습니다. 그 사람 자체는 착하고 정직하며, 틀림없이 물정도 잘 알고 책임도 잘 질 줄 아는 사람입니다. 그의 아들 역시도 정직하고, 제가 보기에는 좋은 자질도 많이 가지고 있으며, 그가 가는 곳마다 그의 행동에 만족감을 주고 이러한 모습을 방해할 수 있는 그 어떤 것도 찾지 못할 정도의 소년입니다. 단지 한 가지는, 학부형으로써 지켜야 할 것이 한 가지가 있다고 하면서 그 남자에게 제가 이미 언급했던 당신의 학칙이나 혹은 그것에 포함된 교리에 대해서 말하지 않는 것인데, 왜냐하면 많은 다른 사람들이 그렇듯이 그 역시도 좋은 인품 형성에 있어서 새로운 의견들(소뮈르 학파, 역주)의 영향을 받았고, 또 그가 파리의 옛 친구들과의 친분을 유지하고 있기 때문입니다. 매우 현명한 방법을 여기서 사용하는 것은 아니지만, 제가 그로 하여금 그런 언급을 공적으로 듣게 한 적이 없고, 우리가 그에 대해서 특별하게 말한 적만 한 번 있는데, 마치 그가 신중한 것처럼 우리도 그 정도의 신중을 기했기에, 그 학부형의 입장에서도 이 소통이 그에게 해를 끼칠 수 있는 것은 아니라고 볼 것입니다. 만약 당신이 그를 그곳에 보내신다면 제가 그를 위해 제게 달려 있는 모든 것을 할 것임을 의심하지 않으셔도 됩니다만, 다만 저는 그가 저의 서재에서, 저의 가난하고 연약한 인격에서 그가 발견하지 못한 것을 발견하도록 내버려두지는 않을 것입니다. 인격이 아무리 연약하다고 하더라도, 레이든의 교수직은 그에게 대단한 것으로 비춰겠지만, 사실 그 업무들의 상태로 미루어 볼 때, 더 이상 그러한 측면을 생각조차 해보지 않고 교수직을 가지려 해서는 안됩니다. 당신의 선한 의지에 저는 무한히 복종합니다. 저의 감사를 당신에게 표현할 온갖 기회를 찾지 않았다고는 의심하지 마십시오. 당신의 사람, 르무안느(Lemoyne).

오래전부터 당신에게 부탁하려고 했었던 것인데 잊어버린 것이 있었습니다. 그것은 바로 요셉에 대해 연구한 그 바젤 교수가 누구이며 그 작품을 출판한 의도는 무엇인지를 저에게 말해달라는 것입니다. 당신은 헬라어 교수 보시우스(Bosius)가 이 저자의 판본을 기획했었다는 것을 잘 알고있습니다만, 그의 나라 역사에 대하여 말해진 것에 대해 연구하기 위하여 그는 그것을 포기했었습니다. 그리고 그 바젤 교수가 이 일을 기획했다고 나에게 말해준 이래로, 바로 그 보시우스마저도 그의 원고와 그 모든 소견들을 그에게 주었습니다. 저는 그것이 무슨 의미이며 이 계획이 어떤 상태에 있는지를 몹시 알고 싶습니다. 여러 생각을 담고 있는 그 책으로부터 무엇을 기대할 수 있는지에 대해서 알고 싶고, 또 겉보기에 아주 비범한 어떤 것이 있는지에 대해서 알고 싶습니다. 저는 이유없이 이것을 당신에게 요구하지는 않습니다. 왜냐하면 오래전에 저는 이 사람들과 같은 계획을 했고, 또 그들이 그것에 대해 잘 안다고 제가 생각하기 때문입니다. 이러한 사실들은 그들을 그들의 기획에서 돌이키도록 할 수도 있는데, 왜냐하면 그들은 다른 사람의 터 위에 건축할 마음이 없기 때문입니다. 그러나 이 신사들은 그 어떤 어려움도 겪지 않았고, 그들의 작품을 제가 본다면 그것들에서 비난할만한 것들이 있을 수 밖에 없는지의 여부를 당신에게 물어볼 것입니다.

1675년 5월 7일 빌르파냥(Villefagnan)에서
존경하는 형제님,

당신께서 제게 쓸 수 있는 영예를 주신 그 편지는 제게 많은 기쁨과 많은 고통을 동시에 주었습니다. 당신께서 저에 대해 가지고 계신 추억의 증거보다 더 즐거운 것은 저에게 없을 것입니다. 당신께 어떻게 다 감사를 드려야 할지 모르겠습니다. 하지만 저는 당신의 동료 목사들과 위정자들이, 소뮈르의 교의에 동조하는 사람들을 보존할만큼 상당히 강하게 철벽방어를 하고 있다는 사실을 당신도 받아들여야 한다고 옆에서 계속해서 부추기고 있다는 사실을 알고 매우 유감스러웠습니다. 의심의 여지없이, 그들은 그 두 개의 법률에 복종하겠다고 목사회 앞에서 고백해놓고서도 그 법률들을 위반하는 것에 양심의 가책을 느끼지 않고 있으며, 그들이 그 문제를 구원에 필수적인 것으로 여기지 않기에 더더욱 그러합니다. 제가 당신의 학교에서 수학하는 행운을 누렸던 그 때에도, 이 새로운 것들을 그들이 가르치는 것을 보는 것이 놀라운 일이 아니었는데, 왜냐하면 그들에게 침묵하고 있으라는 확실한 명령이 내려진 적이 없었고, 또한 프랑스에서도 여전히 그런 문제들이 다뤄지고 있었기 때문입니다. 하지만 소뮈르의 교의를 말하는 것에 대해서 명확하게 변론을 한 이후에도, 그리고 우리 교회들에 그것들이 일으켰던 혼란을 본 이후에도, 이 사람들이 어째서 침묵을 지키고 싶어하지 않을 수 있는지를 저는 이해할 수 없습니다. 저에게는 그것이 마치 우리 교회에서 더 이상 말하는 것을 듣기 어려운, 그런 종류의 묻혀진 소송을 다시 제기하는 것처럼 보입니다. 왜냐하면 우리 생통쥬(Saintonge) 지방과 그리고 제가 상당히 잘 알고 있는 푸와투(Poitou) 지방에서는, 소뮈르의 교의에 동조하는 몇몇 목사들이 있음에도 불구하고, 침묵이야말로 그들이 취할 수 있는 최선의 방책임을 그들이 고백하면서, 더 이상 그 문제에 대해서 말하기를 원하지 않고 감히 더 이상 말하려고도 하지 않기 때문에, 이 문제를 가지고 더 이상 싸우지 않는다는 것을 저는 당신에게 장담할 수 있습니다. 바로 이러한 태도가 고(故) 고센(Gaussen)씨가 취했던 태도였습니다. 왜냐하면 사람들이, 그에게 말하는 것이 그에게 들리지 않도록 했다는 사실과, 그리고 소뮈르에서 오는 목사 후보생들이 그 문제들에 대해서 관심을 두지 않았음을 우리는 알게 되었기 때문입니다. 저는 또한 아미로씨의 지도 하에 소뮈르의 교의를 공부했으면서도, 그 교의가 별로 기억에 남지 않았고 또 기억하고 싶지도 않다고 말하는 몇몇 목사들에 대해서 알고 있습니다. 한 때는 가장 열렬해보였던 그들이 이제는 한 마디도 하지 않습니다. 이것은 이 두 지방이 대부분 교리적으로 건전하다는 것을 의미합니다. 그렇지 않은 사람들은 다른 지방에서 온 사람들인데, 그들은 소뮈르의 교의를 받아들임에 있어서 우리와 정확히 일치하지는 않습니다. 루됭(Loudun)의 국가 총회 이전에, 목사 후보생들로 하여금 소뮈르의 새로운 사상을 정죄하는 건전한 가르침들의 후원자라는 칭호를 얻은, 바로 그 신조를 받아들인다는 서명을 하도록 한 것은 사실입니다만, 그 일 이후로 우리는 그 국가 총회의 조항들을 읽는 것을 당연하게 여길 뿐만 아니라, 그것을 어기지 않고 지키겠다는 약속을 모든 사람들에게서 받아내었습니다. 당신께서도 아시듯이 이 조항들은, 하나님의 보편은혜의 작정 순서에 대한 논쟁과, 그리고 구원에는 전혀 필수적이지 않다고 불리우는 다른 문제들을 놓고 벌어진 논쟁을 다루고 있으며, 그것들에 대한 더 엄중한 검열을 하겠다는 전제 하에 만들어진 것입니다. 우리 국가 총회의 명령 이후에, 당신이 책임지고 받아준 바로 그 사람들이, 그들이 서명하도록 하기 위해 당신과 스위스 사람들이 만든 그 신조에 대하여, 복종하겠다고 선언해 놓고서도 그에 대해 나쁘게 생각한다는 사실을 알게 되어 저는 놀랐습니다. 한 술 더 떠서 그들은, 양심을 속박하고 싶어한다는 혐의로 당신을 비판하고 다닙니다. 사람들이 준수하리라고 약속하였던 우리 총회의 조항들은, 새로운 교의들을 설교하는 것을 금지하는 일종의 신조라고 할 수 있습니다. 하지만 이 국가 총회에 대해 양심을 속박한다고 비판하는 사람은 없었습니다. 당신의 신조야말로 우리가 가지고 있는 조항들과 매우 비슷하다고 생각합니다. 비록 국가 총회 그 자체는 그 사람들이 우리의 신조에 반대하여 했을 법한 말들을 정죄하지는 않았습니다만, 그렇다고 해서 우리가 하나님이 그들에게 요구하시지 않을 법한 멍에를 그들의 양심에 강요했으리라고는 생각할 수 없습니다. 다만 우리의 신조만큼 그렇게 그 사람들의 교의를 명시적으로 정죄하지는 않는 선에서 그 조항들을 만드는 것에 만족했을 뿐입니다. 제가 보기에는, 교리적 통일성을 지키기 위하여, 공적인 임무를 부여받은 사람들의 생각이 어떠한지 검증하고 그들이 가르치는 것에 대해 확신하는 것이 필요합니다. 이 신조에 서명하게 하는 것이, 더 나은 검증방법일 수도 있습니다! 특히 제가 보기에는, 스위스 사람들이 이러한 교의들로 하여금 그들의 국가에 들어오지 못하도록 하는 것이 옳은 일입니다. 특히 그들이, 악이 문 앞에 있음을 보았을 때, 그것을 미연에 방지하려고 하는 것이야말로 칭찬받아 마땅하지 않습니까? 이 새로운 교의들로 인해 큰 혼란에 처했던 프랑스 교회들의 불행을 이용했다는 점에서 책임을 물을 수도있겠지요! 그들의 부주의로 인해 교리의 순수성과 교회의 평안이 뒤엎어진다면, 그것이야말로 그들에게 죄를 물어야 할 일이지 않겠습니까? 스위스 사람들의 행동에 대한 저의 생각을 기탄없이 말할 자유를 얻는다고 한다면, 저는 이 새로운 것들을 정죄하는 것에 서명하는 일이야말로 오래전에 했어야 하는 일인데 그것이 늦어졌다는 것에 대해서 약간 놀랐다고 당신에게 말씀드리고 싶습니다. 스위스인들은 목사 후보생들이 외국 학교들에 유학을 갔다가 이 새로운 것들을 자기 나라에 가져오지나 않을까 염려해야만 했었으니까요. 저는 마침내 그들이 선한 질서를 찾고 싶어한다는 사실을 알았을 때 기뻤습니다. 우리 총회가 예정대로 이번달 25일 성 요한(St. Jean) 예배당에서 모였었더라면, 당신들은 같은 생각을 가지고 있는 우리 여러 형제들의 편지를 받았었을 것입니다. 그러나 우리들은 모일 수 있는 허가를 받았음에도 해안에 회집한 민병대 때문에 그러한 자유를 반납했고, 그래서 오는 가을 전에는 모이지 않을 예정입니다. 그렇다고 해도 일부 사람들이 당신께 편지를 쓰는 것까지는 막을 수 없을 것입니다. 당신께서 저에게 써주시기를 바라는 그 편지의 사본을 저에게 보내주시는 친절을 베풀어주신다면, 저는 당신께 무한히 감사드릴 것입니다. 제가 장담하건대, 그것을 제안한 뒤퐁(du Pont)씨는 저에게 그것을 보내주기 위해 사본을 만드는 일에 화를 내지는 않을 것입니다. 저는 현재 제가 섬기는 곳에서 할 일이 있고, 또 앞으로도 할 것인데, 그것은 당신에게 편지를 쓸 자유를 얻기 위해서입니다. 제가 부탁드린 대로 당신께서 당신의 소식을 제게 더 알려주는 친절을 베풀어 주셨으면 합니다. 그곳에는 저와 인척관계에 있는 형제가 하나 있는데, 그의 이름은 마리아상이 세워져 있는 랭스(Reims) 중등학교 제7번길에 사는 의사 고티에(Gaultier)이며, 그는 그곳에서 일년간 더 머물러야만 합니다. 그는 그에게 전달된, 제게 보내진 편지들을, 저에게 틀림없이 잘 전달해줄 것입니다. 소뮈르 사람들이 신학 교수 자리를 차지하기 위해 눈독을 들이는지 여부는 아직 알려지지 않았습니다. 그들은 이전만큼 그들의 의견을 고집스럽게 고수하지는 않습니다. 학술원에서 상당한 역할을 하고 있는 드 빌르맨디(de Villemandy)씨도 소뮈르편이 아닙니다. 일이 잘못되더라도 메를라씨가 드 브래(de Bray)와 더불어 이미 임명이 되어있기 때문에, 드 빌르멍디씨가 메를라씨만을 붙잡을 것이라고 사람들은 생각하고 있습니다. 그러나 그의 건강이 이 자리를 수락하기에 괜찮을지 여부까지는 사람들이 알지 못합니다. 건강만 빼면, 친인척 관계로 보나 혹은 재산상으로 보나 그는 교회에서 인정을 받고 있고, 검증이 된 사람이며, 모든 사람에게서 존경과 사랑을 받는 사람입니다. 실로 그는 이 새로운 이론을 좋아합니다만, 그러면서도 소뮈르 문제에 있어서 상당히 온건한 입장을 견지하고 있습니다. 이런 것은 그가 기꺼이 받아들이는 것이지만, 그는 그 밖의 호기심 가득한 질문들을 제기하지는 않음으로써 그의 아름다운 영혼상태를 보여줍니다. 안팎에서 많은 이들이 호의적으로 증언하듯이, 그는 박식함 뿐만 아니라 모든 경건함으로써 우리의 교회에서 크게 덕을 세우고 있습니다. 만약 그가 소뮈르에 가고, 하나님께서 그에게 건강을 허락해

주신다면, 그가 많을 열매를 맺을 것임을 저는 믿어 의심치 않습니다. 푸와투 총회는 언제나 체포 위협으로 인한 교구 교회 사역자들의 총회 참석 금지령으로 인해, 모이는 것을 염려하고 있습니다. 한때는 60여명의 목사로 구성되어 있었던 그 총회는, 앞으로 10명이나 12명으로 줄어들 것으로 보이지만, 우리 총회는 하나님의 은혜로 전례없는 호황을 누리고 있습니다. 우리 목사들의 수가 이렇게 많았던 적이 없었고, 직전 총회에서는 8명을 새로 받아들였습니다. 저는 하나님께서 당신의 가족에게 내리신 복으로 인하여 하나님께 영광을 돌리며, 하나님께서 당신의 남은 아들을 보존해주시기를 바랍니다. 하나님께서는 저에게 두 아들을 주셨고, 저는 이제 셋째를 가질 준비가 되었습니다. 저는 철학 선생 노릇에 싫증이 나기 시작해서 그 일을 그만두었고, 두 명의 철학자들이 이 달 말에 당신의 학교로 가기 위해 출발할 것입니다. 그들을 통해서 새로운 소식들을 당신에게 알려드리려 합니다. 저에게 당신을 기억하는 영예를 항상 주시기를 바랍니다. 만약 제가 열심있게 당신에게 말보다는 결과로 증언할 수 있다면, 저는 더 큰 행복을 느낄 것입니다.

당신의 매우 겸손하고 순종하는 종 루시에로부터.

나는 쾰른(Cologne)에서 인쇄된 『마자랭 공작 부인 전기』(*vie de madame la duchesse Mazarin*)를 두 세 달 전부터 읽기 시작하여 방금 다 읽었는데, 그녀가 무엇을 했는지와는 관계없이 거기에서 내가 알아낸 사실은, 바로 사보이 대공이 그녀와 결혼할 심산으로 리옹에 갔다는 사실이었다. 그런데 이 결혼은, 다름이 아닌 그녀의 삼촌 마자랭 추기경(cardinal Mazarin)이 제네바를 보존하기 위해 제시한 의견 때문에 취소되었다. 마자랭 추기경이 제네바인인 당신들을 버릴 심산이었다면, 이 결혼은 이루어졌을 것이다. 이처럼 당신의 이웃이 선의를 베풀었음을 제네바인인 당신들은 알 수 있을 것이다.

  리옹에서의 목회 준비 기간 동안에 받아야만 했고 써야만 했던 모든 편지와, 홀란드 특사로 가서 교환했던 모든 서신과, 스위스 일치신조를 놓고 벌어졌던 갈등에 대한 편지들을 모두 덧붙일 때에야, 우리는 비로소 투레티니에게 고정적인 책임들과 더불어 이미 수많은 교회 일 및 학교 일이 부여되어 있어서, 그에게는 여가라는 것이 전혀 없었다는 사실을 알게 될 것이다.

## 12
### 투레티니와 그 당시 제네바인들
Turrettini et ses contemporains genevois

*Vie de François Turrettini*

## 제12장
# 투레티니와 그 당시 제네바인들

앞에서는 프랑수아 투레티니의 서신교환을 통하여 그와 문학적 신학적 관계를 맺고 교류했던 외국 학자들에 대해서 살펴보았으니, 이제는 그가 고향에서 살았던 환경과 그의 일거리를 둘러싸고 벌어졌던 다양한 뒷일들의 범위, 즉 그 당시 제네바 그리고 그와 함께 제네바에 거주했던 학생들에 대한 개략적 묘사를 한 마디로 소개하는 것이 좋을 것이다.

그 당시 칼뱅의 도시 제네바는 모든 시간을 학문과 문학에 전념했기에, 그야말로 학문과 문학의 고장이라는 칭호를 받을 만했다. 특히 그곳의 학문과 문학이 가장 크게 발전했던 계기는, 종교개혁이라고 할 수 있다. 16세기에 그것들은 지속적으로 신학과 함께 앞서 갔고, 17세기에도 계속해서 성경 연구와 문학 사이에 긴밀한 연합 관계가 항상 유지되었다.

책무를 다하지 않고서야 어떻게 유산을 받을 수 있겠는가. 사실 프랑수아 투레티니 시대의 학자들에게 지워진 책임이라는 것은, 칼뱅의 사람들과 베즈의 사람들이 혁혁한 반향을 자아내며 가르쳤던 그 영광스러운 시대의 전통에 비교해도 가볍지 않은 짐이었다. 자기 차례에 칼뱅의 사람들과 베즈의 사람들의 손으로부터 선한 원리들과 건전한 연구들이라는 실타래를 수령하여 그 시대 사람들에게 전수해주는 일에 있어서, 과연 종교개혁자들의 존귀한 후계자들에게는 그 어떤 공헌도 없었다고 하겠는가? 카조봉(Casaubon)과[1] 고드프루아(Godefroi),[2] 그들과 학식을 경쟁하면서 그들의 사역을 통하여 미래의 발전을 예비했던 이들, 혹은 하나님의 신실한 사역자들이요 그들의 가르침을 통해서 선조들의 교회를 지탱하기 위한 새로운 기둥들을 다듬었던 그 탁월한 교수들인 디오다티 가문, 투레티니 가문, 트롱셍 가문의 사람들에게서 받은 것을 되갚아야만 한다는 사실을 잊었다니, 그것이야말로 배은망덕의 소치 혹은 망각의 소치가 아니겠는가?

17세기 학자들은 그와 같지 않아서, 과거 전통에 충실하게 기해야 한다는 것을 이해했다. 제네바에서 종교개혁의 시대란 종교뿐만 아니라 학문과 예술 역시도 발달했던 찬란한 시대였다는 사실을 정확하게 인식한다면, 17세기가 단지 선인들의 뒤를 따라가는 시대였다는 사실을 부인할 수 없을 것이다.

이러한 주장을 뒷받침하기 위해서 우리는 유럽 전역의 고문서도서관 여기저기에 적혀있는 아첨섞인 증거 서류들을 모두 들이댈 수 있으며, 그런 서류들

---

[1] Isaac Casaubon, 1559-1614

[2] Godefroi Comte d'Estrades, 1607-1686, 즉, 앙리4세(Henri IV)의 지지자였던 에스트라데(Estrades)의 백작을 말하는 것으로 보인다.

은 17세기가 제네바의 황금시대였다는 사실을 명백하게 나타내주고 있다. 퓌오(Puaux)씨의 말에 따르면, 그 당시 제네바는 외국에서 보기에는 경외심을 자아내는 존경 받고 사랑 받는 도시였고, 그 도시 내부적으로는 평안하고 신앙심이 있는, 영생에 이를만한 신실함을 나타내는 도시였다.

그 당시 시대 저자들로부터 모은 인용문은, 제네바의 괄목할만하며 멀리 퍼진 영향력, 그 왕성했던 제네바 교회가 당시 감당했던 중요한 역할, 그리고 반론의 여지없이 진리의 거리가 되어 프랑스 개신교회가 의지할 수 있는 버팀목이 되었다는 사실, 이러한 것들을 증명하기에 부족함이 없을 것이다. 제네바 아카데미와 제네바 교회는 앞서거니 뒷서거니 하면서 서로 빛을 비추었다. 제네바가 개혁신앙 계열 신학자들의 빛나는 어머니라는 칭호를 받지 않았더라면, 대체로 뛰어난 학자들로부터 얻어갈 요소들을 뽑아내는 일에 열심이었던 수많은 외국 학생들이, 대체 무엇을 하러 그 품으로 왔겠는가.

우리가 특별히 멈춰서서 주의를 기울였던 17세기 후반부에, 그 제네바 학교는 그 명성을 조금도 잃어버리지 않았다. 예를 들면, 베일(Bayle)이 1676년 10월 4일 미뉘톨리(Minutoli) 교수에게 다음과 같이 쓴 글이 있다. "당신의 아카데미가 웅변술 분야에서 얻은 새로운 광채를, 나는 기쁘게 바라보고 있습니다."[3]

강단에서의 웅변술만이 제네바 아카데미의 유일한 영광은 아니었으며, 그것은 항상 모든 건실한 발명품들의 첫번째 수혜자 중 하나였다.

반론의 여지없이, 이 학교는 그것이 외국에서 누렸던 좋은 평판을 받아도 마땅한 학교였다. 사실 이 학교야말로 그들이 맛보아 알았을 때 되돌려 보내주기

---

**3** 『편지』(Lettres) 제1권, 125쪽.

가 어려울 수 밖에 없었던 최고의 선생들을 외국 대학교에 공급해준 학교였다. 그 학교는 많은 이들을 제네바로 불러모았고, 성적과 학문에 있어서 뛰어났던 많은 학생들을 그 교실에 받아들였다.

심지어 17세기 제네바의 문학적 평판은 대부분 제네바 아카데미에 의존하고 있었다고까지 말할 수 있다. 그리고 제네바의 문인들과 학자들과 예술가들 집단은, 영주들과 고관들은 차지하더라도, 각자 나라의 정치적 소요로부터 쉼을 얻고, 환대하는 분위기였던 제네바에서 나이를 불문하고 만족스럽게 몇 해를 지내려고 온 외국인들을 그들의 주위로 끌어들였다.

17세기 제네바 아카데미는 외국 학생들의 숫자가 끊임없이 증가하는 것을 목격하였다. 우리가 아는바대로, 이러한 증가는 어느 정도는 프랑스 이민자들로 인한 것이었다. 루이14세가 개혁과 신민들에게 가했던 잔혹한 박해가 일어난 이후로, 제네바는 그들에게 피난처를 제공하였다. 예를 들어 1685년에는, 강의실에 50명의 학생 밖에는 없었던 반면, 17세기 말에는 외국 학생들의 수가 150명에 달하게 되었다.

이민 이후로 제네바 아카데미에 프랑스 학생들이 많아지기는 했지만, 그래도 17세기 후반부 제네바 아카데미 책상에는 온갖 국적의 학생들이 앉게 되었다고 말할 수 있다. 이 사실은 제네바에서의 교육의 중요성에 대한 새로운 증거 및 외국 학생이 타지인 제네바에서 누렸던 혜택에 대한 새로운 증거를 우리에게 제공하고 있다. 이 시대의 교수들이야말로, 네덜란드의 대학교들이 옛날에 제네바 교사집단을 놓고 했던 아첨섞인 증언을 받을 가치가 있는 사람들이었다. 홀란드에 파견된 대사였던 자콥 앙조렁(Jacob Anjorrant)이 긴급 자금 모금을 하기 위해서 네덜란드 일곱 수(sept-provinces, 네덜란드 독립운동에 참여한 칼뱅주의 7

개주 연합체를 가리킨다, 역주)에 있는 학교들에게 제네바 박사들을 박사호봉을 받는 다른 사람들과 똑같이 대우해달라고 요구했을 때, 그들 중 여섯은 다음과 같은 대답을 했다. "제네바에서 신학으로, 법학으로, 의학으로, 그 외 학문으로 학위를 받은 박사들은, 그들의 상태에 걸맞게, 다른 대학의 박사들이 받는 것과 같은 대우와 인정을 받되 특별한 우대를 받을 것이다. 제네바시의 그리스도인들이야말로 학문에 있어서 그리고 믿음을 지속하며 인내하는 일에 있어서 다른 사람들보다 앞서있다는 평가를 받는다."

제네바에 많은 학자들을 선사하는 일에 기여한 것은, 16세기이든 17세기이든, 그 시대의 두드러진 특징 중 하나인 일에 대한 끊임없는 열심이었다. 일반적으로, 당시 사회에서 게으름은 부끄러운 악으로 여겨졌으며, 나태함의 죄를 지은 사람들은 법으로 처벌되었다. 그들의 소송절차는 신속하게 처리되어 그들에게 착고를 채워 성채에 가게하였고, 그들은 그곳에서 얼마동안 강제노역을 했다. 일반적으로 민중들 사이에서 널리 퍼져있었던 몰두하는 성향은, 특정 계층 사람, 특히 공부하는 사람들에게 종종 극단적으로 나타났다. 이 지칠줄 모르는 학생들의 등불은 겨울철 새벽4시에도 밝혀져 있었고, 당시 저자들의 증언을 보면, 저녁에도 그 등불이 일찍 꺼지지는 않았음을 알 수 있다. 17세기 사람들을 공부하도록 만들었던 간절하고 지속적인 열정에 대해서는, 당시 제네바 아카데미의 학생이었던 자기 자녀의 학업 성취도에 대해 물은 베르누이 교수에게 픽테가 답한 말보다 더 잘 묘사하는 것이 없다.

선생님, 당신의 아들은 중위권 학생입니다. 저는 그가 하루 13시간 이상의 공부를 하는 것을 본 적이 없습니다. 그의 이러한 생활은 불행하게도 지속되었습니다. 젊은 이들은 유능한 학자가 되기 위해서는, 자신의 등불이 장인의 등불보다 더 오래 켜져 있어야 한다는 사실을 이해하려고 하지 않습니다.

이러한 인내심 있는 공부, 자기희생, 몸을 정신에 복종시키는 엄격한 방식, 그리고 무엇보다도 지성을 마비시키는 부드러움과 안락함의 성향에 조금도 양보하지 않는 것이야말로, 깊은 학문으로 17세기를 빛냈던 제네바 학자들의 비밀이었다.

제네바에서 그 당시에 빛났던 사람들 중에는, 프랑수아 투레티니 외에도, 메스트레자, 트롱생, 부르라마끼 교수를 들 수 있다. 복음적이기보다는 보다 학문이었던 메스트레자는 유능한 교수였고, 우리가 이미 언급할 기회가 있었던 트롱생은 큰 학문의 사람이었지만 18세기의 교의학적 혁명을 예비하는 잘못도 범했다. 마지막으로 이탈리아 태생의 부르라마끼의 경우, 종교문학에 있어서의 박식함이 두르러졌다.

아래는 베일이 그의 아버지에게 이 세 사람들에 관하여 쓴,[4] 1671년 9월 21일자 편지이다.

> 이제는 아버지께 제네바 아카데미에 대해서 말씀드리려고 합니다. 세 명의 신학과 교수들에 대해서는 다음과 같이 말할 수 있습니다. 메스트레자는 보다 세밀하고 섬세한 정신의 소유자 중 한 명입니다. 투레티니는 독서광이며, 매우 합리적이고, 논쟁에 대해 잘 이해하는 사람입니다. 그리고 트롱생은 매우 깊은 판단력을 가진 사람입니다. 우리와 교류하는 신학자 중에서 트롱생이 가장 통찰력이 있으

---

[4] 『새로운 편지들』(*Nouvelles Lettres*), 1권 26쪽.

며 판단이 가장 정확한 인물이라는 말은, 제가 꾸며낸 말이 아닙니다. 저는 원래는 이탈리아계인 사역자이며 제네바 사람이 되려다가 프랑스에서는 설교를 금지당하고 결국 그르노블에서 목회자가 된 부르라마끼씨를 종종 만나는 영광을 누렸음을 잊을 수 없습니다. 그는 살아있는 도서관이며, 참으로 우리 시대의 포티우스(Photius, 로마에 맞서 동방 정교회의 전통을 닦은 9세기 콘스탄티노플의 감독, 역주)라고 할 수 있습니다. 그는 이름으로 알려진 그런 종류의 책은 아니겠지만, 세상에서 가장 비범한 기억력에 매우 섬세하고 매우 깊이있는 판단력이 더하여진 결과가 그 저자의 자질과 장점과 백 가지 다른 상황으로 알려지는 그런 성질의 책이라고 하겠습니다.

우리가 거론했던 이런 학자들이 웅변술 분야 혹은 신학 교육 분야에서 빛을 발하는 동안, 제네바의 철학 교수자리는 슈에(Chouet)라는 우리가 언급했던 걸출한 인물이 차지하고 있었다. 그는 원래 제네바 출신이었고, 22살의 나이에 소뮈르 아카데미 교수자리를 꿰찼는데, 그곳에서 데카르트의 교리를 받아들였다. 그는 소뮈르에서 5년간 강의를 했고, 1669년 고국에 돌아와오자 많은 학생들이 그를 따랐다. 1686년에 그는 제네바 시민회의원이 되라는 부름을 받고, 취리히와 베른과 졸로투른(Soleure, 스위스의 도시, 역주)과 토리노(Turin)과의 협상에 있어서 많은 재능을 발휘하며 고국을 위해 소중한 봉사를 했다.

슈에는 여러 권의 책을 남겼지만,[5] 그보다는 공교육 분야에서의 그의 가르침

---

5    그의 작품은 다음과 같다. 『짧고 친숙한 논리학 강요』(*Brevis et familiaris institution logicae*), 1672년 제네바 출간, 8절판; 『다양한 천체들에 대한 물리학 이론』(*Theses Physicae de variâ astrorum luce*), 1674년 4절판; 『문인집단 내에서 주고 받은 하늘의 현상에 관한 편지』(*Lettre sur un phénomène céleste dans*

과 봉사로 더 알려져 있다. 비록 그가 제네바에서 출판을 통해 문학적으로 행복한 영향력을 행사했지만, 그것은 아무도 그 한계를 오해하지 않을만큼만의 영향력이었다. 어느 작가는 다음과 같이 말했다.

> 정확하게 말해서, 슈에는 제네바 마을에 좋은 취향을 소개한 사람이요, 50년 전부터 제네바가 생산해낸 보다 나은 정신을 총망라하여 배양한 사람이라고 여겨졌다. 모든 분야에서 사람들이 그의 명성에 끌렸다는 점과, 그리고 그의 지도 아래에서 책을 낸 외국인들에 대해서는 언급하지 않더라도 마치 또 하나의 소크라테스와도 같았던 슈에 덕분에, 그의 조국 제네바의 저자들은 보다 뛰어난 창작과 출판을 할 수 있었다.[6]

투레티니의 또 다른 동시대 사람은, 웅변술 분야에서 괄목할 만했던 미뉘톨리라는 인물이었으며, 그와 베일은 지속적으로 문학적인 교류를 유지하였다.[7] 그는 홀란드에서 사역자 생활을 했었으나, 제네바에 오자 교회의 직분은 전혀 맡지 않았다.[8] 그러나 1675년에 그는 제네바 아카데미의 문학 교수 자리에 올려졌다.

---

*la république des lettres*), 1685년 3월; 『종교개혁에 대한 짧은 회고록』(*Memoire succint sur la Réformation*), 1694년 저술; 『고대 제네바에 대한 타운젠드 영주의 질문에 대한 답변』(*Réponse à des questions de mylord Townshend sur Genève ancienne*), 1696년 작성, 1774년 출간; 『제네바 정부와 헌법의 역사에 관한 여러 가지 연구』(*Diverses recherches sur l'histoire de Genève, sur son gouvernement et sa constitution*), 전3권 제본. 1755년 1월호 『스위스 저널』(*Journal Helvétique*) 원고로 남아있는 이 작품을 발췌하여 실었다.

6   『이론에 기초한 도서관』(*Bibliotheque raisonee*), 1732년 출간, 제8권
7   베일은 미뉘톨리가 공명정대하고 섬세한 정신의 소유자라고 인정하였다.
8   그는 오직 1679년에만 목회를 했다.

프랑수아 투레티니에게는, 박해받은 발도파를 구호할 일이 생겼을 때 동료와 친구로서 함께 일할 한 명의 인물이 있었으니, 그것은 바로 피에몬테의 가난한 개혁교회를 위한 봉사에 평생을 바쳤다고 말할 수 있는 인물이며 우리가 이제부터 이야기하려고 하는 쟝 레제(Jean Léger)이다. 이 기독교인의 일대기는, 이른바 그의 혜택을 받은 백성이 그들이 받은 후한 선물에 상응하는 감사를 나타내지는 않았으며, 알프스 저편에서 감사하지 않음과 시기질투가 나타났다는 사실을 우리에게 알려줌으로써 시기질투야말로 선을 박해하는 법이라는 것을 다시 한 번 우리에게 보여주었다. 세네비에에 따르면, "레제는 항상 그의 대적들에게 보다 더 큰 봉사를 하면서 되갚았다. 스위스 쪽 알프스에서도 아리스티데스와 같은 인물들이 마치 피레아스의 아름다운 선박들에서처럼 태어난다."

훌륭하게 교회를 섬기거나, 학교 교육에 있어서 괄목할 만하거나, 혹은 학문과 문학에서 빛났던 투레티니의 동시대인들을 모두 열거하자면 너무 길어질 것이다.

그 중에서 1650년 다니엘 퓌에라리(Daniel Puerari)라는 철학 교수는, 그가 살아있던 시대에 통용되던 새로운 의견들을 집어넣은 책들을 여러권 남겨놓았다.

숙련된 신학자인 프레데릭 슈판하임(Frederic Spanheim)에 대해서는 잊지 않고 말해야 할 것이다. 그는 팔츠(Palatinat)지방 출신으로서, 그의 프랑스어 구사

---

**9** 레제는 다음과 같은 제목의 작품을 출판하였다. 『피에몬테의 종교개혁 교회 혹은 발도파로 알려진 이들의 일반적인 역사』(*Histoire générale des églises évangéliques du Piémont, ou vaudoises*). 이 책은 두 권으로 되어있는데, 상권은 이론의 여지없이 모든 시대에 있어서 그들의 권징이 어떠했는지를 보여주며, 특히 그들의 교리가 어떠한 방해나 개혁의 필요성이 없이 오늘날에 이르기까지 변함없이 남아있다는 것을 보여준다. 하권은 일반적으로 1664년에 이르기까지의 상상할 수 없을 정도의 박해에 대한 모든 것을 취급하고 있다. 이 책은 레이든에서 1669년 제본되어 출간되었다.

력이 얼마나 능숙했던지, 그의 책 『메르퀴르 스위스』(*Mercure suisse*)는 발자크(Honoré de Balzac, 1799-1850)의 문체에 못지 않았다고 한다. 제네바에서 오래 거주하였던 슈판하임은, 나이차이가 상당했기 때문에 투레티니에 대해서 조금밖에 알 수 없었다. 슈판하임은 일찍이 제네바를 떠나 레이든으로 갔고, 거기서 꽃 같이 젊은 나이에 요절했다. 투레티니가 처음 활동을 시작할 무렵, 그는 지는 별이 되었다. 그의 형제 에스겔 슈판하임(Ezékiel Spanheim)은 그의 형제의 장점을 포기하지 않았고, 그리하여 팔츠 선제후의 궁정에 가기 전에 제네바에서 얼마간 웅변술 교수를 역임하였다.

그 다음으로 우리 앞에 나타난 이, 곧 우리가 다른 이들과 함께 이미 언급했던 모뤼스와 뮈사르와 어깨를 나란히 한 이는, 프랑스 태생이며 17세기 제네바에서 목회직을 맡았던 라바디(Labadie)이다. 다행히도 라바디는 제네바에 오래 머무르지 않았다. 왜냐하면 사람들에게 비난거리가 되었던 그의 규모없는 삶으로 인해 그가 스스로를 책망할 필요까지야 없었다고 하더라도, 그의 빈약하지만 열정적이고 위험한 상상력으로 가득찬 머리만큼은 책망할 필요가 있었다. 라바디의 이름에 더하여, 그보다는 훨씬 덜 알려졌지만 훨씬 더 의례적인 의미에서 언급해야 하는 인물들의 이름을 덧붙여보자면, 거룩한 복음(saint Evangile)교회의 사역자요 제2노회(la seconde classe) 노회장(régent)을 맡았던 쟝 바돌레(Jean Badolet)와, 1637년경에 피에몬테 골짜기의 어떤 교회 목회자가 되었던 자크 고티에(Jacques Gautier), 칼랑드리니, 그리고 그 외 사람들을 추가할 수 있겠다.

우리가 방금 인용했던 이 사람들이 제네바에서 설교하고 가르쳤던 이들인 반면에, 테오도르 자코모(Théodore Jacomot)는, 영어로 된 작품을 프랑스어로 번역한 것으로 알려지게 된 인물이다. 도미니크 샤브레(Dominique Chabrey)는 식물학을 연구하였고, 빛나는 귀족 가문 출신이며 그 가족 중 여럿에게 대단한 요직이 맡겨졌었던 쟝 보네(Jean Bonet)는, 의료행위의 제반 분야에 걸쳐 사람들이 그와 상의할만큼 큰 명성을 획득하였다. 나이가 들면서 그의 형을 가까이에서 따랐던 테오필 보네(Théophile Bonet) 역시도, 과학 분야에서 형의 발자취를 따랐다. 1643년에 의사가 된 그는 범상한 방식의 의료행위를 하지 않았고, 우리가 그에 대해서 말했던 것처럼, 그는 마치 모든 것을 분별하여 관찰하는 철학자처럼, 또한 그가 알고 있는 것을 더 증가시키기를 원하는 학자처럼, 그리고 불행한 사람들을 위로하는 것에서 행복을 찾는 섬세한 남자처럼 의료행위를 했다. 테오필 보네는 상당수의 작품들을 남겼는데, 그 중 대부분은 특이한 제목을 갖고 있다.

이 시대 제네바에서 미술은, 보르디에(Bordier)와 프티토(Petitot)라는 화가들을 통해 빛을 발했다. 그들은 서로의 작품에 협력하며 이탈리아에 여행을 함께 가는 등 서로 경쟁관계에 있는 미술가들이었으면서도 서로 싸우지 않는 드문 현상을 보여주었다. 반 디크(Van Dyck)에게 조차도 칭찬을 받았던 프티토는, 곧 자기의 명성이 어마어마한 비율로 증가하는 것을 보았고, 그리하여 그는 그를 위트홀에 머물도록 해주겠다는 영국왕 찰스1세(Charles I)의 초청에 응하여 그곳에 살기에 이르렀다. 하지만 이 불행한 군주가 죽자 그는 파리로 왔고, 루이 14세는 그를 루브르 궁전에 잡아두었다. 비록 프티토가 그의 고향에서 평생동안 머무르지는 않았지만, 그래도 이와 같은 사람을 배출했다는 것이야말로 제네바에게는 영광스런 일이었다. 프랑스 왕으로부터 개종하라는 압력을 받았던 그는 투옥되었다가 석방되었는데, 그 기회를 타서 그는 제네바에 되돌아왔고, 제네바에서 베베(Vevey)로 넘어가 그곳에서 지냈다.

방금 빠르게 개관하였던 학문 및 예술과 문학에 탁월했던 이 모든 사람들과 함께, 헌신된 시민들이 그 당시 제네바에 애국심 가득한 봉사를 함으로써, 우리가 명기했던 제네바의 문학적 성공이 우리가 보기에 전혀 빛바랜 일이 되지 않도록 했다. 또한 이 시대는 제네바의 안녕을 위하여 일했던 갈라탱(Gallatin), 픽테(Pictet), 사무엘 움베르(Samuel Humbert), 쟈콥 로렁(Jacob Laurent), 드 샤포루즈(de Chapeaurouge), 다니엘 파브르(Daniel Favre), 그리고 그 외 제네바 공화국을 섬겼던 고관들 같은 이들이 유용한 봉사를 했던 시대였으나, 우리의 연구에 넣기에는 생소한 일이고, 모든 이들을 언급하기에는 숫자도 너무 많다.

제네바에서 책임을 다하였든지 혹은 잠시 그곳에 머물렀든지를 막론하고, 이 모든 국내인들의 역할에 대한 설명에 더하여 그 당시 제네바로 운집했던 탁월한 외국인들의 이름이 덧붙여지지 않았다면, 17세기 제네바의 문학사상이 완성될 수는 없었을 것이다. 그 중에서 옛 제네바 공화국의 언어와 관습에 주목할만한 변화를 가져왔던 장본인들은 바로 외국인의 대부분을 이루었던 프랑스인들이었다. 프랑스인들의 예를 들면, 도비네(d'Aubigné), 비올레트의 영주 뒤 쉐슨느(du Chesne, sieur de la Violette), 베일(Bayle), 타베르니에(Tavernier) 등이 있다.

제네바에 머물렀던 이탈리아인들 중에서 가장 크게 알려진 이는, 현란한 유머와 재치있는 만평으로 소문이 났던 나폴리 사람 그레고아르 레티(Gregorio Léti)였다. 그는 제네바 공화국에서 많은 소란을 일으킨 나머지 결국에는 홀란드로 가서 살게 되었고, 홀란드에서 상당한 수의 작품을 썼는데, 비록 진실성이 결여되어 있다는 것이 잘 알려져있기는 하지만 제네바를 향한 큰 쓴소리를 담은 작품도 있었다. 하지만 레티의 재치와 타고난 능수능란함까지 부정할 수는 없다.

베렝저(Bérenger)의 말을 빌리면, 그레고리오 레티라고도 하는 이 인물은 다작의 역사가이면서도 그다지 인정받지 못한 인물로서, 제네바에 피신하였다. 유명한 집안이[10] 그와 동맹을 맺고 그를 중상위계급의 반열에 넣어주었으나, 그는 대적자들을 양산했다. 이탈리아계의 제네바인 집안들인 투레티니 가문과 칼랑드리니 가문과 부르라마키 가문 사람들이 그의 교리에 대해 공격했다. 이미 그는 소민회로부터 100에퀴의 벌금을 선고받았는데, 대민회는 소민회의 판결을 재검토하기로 한 다음 더 엄격한 판결을 내려야 한다고 보고, 그에게 제네바를 떠나기를 권고했고, 그는 그렇게 제네바를 떠났다. 대민회는 그의 중상위계급장을 박탈하고, 공화국에서 그를 추방했다. 그의 『펠리페 2세의 역사』(*l'histoire de Philippe II*)와 『식스투스 5세의 역사』(*l'histoire de Sixte V*)라는 두 권의 책은, 형 집행자의 손에 의하여 불태워졌다.[11]

바로 이러한 학문적이고 문학적인 배경에서 투레티니는 그의 광대한 지능에 필수적인 자양분을 길어올렸다. 이러한 탁월한 사람들의 사회 속에서 투레티니는 그에게 몹시 광범위하게 주어졌던 타고난 재능들을 지속적으로 갈고 닦았던 것이다. 매우 많은 엘리트들이 각자의 몫의 빛을 가져와서 빛나게 된 이 집안에, 투레티니는 지속적으로 새로운 양식을 들이부었고, 이 박식한 모임에서도 그는 동포들로부터 뿐만 아니라 외부 사람들로부터도 주목을 받았다. 뷔르네(Burnet)라는 사람은 『스위스 여행』(*Voyage en Suisse*) 이라는 저서에서 투레티니를 어떻게 특별취급해야 할 줄을 알아서, 그의 글에서 우리에게 다음과 같은

---

**10** 르클레르크(Leclerc) 집안

**11** 베렌저(Berenger), 『제네바 역사』(*Histoire de Genève*) 전3권, 1773년판, 제2권 9쪽.

묘사를 남겨주었다.[12]

제네바에서 많은 사람을 만나보았지만, 나는 내가 가장 많이 협의하고 또 가장 많이 교류했던 이들이며 그곳에 있는 이들 중 가장 탁월한 사람으로 내가 인정하는 두 교수에 대해 언급하고 싶다. 첫 번째 인물은 투레티니씨인데, 그는 큰 지식을 가진 사람이지만, 그에게 상당한 값을 치루어야만 배울 수가 있다. 왜냐하면 그를 얻기 위해서는, 그로부터 가져오고 싶은만큼 애를 써서 힘이 없을 정도로 부지런하게 일해야 하는 대가가 따르기 때문이다. 그는 부자로 태어났지만, 그의 부유함을 느낄 수 있는 그 어떤 것도 그의 인격에서는 드러나지 않는다. 마치 그의 몸은 거꾸러뜨림을 당하여도, 그의 마음에는 매우 큰 겸손이 자리잡고 있는 것과 같다. 거기에는 사랑만이 있어서, 그 사랑은 큰 빈민구제를 통하여 풍부하게 표현되고 있다. 그는 신앙에 큰 열심을 가지고 있는데, 그 신앙은 우리 일의 현 상태와 매우 크게 관계되어 있으며, 그의 경건은 그와 대화하는 사람이라면 누구라도 그것을 느낄만큼 매우 생동감이 있어서, 그의 청중의 양심과 마음에 그 경건이 도달하지 않는 경우가 없다…[13]

---

**12**  뷔르네(Burnet), 『스위스 여행』(*Voyage en Suisse*), 20-21쪽.
13  뷔르네가 이어서 말하는 또 다른 교수는 트롱셍이다.

# 13

## 투레티니의 말년, 병과 죽음
Fin de la carrière de Turrettini, sa maladie, sa mort

*Vie de François Turrettini*

## 제13장
# 투레티니의 말년, 병과 죽음

프랑수아 투레티니의 동시대 사람들에 따르면, 투레티니는 자신의 경력이 곧 끝날 것이라고 여기지는 않았었다. 인간적인 예측에 따르면, 투레티니의 연수에는 아직도 여러해가 남아있는 것처럼 보였다. 급격한 건강악화가 당장 눈에 보이지는 않았다. 그는 원래부터가 그다지 강골이 아닌데다가, 과중한 업무로 그의 건강을 갉아먹었으나, 그에게 여전히 매우 지치게하는 일들이 남겨지게 되어 사람들이 착각하기 일쑤였고, 그리하여 실제로는 그렇지 않으면서도 그는 괜찮은 것처럼 행세함으로써 사람들이 착각하기 일쑤였다. 그는 자주 위장병으로 인해 고생을 했었다. 그는 통풍증세를 두 세번 정도 느꼈으나, 그의 상태만 봐서는 죽음이 가까웠고 추측할만한 그 어떤 기미도 없었다. 하지만 투레티니는 자주 미리 노인의 경지에 이르기를 원하는 부류의 사람들 중 하나였기에, 그런 사람들의 지혜로운 판단과 그들의 빛나는 지성과 양순한 마음이 그러하듯이, 이 세상을 빨리 떠나는 것이 더 소중하다고 판단한 것이다. 그들의 영혼은, 이 땅에는 마치 낡은 옷처럼 날마다의 헌신과 일로 인하여 기운이 다한 육체를 남기고서, 하늘로 향하여 가는 것이다. 대단한 고통 및 약함이라는 무거운 결박의 도래를 느끼지 않은채로 그의 달려갈 길의 종점에 도달했기에, 우리는 투레티니가 산채로 죽었다고 말할 수 있다. 그가 세상을 떠날 때에 보여준 평정심은, 우리로 하여금 뒤 물랭(Dumoulin)[1]이 그의 최후의 시간에 극복할 수 없는 졸음에 압도된 채로 다음과 같이 썼던 그 괄목할만한 종말을 떠올리게 한다: "친구들이여, 나를 깨워주시오. 지금은 잠잘 때가 아니라 죽을 때요."

더 이상 외출할 수가 없어서 침상에 누워버린 그 날, 9월 26일에, 투레티니는 일에 몰두하기 위해 평소 습관대로 아주 일찍 일어났다. 그는 친구 신학자들에게 여러 통의 편지를 썼고, 당시 유명인사들에게 보내려고 했던 그 외 편지들을 편집하려는 채비를 갖출 의사가 있으나 그의 지병이 그 일을 실행할 시간을 남겨놓지 않고 있다는 사실을 바로 그날에 표명하였다. 바로 그 날 오전 10시까지만 해도, 그는 교회 지도자들과 함께 교회 일에 대해서 의논을 하고 있었으나, 바로 그 시간에 갑자기, 앞으로 닥쳐올 재해의 예고편에 불과했던, 매우 심한 통증에 사로잡혔음을 그는 느꼈다.

투레티니 같이, 주님의 교회를 위해 왕성하게 일하다가 죽음을 맞게 되는 것은 참으로 아름다운 광경이 아닐 수 없다! 누가복음 12:37이 말씀하는 것처럼

---

[1] 역자주: 피에르 뒤 물랭(Pierre Du Moulin, 1568-1658)은, 프랑스 동부 스당(Sedan)지역의 개신교 신학원인 스당 아카데미에서 신학을 가르쳤다.

말이다. "주인이 와서 깨어 있는 것을 보면 그 종들은 복이 있으리로다 내가 진실로 너희에게 이르노니 주인이 띠를 띠고 그 종들을 자리에 앉히고 나아와 수종들리라"

이 잔혹한 질병의 공격을 처음으로 느꼈을 때, 프랑수아 투레티니는 즉시로 그 질병의 무게를 단번에 직감하고서는, 일가친척들에게 자신의 상태를 조금도 감추지 말 것을 요구하였다. 그의 조카 베네딕 픽테는 이 슬픈 소식을 접하자마자 즉시 투레티니의 곁으로 왔다. 투레티니는 픽테를 맞이하면서, 이 육체라는 감옥으로부터 속히 건짐을 받고 싶으며, 영원하신 하나님만을 원하지만, 고통이 너무 심하기 때문에 원하는만큼 기도할 힘이 없다고 했다. 그래도 그는 이 최후의 순간에도 구속주를 믿으며, 영혼은 그리스도 외에는 그 어떤 것도 바라지 않는다고도 말했다. 그가 유일하게 원했던 것은, 그의 죄가 사함을 받았다는 생각 속에서 고통을 극복할 힘을 갖고 평화로이 잠드는 것이었다.

매우 의술이 좋았던 능숙한 의사들이 소집되어 프랑수아 투레티니 곁을 지키면서 그를 거들었다. 그들이 그에게 처방한 약들은, 애초부터 병을 치료하기 위한 약들이 아니었고, 불치병을 앓는 이 불쌍한 환자의 고통을 경감시키는 것을 목적으로 하는 약들이었다.

"여호와여 내 기도를 들으시며 내 간구에 귀를 기울이시고 주의 진실과 의로 내게 응답하소서 주의 종에게 심판을 행하지 마소서 주의 눈 앞에는 의로운 인생이 하나도 없나이다"[2]

---

**2**  시편 143장 1-2절.

그리고 그는 다음과 같이 덧붙였다.

"구주 예수님, 제 영혼에 당신의 피를 뿌려주소서. 아버지, 제가 간구하오니, 이 피의 외침을 들어주소서."

때때로 그는 시편의 이 아름다운 구절을 반복했다. 이 구절들은 최근에 그가 이탈리아 이민 교회의 한 모임 중에 묵상했던 것이었다.

"여호와여 주의 노하심으로 나를 책망하지 마시고 주의 분노하심으로 나를 징계하지 마소서 주의 화살이 나를 찌르고 주의 손이 나를 심히 누르시나이다"³

그 다음날, 의사들이 와서 투레티니의 병이 더 깊어진 것을 보았고, 그리하여 그들은 투레티니의 목숨에 대해 완전한 절망까지는 아니더라도, 극도로 심각한 상태라고 판단했다. 이를테면 이 위기의 문턱에서, 아주 불확실한 희망과 아주 불확실한 불안 사이에 매달려 있었던 것이다.

그의 상황의 중함 때문에, 그 어떠한 착각도 생겨날 수가 없었다. 그의 주위를 둘러싸고 있는 사람들의 눈물짓는 얼굴들을 보면서, 투레티니는 그에게 가까이 오고 있는 사람들에게 다음과 같이 말했다.

"당신들은 어찌하여 웁니까? 이 낮은 땅에서의 존재란 존재가 아니라, 아픔의 체

---

**3**   역자주: 시편 38장 1-2절.

류이고, 슬픔의 바다이며, 근심의 학교이고, 고통의 집이니, 그야말로 쓰라린 죽음입니다. 하지만 내가 미리 달콤하게 맛보았던 이 생명만이, 생명이라는 이름을 가질 만한 가치가 있는 유일한 것입니다. 오! 이 죄와 슬픔 가득한 장소를 떠날 때, 이 땅에 사체를 남길 때, 그 때야말로 주님 곁에서 영원한 복을 누리기 위하여 내가 자유롭게 예수님을 향해 비상하지 않겠습니까?"

그 날에 투레티니는 그의 사랑하는 아들 쟝 알퐁스(Jean-Alphonse)에게 여러 가지 말을 했고, 그가 그의 아들에게 했던 다양한 권면 가운데에는 진리를 사랑하며 겸손과 자비로 교회를 돌보아야 한다는 이야기도 있었다 (성역의 소명을 그가 받아들였을 때 말이다). 그리고 베데딕트 픽테의 경우에도, 계속해서 그의 침상에 가서 지극히 세심하게 그를 돌보았던 이들 중 하나였는데, 투레티니는 그에게 주님의 일에 진력할 것을 지극히 간절한 말로 권했고 몇 가지 매우 귀중한 충고를 그에게 줌으로써, 픽테로 하여금 투레티니가 오래전부터 감당해온 아름다운 목회 경력으로부터 자주 유익을 취하도록 하였다.

저녁이 될 무렵, 환자였던 투레티니는 기운이 다한 것 같아보였다. 하지만 그는 오늘 밤에는 자신이 죽지 않고 여전히 내일의 빛을 볼 것이라고 스스로에게 말했다. 이 장엄한 순간 그의 곁을 지키던 모든 사람들은 그의 인내심에 놀랐다. 그리고 극도의 고통이 그로 하여금 한층 더 신음하게 할 때에도, 그는 재빨리 제정신을 되찾고 지극한 고통 가운데에서도 하나님의 부성적인 선하심을 찬양할 때에만 입술을 열었다.

많은 순교자들을 화형대로 걸어갈 수 있도록 했던 그 믿음을 드러낸 이들 뿐만 아니라, 이 그리스도인의 임종을 지켰던 이들, 즉 시련 속에서도 투레티니와 함께 주님의 뜻을 본 이들 역시도 복이 있도다!

"생각하건대 현재의 고난은 장차 우리에게 나타날 영광과 비교할 수 없도다"[4]

다음날 아침, 첫 여명이 하늘을 희게 물들일 때, 투레티니는 그가 떠날 시각이 가까웠음을 느꼈고, 절대로 끝날 수 없는 날의 또 다른 동이 그를 위해 터오고 있다는 것을 느꼈다.

탁월한 교수면서 목사였던 그의 사촌 미셸 투레티니가 그에게 다가왔을 때, 죽음 직전에 있던 그는 그가 자신의 잘못을 여러 차례 회개했으며 구세주의 용서하심에 대해 신뢰하기 때문에 확신을 가져도 되겠다고 하면서 고별인사를 했다. 그는 하나님께, 하나님의 독생자의 피로 자신을 정결하게 해주셔서 영원한 복으로의 부르심을 받도록 해달라고 간구한다면서, 이러한 자비하심에 자신이 전심으로 잇대었다고 덧붙였다. 또한 그는 그의 아들 쟝 알퐁스를 미셸 투레티니에게 부탁하였고, 쟝 알퐁스를 그의 이름으로 목사회에 인사시켜달라고 부탁했다. 그는 그에게 말하기를 자신은 자신이 공적으로 변호하고 가르쳤던 그 믿음을 마지막까지 지켰고, 지난 날의 모든 의견차이에 대해서는 잊어버리고 마음을 합하여 일하며, 진리의 신실한 제자로서 주님의 일을 진보시키는 일에만 앞다투어 열심으로 경쟁하라고 그의 동료들에게 권면하였다고 했다. 그는 모든 사역자들에게 제네바 교회를 부탁했으며, 그와 매우 긴밀하게 연결되어 있는 그의 사촌 마르크 미셸리(Marc Michéli)에게도 모든 종류의 번영이 깃들기를 기원했다. 이

---

**4** 로마서 8장 18절.

감동적인 순간에 대해서 증언하자면, 투레티니는 죽음의 형상을 그의 얼굴에 띄우기는커녕, 승리의 형상을 나타내었다. 7시가 되자 그는 의식을 잃기 시작했고, 그를 둘러싸고 있는 모든 사람들에게 최후의 인사를 했다. 그는 숨을 거두던 최후의 순간에도 정신을 차리고 그의 영혼을 구세주의 긍휼하신 손에 맡겼다.

투레티니 주위에서 간절한 기도들이 픽테 목사와 베르나르(Bernard) 목사에 의해 올려졌고, 그 후에 투레티니는 "긍휼을 얻기 위하여 은혜의 보좌 앞에 담대히 나아갈 것이니라"고 했던 성 바울의 아름다운 말씀을 떠올리기라도 하듯이, "나아갈 것이니라…나아갈 것이니라"하고 마치 서둘러 하나님께 날아가고 싶은 것처럼 중얼거렸다.

이것이 그의 마지막 말이었다. 죽음의 잠이 그를 사로잡은지 약간 후에, 그는 고뇌 없이 세상을 떠났다. 움직이지 않는 몸과 얼굴의 창백함만이, 투레티니의 육신의 심장이 뛰기를 멈춰었다는 것을 알려줄 뿐이었다. 한편 이제는 단지 차가운 시체만을 남겨둔 그의 침상 주변에서, 믿음으로 말미암아 미리 엿보았던 그 천당으로 옮겨져, 천사들의 합창을 듣고 낙원의 모든 영광을 관조한 그같은 탁월한 그리스도인을 위해 슬퍼하는 친척들과 친구들의 흐느끼는 소리가 들렸다.

마지막 길을 가는 한 여행객을 얼마동안 따라갔다가 우울한 마음으로 빈자리가 느껴지는 집에 들어앉기 위해 돌아간 친구들처럼, 투레티니의 친척과 동료들은 그의 떠남으로 인해 슬픔에 잠겼지만, 그들은 그의 영혼이 죽음 이후 어디로 옮겨갔는지 알고 있는 사람들이었기에, 무덤을 넘어 다시 만나게 되어 있는 것이다. 그들은 초상과 죽음과 눈물을 넘어 다시 만날 것이라는 확실한 보증으

---

**5** 히브리서 4장 16절.

로 그들의 눈을 빛나게 하는 그리스도의 복음으로 위로를 삼았다. 그들은 또한 기독교 집안이라는 중압감을 경감시켜주는 이 믿음으로 인해 활기를 되찾았으며, 그러한 믿음이야말로 19세기의 어떤 발도파 시인, 즉 비네(Alexandre Vinet, 1797-1847)이에게 영감을 주어 타의 추종을 불허하는 시를 쓰도록 했다.

아! 왜 그리스도인들은 여전히 신음하는가?
그들을 놓고, 우리처럼 흩어져서 망명생활을 하는 중에도,
왜 여전히 위로의 날이라는 동이 터오는 것은 본 그들을 놓고 신음하는가?
왜 하나님께서 친히 가나안을 향해 밀어넣으신 그들을 놓고 신음하는가?
우리를 삼키는 악으로부터 우리보다 먼저 해방된 그들,
그들은 길을 잃어버린 것이 아니라, 우리를 앞서 간 것이다.

오! 이 세상에서 그들의 약함이란 얼마나 무겁게 느껴졌던가!
그들의 슬픔이라는 짐은 머리에 얼마나 쌓였던가!
얼마나 그들의 가난한 마음이 슬픔을 헤아리게 되었는가!
더 많은 시간과 더 많은 날들을 과거의 고통 속에 헤아리게 되었던가!
무덤에서 나온 신생아요 젊음으로 장식된 그들
그들은 길을 잃어버린 것이 아니라, 우리를 앞서 간 것이다.

신자가 다시 살아난다는 것은, 하늘에서 얼마나 달콤한 것인가!
재촉하시는 하나님의 주위에서 황홀한 중에
그들은 불멸의 수금 소리에 맞추어 한 목소리로
이 세상에서 시작되었던 사랑의 찬양을 부른다!

친구들이여! 형제들의 목소리에 우리의 목소리를 합치자!
그들은 길을 잃어버린 것이 아니라, 우리를 앞서 간 것이다.

하나님께서 그들에게 마련해준 높은 은신처에서는
죄도 죽음도 그들에게는 해를 줄 수 없다
사람들의 발 밑에 예비된 너무나도 많은 올무들을
그들이 두려워하지 않도록, 그들의 평온한 시선은 관조한다.
그들의 행복은 절정에 달하고, 우리는 그들을 인정한다.
그들은 길을 잃어버린 것이 아니라, 우리를 앞서 간 것이다.

그들의 생을 위로했던 그 동일한 믿음이
그들이 밟고 지나갔던 그 길을 우리에게 열어주기를
거룩한 조국을 향해 우리의 발걸음을 인도하면서 그렇게 하기를
그곳은 그들이 과거에 행한 일로 인해 행복이 증폭된 곳이니
우리에게도 부드러움과 부러움의 대상인 이런 것들이 오기를
그것들은 잃어버린 것이 아니라, 우리 앞에 놓여 있는 것들이다.

너의 파도소리가 들릴 때, 너의 강기슭이 보일 때
오 요단강이여, 우리는 이렇게 말할 것이다: "너희의 수고가 그쳤다!"
담대함으로 정복된 구원의 땅에서
예수님은 우리를 승리하고 수고한 이들로 받아주신다
이러한 망명 그리고 유산을 함께 한 동지들 곁에서 그리하신다
이 동지들은 길을 잃은 것이 아니라, 우리 앞에 있는 이들이다.

투레티니가 죽었다는 소식이 목사회에 알려졌을 때, 목사회는 크고 위대하고 엄숙한 애도의 뜻을 표했다. 그 글은 회의록에 다음과 같이 기록되어 있다.[6]

"뒤푸르(Dufour)씨는, 하나님께서 신학 교수 투레티니씨를 데려가심으로써 제네바 교회와 아카데미를 크게 한 대 치셨다면서, 이러한 경우에 목사회는 으레 회원 중 일부를 대표로 파견하여 환자에게 마지막 작별인사를 하도록 하곤 했는데, 투레티니의 경우는 그러한 것을 받는 것이 마치 부인과 본인과 아들에게 적절하지 않은 일이라도 되는 것처럼, 짧지만 중한 투병생활로 인해[7] 대표단을 꾸리자고 전달할만한 시간이 허락되지 않았다고 발표하였다."

목사 부티니우스(Butini)씨와 사라생(Sarasin)씨가 가서, 미망인 가족에게 다음과 같은 심심한 애도의 뜻을 전했다. 투레티니의 조카 베네딕 픽테가 추모사를 발표하도록 정해졌다. 그리고 비록 픽테가 그의 주요 작품의 연대를 봐서는 18세기 사람에 가깝긴 하고 우리가 보기에도 난감한 점이 있긴 하지만, 그가 투레티니라는 인물에 대해서 몇 마디를 할애하는 것이 불가능하다고 말할 수는 없는 것이고, 픽테야말로 프랑스 정통주의 신학 진영 안에서 그의 삼촌을 계승할 만한 자격이 있었으며 또 전통적인 칼뱅주의를 제네바에서 용감하게 유지했던

---

6    1687년 9월 30일 금요일 회의록

7    회의록에 보면, 제네바 시청 사무국의 1687년 9월 28일자 사망자 기록에서 프랑수아 투레티니의 사망에 관계된 다음과 같은 문장을 읽을 수 있다고 한다. "오전 8시에, 거룩한 복음의 사역자요 교수이며 시민이었던 존귀하고 존경하는 프랑수아 투레티니가 설사로 인해 향년 65세의 나이로 사망하였다. 그의 무덤은 메종 드 빌(Maison de ville)가에 있다."

것이다. 반면 쟝-알퐁스 투레티니는 프랑수아 투레티니의 아들이면서도, 그 조상들의 행보에서 벗어나 이성주의의 요소를 신학에 혼합하였으며, 18세기의 철학운동 속에서 명성을 얻음으로써 픽테와의 이상한 대조를 이루었다.[8]

앙드레(André)의 아들인 픽테는, 프랑수아 투레티니를 스승으로 모시고, 그 휘하에서 탁월한 연구를 하였다. 제네바 아카데미를 졸업하자마자, 픽테는 여행을 떠났고, 여행지에서 그는 그가 만났던 위대한 사람들과의 교류를 통해, 강의와 책들이 줄 수 없는 각종 장르의 지식을 얻었다.

1670년에 사역자 임명을 받고, 1680년에 목사회에 입회되었으며, 1686년 목사직에 임명을 받고, 1702년에 교수가 된 픽테는, 제네바 교회와 학교에서 대단하게 봉사하며 청춘을 바쳤다. 레이든 대학교는 막 세상을 떠난 슈판하임을 대체하기 위하여 그에게 간청하였으나 허사였다. 신앙전파협의회의 회원으로 임명된 후, 그는 베를린 왕립 학술원(l'académie royale des sciences de Berlin)의 통신회원(correspondant)자격을 얻었고, 덕분에 제네바 동포들로부터 사랑받은만큼이나 외국에서도 알려지게 되었다.

그는 상당한 수의 작품을 썼는데, 그 작품들에서 우리는 진리에 대한 사랑과 지극히 열렬한 경건을 온전히 간파할 수 있다. 열심있는 정통주의자로서 그는 그의 선임자들에 비해서 한층 부드러운 자세로 자기의 신조를 지켰다. 이것은 그 시대가 논쟁을 하는 방식에 있어서 보다 온건함을 요구했기 때문임을 우리는 잊어서는 안될 것이다.

---

**8** 『쟝 알퐁스 투레티니의 생애』(*Vie de Jean-Alphonse Turrettini*)에 관한 연구를 보라. 『이론에 기초한 도서관』(*Bibliotheque raisonnee*), 제21권.

베네딕 픽테가 그의 삼촌에 대한 찬사를 작성한 것은, 그가 32살때의 일이었다.[9] "당신은 얼마나 행복한 사람인가! 우리 역시도 얼마나 행복한 사람인가!"라고 베네딕 픽테는 우리가 이제부터 인용할 추모사 말미에 쓰고 있는데, 여기서 우리는, 그 시대 특유의 과장된 문체는 차치하더라도, 프랑수아 투레티니가 그의 동료들 사이에서 차지했던 자리가 어떤 자리였는지에 대한 정확한 개념을 얻을 수 있다.

이제 당신의 몸은 육신이라는 겉옷의 무게에서 벗어나 천상의 거처를 활보하며, 천상의 자복자들에 둘러싸여서, 전에 당신의 발을 붙였고 또 보았던 이 땅의 모든 유익을 무시하게 되었습니다. 당신은 눈물의 골짜기를 지나 영원한 복의 처소로 옮겨왔고, 이 영원한 기쁨으로 가득한 생명에 들어오기 위하여 죽음이라는 감옥에서 빠져나왔습니다. 아직 이 땅에 남아있는 우리로 말할 것 같으면, 우리는 우리의 조국이요 하나님의 처소인 하늘에서 멀리 떨어진 채로 방황하고 있습니다. 그러므로 당신은 행복한 중에 안식을 누리십시오. 당신은 오류의 무거운 짐에서 벗어나서, 수많은 영혼들이 들어가고 싶어하는 바로 그 항구에 이미 도달했습니다. 광풍에 휩쓸린 우리는, 암초에 걸려 파선하기 좋은 바다 위에서 흔들리며 어렵사리 항해하고 있습니다. 당신이야말로 영원한 평화의 즐거움을 맛보고 있고, 우리는 빠르게 흘러가는 존재라는 고통 속에 있습니다. 당신에게 죽음이란 일의 종결점이고, 승리의 성취이며, 생명의 문이요, 영원한 은신처의 입구이기에, 결코 종말이 아니라 불멸로 가는 통과의례인 것입니다. 당신이 누리는 생명은,

---

**9** 그는 1655년에 태어나서 1724년에 죽었다. 그는 1705년에 괄목할만한 찬송들을 만들었다.

확실한 안전과 완벽한 평안과 고요함으로 가득찬 지복이요, 영원한 행복입니다. 이 세상에 흘러가는 생명이란, 의심과 불확실성과 슬픔으로 가득차 있습니다. 이제야말로 당신은 존재하기 시작했습니다…. 당신의 죽음의 날은, 탄생의 날입니다…. 우리는 매일매일 달려가는데, 아버지여 아버지여 이스라엘의 병거시여, 당신 없이 우리는 어찌하라고 어디를 그리 서둘러 가십니까? 당신 없이 사는 것보다는, 숨을 멈추는 것이 덜 끔찍하지 않겠습니까? 제가 당신의 얼굴을 더 이상은 응시하지 못하겠군요? 또한 그토록 유쾌하면서도 그토록 교훈적인 당신과의 대화의 매력을 더 이상은 즐길 수 없겠군요? 당신과 함께 나는 나 자신의 최고한 일부분을 잃어버렸습니다!... 제네바 교회여, 애곡하라! 너 제네바는 하나님의 계획을 전부 너에게 드러내준 투레티니의 목소리를 더 이상 들을 수 없을 것이다! 영적인 악을 치료해준 그 목소리, 고난당한 자들을 위로해주는 그 목소리, 방황하는 영혼을 정로로 되돌아오게하는 그 목소리, 허약한 마음을 굳세게 해주는 그 목소리, 무지한 영에 빛을 가져다주고 학자들의 지식을 여전히 공교화시켜주었던 그 목소리를 말이다. 달변이 흘러나왔던 이 입술은, 이 땅에서는 이제부터 영원토록 닫혀있을 것이다. 선지자의 아들들이여, 애곡하라! 투레티니의 목소리는 더 이상 우리 중에 울려퍼지지 않을 것이다. 내가 지금 말하고 있는 이 강단, 곧 이토록 탁월한 사람의 자리를 누가 차지할 수 있다는 말인가. 내가 누구이기에 오늘 이 자리를 감히 차지할 수 있다는 말인가?…. 수에토니우스는 공적에 있어서 보다 열등한 후임자였던 로마의 어떤 황제에 대해 말하면서, 두 왕세자를 비교하는 것이야말로 우리가 애곡하는 분에 대한 최고의 칭송이나 다름없다고 했습니다. 그렇다면 아직 너무 젊은 나에게 사람들이 이런 말을 하면서 투레티니를 계승해야 한다는 부담을 줬을 때 내 두려움이 어떠했겠습니까? 내 말을 듣는 모든 분들, 고명하신 동료들이여, 내가 당신들께 간청하건대, 당신들의 기도로 나를 도와주소서. 최소한 내가 사라진 투레티니와 함께, 그와 같은 발걸음으로 걸어갈 수 있도록, 그리고 내가 그의 발자취를 따라갈 수 있도록, 당신들의 소원을 나의 소원과 함께하게 해주소서. 하늘에 계신 분이시여, 이 별의 사라짐이 곧 우리 교회의 쇠퇴의 징조가 되지 않도록 하소서. 항상 제네바를 지키시는 위대하신 하나님이시여, 이 불길한 징조를 우리에게서 떠나게 하심으로써, 제네바를 항상 안전하고 평안하게 하시며, 대적할 자 없는 주의 권능과 덕의 자리로 삼으소서. 제네바 공화국의 위정자들과 교회의 지도자들과 아카데미의 교수들이 살며 수를 누리게 하시고, 그 학교가 항상 보다 위대한 지혜의 자리가 되게 하시며, 순수한 진리의 난공불락의 요새요 올바른 영혼의 원로원이 되게 하시고, 의사들의 조국이요 학계의 등대가 되어 그 영광과 평판이 땅끝까지 퍼지게 하소서. 마지막으로, 주님, 이 제네바 교회가 언제나 당신의 은혜의 교회요 거룩함의 좌소가 되게 하소서! 엘리야를 데려가신 주님, 엘리사를 보내주소서. 주께서 일으켜 세우신 진리의 이 모든 수호자들을, 주님의 권능으로 격동시키고 굳건하게 하소서. 천상의 빛과 지혜 및 경건함에 대한 사랑으로써 교수들과 학생들의 정신을 번뜩이게 하소서. 우리 중에 번영의 바람을 바라지 않을 사람이 누가 있겠으며, 그 바람을 탐으로써 항구 혹은 주의 백성이 거하는 이 강기슭을 향하여 더욱 신속히 도달하는 것을 원하지 않을 사람이 누가 있겠으며, 그리하여 그곳에서 그분과 그들이 포옹하게 될 것을 원하지 않을 사람이 누가 있겠습니까? 낙원이라는 곳이야말로 우리에게는 조국과 같은 곳으로서, 우리를 기다리고 있는 많은 부모들이 계신 곳이지만, 매우 많은 우리의 사랑하는 사람들과 문안인사를 나눌 수 있는 이 나라를 향하여 달려가고 서두를 것은 아니지 않겠습니까? 비록 큰 무리의 부모님들과, 형제들과 아들들이 우리를 기다리고 있으며, 그곳에서 우리를 부르고 있지만 말입니다. 이제 우리가 더 이상 투레티니의 장점들을 만끽할 수는 없으나, 항상 이 찬사를 그에게 돌리도록 하십시다. 우리가 그라는 인물을 더 이상 보지는 못하지만, 그를 추억으로 간직하도록 하십시다. 비록 우리가 더 이상 그와 대화를 나눌 수는 없지만, 최소한 그에 대해서 이야기를 할 수는 있습니다. 잘가시오, 고(故) 투레티니여. 잘 가시오, 당신의 영은 이제 하늘에 있으니, 그곳에서 죽음의 시간, 즉 모두에게 울 릴 그 알림을 받을 때, 우리도 당신의 뒤를 따를 것이오.

픽테가 아주 잘 정의를 내렸던 천국을 향한 이러한 열망과 다시 만나겠다는 이러한 소망을, 우리는 감동받지 않고는 읽을 수 없는 말랑(César Malan, 1787-1864)의 다음과 같은 아름다운 찬양에서 재발견하게 된다.

이제 조국을 상실한, 불쌍한 나그네여,
당신의 간절한 욕구로 인하여, 그 순간이 앞당겨졌노라
그의 사랑하는 땅으로 되돌아옴을 볼 그 순간이 앞당겨졌노라
그곳은 그의 친구들이 곁에 있으며, 평화로운 안식이 그를 기다리는 곳이라
오! 날이 밝아오면 그는 위로를 받을 것이라
그곳에는 모든 것이 준비되어 있다, 이 행복한 출발을 위하여
마침내 그는 그의 나라 강변에 도달할 것이라
그의 조급한 마음이 그를 재촉하여 그가 완전히 늦지 않도록 하였노라
그렇다면 우리는 왜 삶의 여정을 걸어가면서
천국을 향한 관심을 오직 따분한 것으로 느낀단 말인가?
오호 통재라! 왜 우리의 영혼은 즐거워하지 않는가!
출발의 순간이 다가오는 것을 보면서도 왜 즐거워하지 않는가!
오 믿음이 작은 자들이여, 우리 마음이 얼마나 육신적인가!
우리 하나님을 사랑하려면, 아직은 기다려야 한다는 말인가?
그러니까 사람들이 으레 살아가듯이 그렇게 살아야만 한다는 말인가?

우리에게 진정한 안식이란 단지 이곳에 국한된단 말인가?

아! 이렇게 빠른 지나감이야말로 곧 끝날 것이라!

곧 우리는 우리의 모든 굼뜸을 부끄러워 할 것이라

그 기업을 붙잡는 일을 비겁하게 지연시키고 있는 것에 대하여 부끄러워 할 것이라

그 기업은 예수께서 그의 괴로움이라는 값을 치르시고 우리를 위해 얻으신 것이니

그러므로 용기를 내라, 그리스도인들이여! 우리의 경주를 소생시키자

때가 우리에게 가까이 왔으니, 이것이 곧 하늘문이라

회귀의 성향을 가진 우리 영혼은, 그 근원으로 돌아가노라

그로부터 영광스러운 구원이 우리에게 하달되었던, 바로 그 근원으로 돌아가노라

이 아름다운 날을 생각하자! 그 날에 우리는 이 땅을 떠나

하나님을 대면하고, 그의 목소리를 들을 것이라

그날에는 우리가 우리의 친구요 형제이신 예수님을 볼 것이라

참으로 십자가에서 죽으신 그 동일한 예수님을 볼 것이라

장차 다가올 이 날을 향해서 우리의 욕구를 전환하자

다음과 같이 말하면서 주님을 부르자. "곧 오소서"

떠날 준비를 하자, 그리고 각성된 상태에서

우리의 거룩한 믿음이라는 선한 보증물을 지켜내도록 하자

오! 얼마나 복된 순간인가? 얼마나 행복한 시간인가!

죽음에서 영원히 놓임을 받는다니, 그 얼마나 행복한 시간인가!

우리의 간절한 욕망으로 말미암아 이 날을 재촉하도록 하자

이윽고 우리 인생의 항구에 도달하도록 하자

# 14

## 투레티니의 유언
Testament de François Turrettini

*Vie de François Turrettini*

## 제14장
# 투레티니의 유언

우리가 언급했던대로, 투레티니의 영광스러운 임종자리를 지켰던 사람들의 증언에 따르자면, 투레티니의 떠남에 있어서 마지막 순간까지 그를 지탱해주었고 그의 최후의 시간에 그가 보여주었던 그러한 평온함과, 믿는 바의 확실함, 내려놓음, 그리고 세상을 떠나면서도 간직했을만큼이나 아름다운 신앙고백, 이런 것들은 매우 아름다운 이야기임이 틀림없지만, 우리 눈에 더 부각되는 것은, 우리가 이제부터 이 고상한 존재의 이야기에 대한 보충으로써 인용할, 그의 유언장에 담긴 처분권이다.

하나님의 이름으로, 아멘. 모두에게 알리고 고하노니, 이 문서는 존귀하고 위대하신 프랑수아 투레티니가[1] 친히 구성하고 작성한 것으로서, 은혜의 해인 1687년 9월 28일 아침5시 경에, 배석한 공증인이요 제네바시가 공인한 시민 판사인 이사야 모렐(Esaïe Morel)이 입회하고 서명하였으며, 임명받은 증인들도 출석한 가운데, 거룩한 복음의 사역자요 제네바 아카데미의 신학 교수요 하나님의 뜻에 따라 제네바 시민이었던 그가, 육신의 병으로 인해 침상에 누워있어야만 했으면서도 좋은 의미에서 하나님의 은혜로 그의 기억력과 이해력이 나타낸 대로 나에게 공증하고 증언하도록 한 것이다. 확실한 죽음과 불확실한 죽음의 시간을 염두에 두고, 투레티니는 자기 최후의 뜻에 따른 유산정리 및 처분권을 포함한 유언장을 구두로 작성하기 원하여, 공증인인 나에게 다음과 같은 형태의 글로 유언장을 작성해달라는 요청을 하였다. 첫째, 투레티니는 그의 창조주 하나님께 감사하기를, 제네바 교회에서 그가 태어나도록 하셨다는 것에 감사할 뿐만 아니라, 하나님께서 그를 거룩한 사역자로 부르셔서 그가 말씀하신 그대로의 말씀을 전달하도록 하시되 연약함 중에서도 그렇게 하였음을 시인하면서도, 그가 우리 주 예수 그리스도의 거룩한 복음을 선지자와 복음전하는 이들과 사도들의 글을 통해 우리에게 남겨진 그대로 순전하게 설교하였으니, 하나님께서 투레티니의 이름에 은혜를 베푸실 것임을 확신하며 감사하고, 또 그의 모든 잘못과 범과를 용서해주시는 유일한 구세주요 대속자인 우리 구주 예수 그리스도의 공로로 인하여 그의 택함받은 이들에게 약속한 천상의 복을 누리도록 예비된 거룩한 낙원에 그의 영혼을 받아달라고 간구하며 육체와 영혼을 영원히 영화롭게 하실 때인 그 복된 부활을 기다릴 것임을 확신하기 때문에 감사한

---

[1] 독자들은 이 이야기의 흐름에 있어서 투레티니의 이름의 철자가 때때로 바뀌는 것을 알아차릴 수 있어야 할 것이다. 우리 자신이 화자일 경우, 우리는 항상 실제 그대로여야만 하기 때문에 지속적으로 이 이탈리아 성씨를 썼다. 그러나 우리 신학자 투레티니에 관하여 언급하는 작가들을 인용할 경우, 우리는 프랑스식으로 이 이름을 쓰는 그들의 방식을 그대로 보존하여 두었다.

다. 투레티니가 하나님께 달라고 간구하여 받은 재산으로 말할 것 같으면, 그는 그 것들을 다음과 같은 순으로 처분할 것이다. 제네바 구빈원의 가난한 사람들에게 3000플로린을 유산으로 준다. 마찬가지로 프랑스계의 가난한 이들을 위해 4000플로린을 준다. 마찬가지로 이탈리아계의 가난한 이들을 위해서 3000플로린을 주고, 독일계의 가난한 이들을 위해 1000플로린을 주되, 투레티니의 상속자가 투레티니 사후 1년 뒤에 정해질 4명의 대리인에게 지불하는 것으로 한다. 마찬가지로 투레티니는 그가 매우 사랑했던 그의 아내 엘리사벳 드 마스에게 에스파냐돈 100피스톨레(pistolles)를 유산으로 준다.[2] 이 작은 유산의 상당 부분을 하나님이 기쁘게 주시는 좋은 몫이라고 여기고 취하도록 그녀에게 간청함을 통하여, 그녀는 따로 재산을 갖게 된다. 이것이 더욱 마땅함은, 상속이라는 관습이야말로 모든 참된 유언장의 가장 선한 기초이기 때문이다. 이러한 연고로 각자 그리고 모든 사람에게, 유언장에는 언급되지 않으며 그가 처분하지 않는 유동재산과 부동산, 즉 이름, 권리, 행동, 그리고 금과 은의 경우에 있어서는, 유일하면서도 보편적인 상속자로 세운 그의 매우 사랑하는 존귀한 아들 쟝 알퐁스 투레티니가 알고 또 그 아들의 어머니요 미망인인 엘리사벳 드 마스가 알도록 투레테니가 구두로 언급하여, 쟝 알퐁스가 그의 어머니와 함께 공동 감독자가 되도록 하였으며, 존귀하고 위대한 로베르 릴리에(Robert Rilliet)에게는 투레티니가 그의 미망인을 위로하는 일을 맡아달라고 간청하였고, 투레티니의 형제들인 존귀한 에티엔느 투레티니(Estienne)와 베네딕 투레티니(Bénédict Turretin), 그리고 그의 사촌인 존귀한 크레스트의 영주 바돌로매 미셸리(Barthélemy Michéli)는 그의 위원단의 대표들로 두고, 그의 아내의 형제들인 M. M. 롤라스(Rolas)와 아기(Agui)는, 그들이 멀리 있다는 점을 고려하여 투레티니 자신이 그들을 후견 위원회의 일원으로 언급하지 않는다고 하더라도, 상당한 부

---

**2**    역자주: 피스톨레의 모습.

분을 취하라고 부탁하고, 이 언급된 감독자들과 위원단원에게는 그의 상속에서 가장 중요한 일에 있어서 그들의 의견과 충고를 개진해달라고 명령하였고, 또 투레티니가 원하는대로 그의 빚과 유산이 소송없이 평화롭게 지불될 수 있도록 좋은 충고와 의견을 그들이 그 언급된 상속자에게 주었으면 한다고 부탁하였고, 그리고는 그 상속자가 아이가 없이 세상을 떠난 경우, 그의 형제 에티엔느 투레티니와 베네딕 투레티니 그리고 그들의 무리들로 그 상속자를 대체하도록 하고, 그의 존귀하고 위대한 조카 베네딕 픽테의 경우에도 이러한 규정을 적용하면서 적자의 지위를 줌으로써, 언급한 유언자가 아이가 없이 죽을 경우에라도 각종 유언 변경과 유언변경증서, 죽음으로 인한 증여, 혹은 이 사람이 마지막이길 바라고 또 그렇게 되기를 원하여 죽기 전 최후 유언상에 언급된 처분권을 변경하는 일 등을 그치고 취소하고 백지화하고 픽테에게 유산을 줄 것이라면서, 의사요 시민인 쟝 보네(Jean Bonnet)와 다니엘 퓌에라리(Daniel Puerari), 또한 의사이며 시민인 존귀한 테오필 보네(Théophile Bonnet)와 프랑수아 메스트레자(François Mestrezat), 수석 외과의사요 시민인 베냐민 노엘(Benjamin Noël)경, 리옹의 약제사 앙리 모즈(Henry Mause)경과 시민이요 약제사인 필립 뤼바(Philippe Rubat)가 배석하여 그 언급한 존귀한 유언자와 함께 있어 최후의 순간에 요청에 따라 시민 증인으로 서명을 했고, 침대에 누워있는 이 존귀한 유언자는 그의 집에서, 앞에 언급된 공증인인 나에게 명령하기를 증인들이 이 점을 기억하도록 하라고 부탁하였으며, 앞에 언급한 제네바에게는 공적인 수단을 통해 알리고 공포하기를 부탁하였다. 그리고 그 언급된 공증인인 나는 다음과 같이 쓰고 서명을 하였고 세워진 존귀한 상속자를 받아들여서 요청에 따라 봉인하여 발송하였다.

E. 모렐, 공증인.[3]

---

**3**  아래의 글은 유산을 받았음을 알린다. "나는 전직 배신원이었던 루베르 릴리에

쉽게 납득할 수 있듯이, 프랑수아 투레티니의 죽음에 대한 애도의 물결이 제네바에서만 퍼진 것은 아니었다. 가장 큰 대들보 중 하나를 갑자기 잃어버리는 일격을 당하고 고통 중에 있는 제네바 교회의 상황에 대해 알고서는, 베른 정부는 동정심으로 가득찬 편지를 제네바 목사회에게 썼고, 이에 답하여 총회는 투레티니의 죽음에 대한 경위서를 보내주었다.[4]

이 유언장에 입각하여, 로베르 릴리에씨의 손으로부터, 구빈원의 가난한 사람들을 위해 남겨진 3000 플로린을 전달받았음. 1689년 4월 18일 제네바에서, 영수인 세네비에(Senebier).

여기 이 유언장에 입각하여 이탈리아계의 가난한 이들을 위해 남겨진 기금 3000 프랑을 로베르 릴리에씨의 손으로부터 전달받았음. 1689년 6월 3일 제네바에서, 집사 겸 영수인 세자르 디오다티(César Diodati).

여기 이 유언장에 입각하여 로베르 릴리에씨의 손으로부터 독일계의 가난한 사람들을 위해 남겨진 기금 1000플로린을 전달받았음. 1689년 6월 12일 제네바에서. 1688년 12월 21일자와 동일한 효력을 내기 위한 목적으로만 비공식적으로 사용하는 증서. 경리 알렉산드르 솔리코프르(Alexandre Sollicoffre).

---

로부터, 고 투레티니 교수의 유산의 감독자 자격으로서, 그의 유언장에 언급된 4000 플로린 상당의 금액을 받았습니다. 여기에 내가 수기로 해서 비공식적으로 작성한 다른 영수증도 동봉합니다만, 이것은 1687년 10월 1일 제네바에서만 동일한 효력을 갖습니다." J. 크로페(Croppet), 프랑수아 투레티니 재단 회계사.

[4] 목사회 회의록, 1687년 10월 7일 금요일 회기.

투레티니와 잦은 교류를 이어오던 프랑스 교회들, 그의 생전에 그를 목회자로 청빙하고 싶은 마음이 간절했던 홀란드 교회들, 그리고 당대의 모든 신학자들과 학자들은, 큰 교리적 이견에도 불구하고 그가 재능있는 인물임을 알아보았기에, 이구동성으로 그의 떠나감을 슬퍼하였다.

실로 투레티니는 말 그대로 괄목할 만한 인물이었다. 그를 대적했던 이들조차도 그 사실을 인지하고 있었다. 그와 교리적으로 대립하였던 저자들이 감히 그에게 힐난했던 것은 단 한 가지뿐이었는데-사실 그 한가지조차도 그가 살았던 시대에는 여전히 장점이었지만-그것은 바로 그의 논쟁의 있어서의 격렬함과, 교리 문제에 있어서의 냉혹할 정도의 확고부동함이었다고 우리는 말하고 싶다. 물론 우리는 투레티니가 변호하고자 했던 문제들이 심오한 중요성을 가진 것들이었고, 치명적인 결과를 초래할 수 있는 것들이었다는 사실을 잊어서는 안 될 것이다.

스위스 일치 신조를 계기로 하여 제네바를 강타했던 가장 큰 폭풍이 일어나던 때, 메를라(Merlat)는 투레티니에게 다음과 같이 썼다.

> 진실로 이 새로운 체계는 너무 멀리 나갔으며, 또한 나는 다음과 같이 믿게 되었습니다. 만약 이 해이함으로 인해 겪게 될 그 모든 결과를 받아들일만한 좋은 믿음을 소유한 사람이라면, 칼뱅의 사상을 따르든지, 아니면 점차적으로 소키누스주의자가 되든지 해야만 한다고 말입니다.

좀 더 멀리 나가서, 소뮈르의 새 것을 좋아하는 이들에 대해 말하면서 메를라는 다음과 같이 쓴다.

만약 그들이 이 점에 있어서 그들의 대적이 가지고 있던 그 생각의 자유를 가지고 사고를 한다면, 실로 그들은 그들의 교리를 이유 없이 비판하는 것이 아님을 보게 될 것이며, 그렇게 한다면 그 사람들은 완전한 부패로부터도 떠나게 될 것이지만, 만약 하나님이 당신과 당신의 동료들의 사역을 통하여 그 안으로 손을 내밀어 주시지 않는다면, 그 사람들의 제자들마저도 반드시 그 가르침에 점점 빠져갈 것입니다. 만약 내가 당신 외에 그 누군가에게 편지를 쓴다면, 그리고 만약 그 편지가 이 주제에 대해 내가 말하고자 하는 모든 것을 담고 있다면, 나는 감히 실례를 무릅쓰고서라도 여기서 내가 전반적으로 말한 것을 대낮의 빛과 같이 명료하게 만천하에 드러낼 것입니다. 그러나 이것은 쓸데없는 일일 것이고, 나는 단지 내가 이 부분에 있어서 당신과 동고동락한다는 점과, 그 성공을 내가 기원한다는 점, 그리고 당신이 무탈하기를 위하여 하나님께 기도드린다는 점을 당신께 증언하는 선에서 만족하도록 하겠습니다.

# 결론
Conclusion

*Vie de François Turrettini*

# 결론

옛날 집의 숨겨진 가구 창고에서 존경받는 조상의 초상화를 발견했을 때, 그의 특성들이 비록 완벽하게 묘사되지는 못했고 그 화폭 위에 그렸던 붓의 터치가 약했다고 하더라도, 매우 신속히 우리는 그것을 알아보고는 오랜 시간 동안 쌓인 먼지를 털어낸 후 영예로운 자리에 그것을 걸어놓게 된다.

이 귀중한 기억에 시선을 던지는 사람들에게는, 그것이 불러일으킨 추억 덕분에 그림의 불완전함이란 이내 사라지고 마는 것이다. 우리가 생각하기로는, 우리가 이제까지 그려낸 이 위대한 17세기 제네바인에 대한 개요도 마찬가지라고 할 수 있으니, 우리는 이러한 아름다운 위인이 단지 매우 불완전한 방식으로 재생된 것에 대하여 가장 먼저 후회하는 바이다.

하지만 이러한 결함에도 불구하고, 이 연구는 우리 면전에 투레티니의 일대기를 펼쳐주었으며, 그 일대기의 내용이란 현세대에게도 교훈이 안되는 이야기는 아니다.

프랑수아 투레티니가 임종시에 했던 아름다운 말들과 그가 아들에게 복음의 진리를 항상 기억하라며 했던 엄숙한 권고를 상기할 때, 우리는 이 청소년이 장성하여 그의 아버지의 권면을 잊어버리는 방식으로 행동할 것임을 생각하며 슬픈 감정을 느낄 수 밖에 없다.[1] 우리가 이 주제로 들어가지는 않을 것인데, 왜냐하면 이 주제는 그 자체로 완전히 특별한 연구의 근간으로만 사용될 것이기 때문이다. 우리는 18세기(그리고 19세기 초)의 제네바 교회와[2] 그 이전 시기의 제네바 교회간의 참담한 대조에 대해서는 더 이상 언급하지 않으려고 하고, 보다 우리와 가까운 시대에 있었던 제네바의 실패에 대해서도 더 이상 언급하지 않으려고 한다. 아무리 얼룩이 고통스럽더라도 망설임 없이 우리는 이 그림을 그릴 것이다. 왜냐하면 그렇게 하는 것이 유용하기 때문에. 반면 오늘날의 논쟁들을 상기해보면,[3] "복음 그 자체"보다도 사람들이 더 큰 자리를 차지하고 있고, 예수 그리스도에 대한 믿음으로 영혼을 얻을 생각은 하지 않으면서 사소한 인물들만 부각시킬 뿐임을 우리가 안다.

끝으로, 우리는 투레티니라는 인물의 두 가지 위대한 특성에 주의를 기울이면서 글을 마무리하도록 하겠다. 그 두 가지란 바로, 믿음에 결부한 학문에 대한

---

[1] 쟝 알퐁스 투레티니는 16살때 아버지를 여의었다.

[2] J. 카르(Cart), 『보 칸톤에서 있었던 종교운동과 교회의 역사』(*Histoire du movement religieux et ecclésiastique dans le canton de Vaud*) 중에서 1798-1830 까지를 보라. 이 작품의 제6장과 그 이후에서 제네바의 문제를 다루고 있다.

[3] 역자주: 1800년도 후반부를 말함.

사랑, 그리고 하나님 나라에 대한 사랑이다.

만약 제네바 신학자 투레티니 필생의 사상 세계를 대변하는 한 마디 명구가 있다면, 줄르 보네(Jules Bonnet)가 이미 인용한 바가 있는 마튀랭 코르디에의 말 속에서 그것을 찾을 수 있을 것이다.[4]

> 성공적으로 청년들을 가르치기를 원하는가? 그렇다면 마음, 곧 그로부터 생명의 근원이 흘러나오는 그곳에 호소하라. 당신 자신을 하나님의 후원 하에 그리고 천상의 것들 하에 두라. 어린이들에게는 땅 보다 높은 곳에서 길어온 교훈을 가르치라. 그리스도를 사랑하고, 그를 존경하고, 그를 위해서만 살기를 배우게 하라. 그들이 모든 것을 하나님의 영광을 위해 그리고 그분의 통치하심의 진척을 위해 하도록 가르치라… 하나님의 후원, 즉 그분의 도우심이 없이 그 어떤 선한 것도 할 수 없다는 대전제 하에 그리스도인의 경건과 숭고한 학문이 연합되는 것보다 더 아름다운 일은 없을 것이다.

그의 평생 조국을 위하여 헌신했던 투레티니의 애국심에 관해 말하자면, 그의 좌우명은 "하나님"과 "조국"이라는 두 단어로 요약된다. 그의 제네바 시민으로서의 삶에 있어 이 두 가지는 불가분의 관계에 있었다. 하지만 그의 동포들의 안녕을 위하여 활발하게 일하며 그가 받은 괄목할만한 재능을 제네바 공화국을 섬기는 일에 사용하면서도, 그는 그가 거주하는 제네바라는 도시 역시도 거처가는 곳임을 알았고, 하늘을 향해 끊임없이 든 그의 눈이 이미 위에 있는 예루살렘에

---

**4** 줄르 보네(Jules Bonnet), 『16세기의 새로운 이야기들』(*Nouveaux récits du XVI siècle*), 8쪽과 10쪽.

빠져들어가 있음을 알았다. 투레티니는 학문과 시민적인 덕목들을 어떻게 해야 믿음에 결부시킬 수 있는지를 우리에게 보여준다. 그리고 개인적으로 일어났던 것이 대중들에게서도 역시 발견된다. 제네바의 문헌 역사에 있어 가장 빛났던 시대의 사고방식으로 거슬러 올라가면, 우리는 종교와 교육이 섞여있었던 시대요 경건이 가장 존중받던 바로 그 시대야말로, 제네바 아카데미의 가장 빛났던 시기였음을 쉽게 알아차릴 수 있을 것이다. 그렇다면 제네바의 도덕적 전성기야말로 곧 제네바의 지성적 전성기가 아니었겠는가!

## 부록: 투레티니의 전기 자료들로 사용된 주요 작품

Principaux ouvrage servant de sources à la biographie de Turrettini

『독일 도서관』(*Bibliothèque germanique*). 제21권.

세네비에(Senebier). 『제네바 문헌사』(*Histoire littéraire de Genève*). 제2권 241-246쪽.

『칭송받는 프랑수아 투레티니 회고록』(*Memoria Fr. Turrettini celebrata*). *Genève*, 1688, 4절판

『우리의 가장 옛 시대부터 오늘날까지 다루는, 새로운 개괄적 전기』(*Nouvelle biographie générale depuis les temps les plus reculés jusqu'à nos jours*). 제45권, 747쪽.

『헤르초그 박사의 개신교 전기물들』(*Biographies protestantes du Dr Herzog*). 제16권, 517쪽.

『프랑스 개신교 회보』(*Bulletin du protestantisme français*). 제4권, 202, 354쪽; 제12권 486쪽; 제13권 179쪽.

베일(Bayle). 『비평 사전』(*Dictionnaire critique*). 제3권, 2922쪽(N.-Z.).

『모레리의 사전에 대한 보충자료집』(*Supplément au dictionnaire de Moreri*), 607쪽.

그레누스(Grenus). 『제네바 공화국 시민회 회의록에서 발췌한 전기 및 역사 단편들, 1535년부터 1792년까지』(*Fragments biographiques et historiques, extraits des registres du conseil d'état de la république de Genève, 1535-1792*).

그 외에도, 이 전기를 서술하는 과정에서 참고했다고 각주에 표시된 작품들과, 공공 고문서 도서관에서 수집한 모든 미출판 서류들, 그리고 제네바에 있는 가족증명서들을 이용하였다.